JN439010

웰빙과 승마

— 21세기형 마력馬力의 재발견 —

웰빙과 승마
— 21세기형 마력馬力의 재발견

펴낸날 1판 1쇄 2008년 9월 19일
1판 2쇄 2010년 8월 27일

글쓴이 김진기 · 김소연 · 김선주 · 임신영
임신희 · 용석원 · 조성희 · 황혜순
펴낸이 오 명

펴낸곳 건국대학교출판부
등록 : 제4-3호(1971. 6. 21.)
주소 : 143-701, 서울시 광진구 화양동 1번지
전화 : (02) 450-3891~3 팩스 / (02) 457-7202
홈페이지 : http://press.konkuk.ac.kr
전자우편 : press@konkuk.ac.kr

책임편집 임경희
찍은곳 (주)동화인쇄공사

값 12,000원

ISBN 978-89-7107-493-0 03690

웰빙과 승마

— 21세기형 마력馬力의 재발견 —

김진기 · 김소연 · 김선주 · 임신영
임신희 · 용석원 · 조성희 · 황혜순 공저

건국대학교출판부

머리말

승마 대중화를 위하여

세계는 급변하고 있다. 민족주의를 목청껏 외치던 시대가 엊그제 같더니 어느새 세계화 시대에 있어 민족의 폐해가 운위되고 있는 실정이다. 어렸을 때 초등학교 교정을 빙 둘러싸고 도열해 있던 동상들이 떠오른다. 갑옷을 입고 큰 칼을 차고 투구를 쓰고 교정을 노려보던 그 많던 장군들. '나라가 풍전등화와도 같은데 너희들은 어찌 그리 해 늦은 줄도 모르고 철없이 공이나 차고 있누……' 하는 듯한 노기와, 한편으론 우리 따위에는 안중에도 없다는 듯이 교정을 가로 질러 먼 지평에 눈이 가 있던 권율 장군, 이순신 장군, 강감찬 장군, 장군, 장군들…….

그러니까 그 시절에는 민족의 위기 때문에 별로 할 것이 없었다. 오로지 공부, 공부만이 우리에게 주어진 과제였다. 그 외의 것은 모두 삿된 것이고 사사로운 것이고 중요한 것을 도외시한 철없는 것이었다. 그 시절 나를 사로잡았던 것은 그러므로(?) 만화책이었다. 긴긴 겨울밤, 열에 쩐 국물과 축 늘어진 불어터진 어묵과 함께 했던 만화가게에서의 즐거움이란 그 무엇과도 견줄 수 있는 것이 아니었다. 밤바람 소리와 눈보라치는 소리들과 함께 열중했던 만화

책은 어머니의 매서운 회초리와 함께만 기억된다. 만화가게에서 끌려나와 집에서 맞았던 회초리 맛은 그 어떤 고통과도 견줄 바가 아니다. 그렇게 그 시절은 민족적 과제 앞에 모든 여유와 유희와 오락이 수면 밑으로 사라질 수밖에 없었다.

그렇지만 이제 사람들은 행복을 꿈꾼다. 돈을 많이 벌지 못해도 돈이 행복을 보장해 주지는 않는다는 것을 알고 있다. 물론 돈이 얼마나 중요하지도 않지만 말이다. 과거에 그렇게 천대받던 만화책도 이제는 하나의 세계적인 사업이 되었다. 세상에, 만화가 민족을 세계에 드날리는 우리 민족의 중요한 매체라니! 이 어찌 상전이 변하여 벽해가 되었다 하지 않겠는가. 세상에, 디즈니사가 어떻게 세계적인 엔터테인먼트사가 될 수 있다는 말인가. 어떻게 해리포터와 반지의 제왕이 수십 조 원의 부가가치를 올릴 수 있다는 말인가!

그렇게 세상은 변해간다. 증오를 극대화했던, 이분법만이 횡행했던, 오로지 국가와 민족만이 주체일 뿐 그 모든 것은 모두 이를 위해서만 존재했던, 냉전의 세계는 가고 평화와 화해의 세계화 시대가 도래하였다. 이렇게 얘기하면 마치 나를 신자유주의자라고 말할 지도 모르겠다. 그렇지만 나는 신자유주의자는 아니다. 단지 대립과 증오의 시대는 갔다는 것을 말하고 싶었을 뿐이다. 민족의 폐해 운운하는 것도 이러한 시대에 대한 단적인 표현일 뿐 정말 그렇다는 것은 아닐 것이다. 이제 민족이라는 이름으로 평등을 왜곡해 온 시대는 보내야 한다. 평등이라는 미명하에 우리는 얼마나 우리의 자유를 억압해 왔는가. 자유는 우리 자신의 행복을 위해 절대적으로 필요하다. 어떠한 관행이나 권위보다 우선해야 하는 것이 자유이다.

그 중에서도 취향의 자유는 절대적이다. 취향만큼 어떻게 해볼 수 없는 것도 드물 것이다. 취향은 존중되어야 하고 적극적으로 육성되어야 한다. 내가 만화에 취향이 있다면, 그럼에도 거기에 푹 빠질 자유가 없다면, 취향은 살아나지 않는다. 운동에, 개그에, 노래에, 연극에 빠지지 않는다면 사회는 다변화되지 못한다. 독선적인 공동선은 존재해서는 안 된다. 독선적인 공동선은 사회발전에 역행한다. 그래서 사람들은 묻는다. 내가 진정 좋아하는 것이 무엇이냐고. 사람들은 이제 의롭기 때문에 어떤 것을 선택하지 않는다. 그것이 정의롭기 때문에 그것을 주장, 혹은 강요하지 않는다. 그렇다고 의를 무시하자는 것은 아니다. 의보다는 오히려 행복이 무엇이냐고 물어야 한다는 것이다. 이제 사람들은 삶의 양이 아니라 그것의 질에 대해서 묻는다. 무엇이 진정 나를 기쁘게 하고 나를 행복하게 하냐고.

그래서 이 사회에 만연한 것이 웰빙이다. 웰빙은 국가와 민족을 위해서 존재하는 것이 아니다. 오직 나에 대한 나의 배려이다. 이러한 발상의 전환은 오로지 가족을 위해, 국가와 민족을 위해 존재했던 이전의 방식과 얼마나 다른가. 아니 오히려 국가와 민족을 위한답시고 사실은 음지에서 오로지 나의 이기적 욕망만을 키워왔던 방식과 얼마나 다른가. 웰빙은 나눔이고 상호육성이다. 웰빙에 대한 정보교환은 이기적 욕망에 근거하지 않기 때문에 개방적이다. 이 개방성은 자기 배려에 대한 타자들의 암묵적인 지지이자 동의에 입각해 있다. 타자들 역시 동일한 욕망에 터를 잡고 있기 때문이다. 이 욕망은 이기적인 것이 아니고 공격적인 것이 아니고 나아가 적대적인 것이 아니어서 타자들과 공존할 수 있는 사회적 방식 중의 중요한 하나라 할 수 있다.

진정한 웰빙은 건강과 활기를 제공한다. 무엇이 건강과 활기를 주느냐는 개인마다 다를 것이다. 건강과 활기를 주는 것들 중에서 승마는 압도적이라 할 만하다. 승마는 모든 웰빙들이 그러하듯이 단계가 있다. 단계를 거칠 때마다 삶의 스트레스가 날아가고 새로운 활력들이 몰려온다. 그러면서도 건강 유지에는 최고이다. 나는 승마가 장을 튼튼하게 하는 데에 최고라 생각한다. 최근에는 정신 치유에도 매우 좋다는 연구결과도 나왔다.

말은 우리와 매우 친숙하다. 우리들이 즐겨 보는 사극에도 말은 어김없이 등장한다. 그리고 우리가 알고 있는 많은 영웅들은 자신들의 애마가 따로 있다. 그만큼 말을 알아보는 눈이 남다르다는 것을 말해 준다 할 것이다. 말의 해가 되면 말과 관련한 수많은 일화들, 상징들이 언론에 의해 제공된다. 그럼에도 불구하고 우리들과 말은 친숙한 관계가 아니다. 그것의 원인이 어디에 있을까? 이 책은 그러한 수많은 문제들에 대한 답으로서 준비되었다. 말의 기원이 무엇인지, 말과 관련된 상징이 무엇인지, 말과 관련된 영화에는 어떠한 것이 있는지, 말은 우리 건강과 어떤 관련이 있는지에 대한 답으로서 준비되었다는 것이다. 최근에는 우리 일상과 말을 접목시키려는 시도가 조금씩 나오고 있다. 한국 국토대장정 기마단 김명기 사무국장은 몇 년 전부터 찾아가는 승마교실을 운영하고 있다. 말을 찾아 멀리까지 가야 하는 수고를 조금이라도 덜어주려는 선구자다운 노력이라 하겠다.

이 책은 축산경영 유통경제학 전공 최승철 교수와 교육공학과 박성렬 교수, 그리고 한국 국토대장정 기마단 김명기 사무국장과 함께 어떻게 하면 승마를 대중화할 수 있을까를 고심해 오다가 결실을 본 자그마한 결과물이다. 나는 건국대학교 문화콘텐츠 R&D 센터의 센터장으로서 센터 산하 한국말문화산업연구회의 연구원들과 함께 이 책을 집필하였다. 단지 나는 이 책의 집필자들을 대표하여 많은 사람들, 특히 어려운 출판 상황에서도 출판을 흔쾌히 승낙해 주신 건국대학교출판부 관계자 여러분께 심심한 감사의 말씀을 올리고자 한다.

雨中深夏의 청심대를 바라보며

김진기 씀

차 례

▌2부▌ 인간과 함께 한 말 이야기_141

▌3부▐ 치유와 웰빙으로서의 승마_239

1부

말과 함께 한 인간의 문화

1장

말의 기원 및 상징

인류에게 말(馬)은 과연 어떤 존재일까?

아득한 옛날부터 말은 우리 인간과 동고동락해 왔다. 그리하여 말은 기차나 자동차가 등장하기 이전까지 인간에게 가장 빠른 이동과 운송 수단이 되어 주었고, 많은 힘이 필요한 농사나 노동을 도와주었으며 때로는 신속한 기동성을 지닌 전쟁무기로 활용되었다. 그뿐만 아니라 말은 우리의 옛이야기 속에서 신비스러운 존재로 등장하거나 인간과 교감을 나눌 수 있는 친구의 모습으로 다가오는 등 인간에게 다양한 이미지로 각인되어 있다.

이렇게 다양한 말의 역할만큼이나 지구상에 존재했던 태초의 말의 모습 역시 다양했다. 환경에 적응하기 위한 그들의 노력은 각양각색의 환경만큼이나 다양한 말 품종들을 양산해 내었던 것이다. 그러나 강인한 자연의 생존 법칙인 '진화'라는 과정을 거치면서 환경에 민감했던 몇몇 종들은 도태되었고, 이 과정에서 살아남은

종들만이 오늘날과 같은 모습으로 진화하게 되었다. 정확한 이유는 알 수 없으나 사라진 종의 대부분은 열악한 기후 조건에 적응하지 못했거나 주위 환경의 영향, 특히 그들의 먹이인 식물의 이상 현상으로 인해 진화가 멎었거나 역행했던 것으로 보인다.

한편, 놀랍게도 초기에 출현한 말의 몸은 여우만 했다. 그러나 수만 년에서 수백만 년이라는 세월을 거치면서 냉혹한 진화 과정에 제대로 적응한, '살아남은 아비, 어미 말' 들이 인간과 만났을 즈음에는 요즘처럼 크고 미끈하며 다부진 말의 모습을 이미 갖추고 있었던 것으로 파악된다.

오랜 세월동안 인간과 함께 생활해왔기에 말에 관한 인간의 상징적 해석 역시 유래가 깊고 다양하며 동서양이나 고금에 따라 천차만별이라고 볼 수 있다. 단적인 예로 말의 상징적인 해석을 놓고 동양과 서양에서 각각 나타나는 대조적인 견해가 그것이다.

동서양에서 말이 하늘을 날 수 있는 존재, 즉 천마로 각인되어 있다는 점은 동서양의 견해가 서로 비슷하다. 그러나 동양은 '용우열마', 서양은 '마우열룡'으로 대변되는 상징적 차이는 말에 대한 동서양의 인식의 차이를 보여준다. 즉 동양에서 말은 용보다 열등한 동물로 인식되지만, 서양에서는 괴수로 등장하는 용보다 용을 처치하는 기사와 함께 말이 더 우월한 존재로 그려지기 때문이다.

1. 말의 기원과 가축 말의 조상

말의 기원

지금으로부터 1억 년 전의 포유류는 임신 중 태아와 모체의 자궁을 연결시키는 기관인 태반을 가지고 있지 않았다고 한다. 포유류가 그럴듯한 태반을 지니고 출현하는 시기는 지금으로부터 5천만 년 전으로 우리들이 알고 있는 포유동물들의 조상은 대부분 이때 생긴 것으로 볼 수 있다.

포유류로서 말은 기제류(奇蹄類, Perissodactyla, 척추동물 포유강에 속하는 기제목 동물의 총칭)에 속한다. 기제류는 Perissodactyla목(目), Equidae과(科), Equus속(屬), Caballus종(種)의 발굽이 있는 포유동물을 뜻한다. 이들은 초식생활에 적응하였고 상하의 앞니가 모두 완전한 형태를 가지고 있었으며, 어금니의 모양은 서로 비슷한

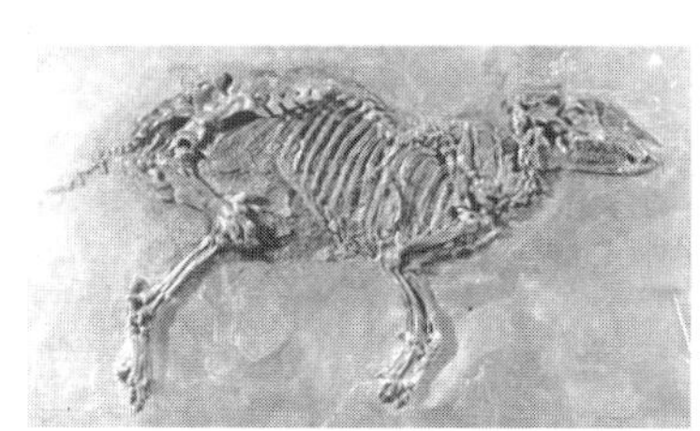

초기 말의 화석과 상상도

사변형의 형태를 취하고 있는 것이 특징이다. 또한 기제류는 하나의 위장을 가지고 있는 대신 되새김질을 할 수 있는 반추(反芻)기관이 없었으며, 큰 맹장을 가지고 있으나 쓸개가 없다는 특징을 가지고 있다. 이들 기제류는 사지동물에 속하는데, 사지동물이란 발굽이라 불리는 뿔의 덮개에 의하여 보호되는 셋 또는 단 하나(중간 발가락)인 한 짝의 발가락에 발굽이 있는 동물을 총칭한다.

말의 진화 과정[1]은 전 세계 각지에서 발견되는 수많은 말 화석들을 통해 증명되고 있으며, 이런 화석들은 주로 북아메리카, 남아메리카, 유럽 등지에서 많이 발견되고 있다.

에쿠스 카발루스의 상상도

말의 초기 형태인 '에쿠스 카발루스(Equus caballus 중앙아시아, 슬라브, 핀란드어계의 말을 가리킨다)'와 '에오히푸스(Eohippus)'는 둘 다 신생대 초기에 나타나기 시작해 6백만 년 동안 진화해왔다고 전해지지만 오늘날의 우리에겐 에오히푸스에 대한 기록만 확인할 수 있다.

우리는 화석을 통해서 말의 조상으로 추측되는 '에오히푸스'가 대략 약 5,800만 년 전쯤 출현했다는 사실을 확인할 수 있다. 에오히푸스는 북아메리카의 삼림지대에 살았으며 연한 나뭇잎을 먹고

1) 남도영, 『韓國馬政史』, 한국마사회 마사박물관, 1996, 3-7쪽 참고.

살았다. 말의 조상인 이 동물의 키는 생각보다 작아서 25~50cm로 여우만 했다. 또 얼굴의 길이는 짧았고 눈은 머리뼈의 중간에 있었으며 몸의 중앙에 위치한 척추는 둥그스름하게 굽어 있었고, 다리는 짧았으나

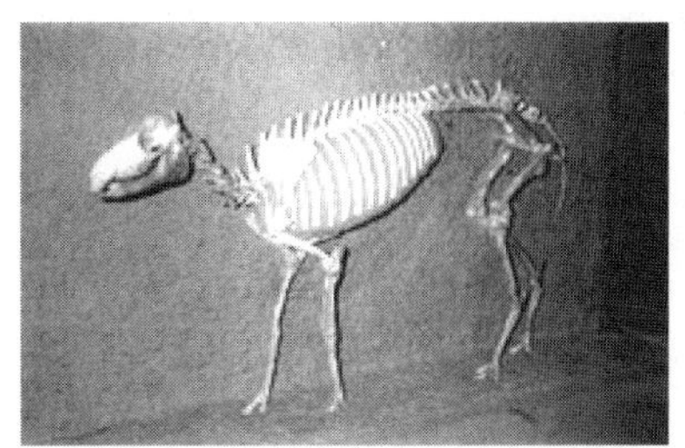

에오히푸스의 화석

앞다리에 4개, 뒷다리 3개 도합 7개의 발가락을 가지고 있었다고 한다. 이렇게 에오히푸스의 발가락이 7개나 되었던 것은 당시의 환경이 고온다습해 늪지대가 많았기 때문인데, 이 많은 발가락들은 에오히푸스가 늪에 빠지는 것을 방지했던 것으로 추측된다. 이후 기온이 차츰 내려가기 시작하자 밀림의 늪들은 조금씩 말라서 굳어졌고 그 자리에 엄청난 숲이나 대초원이 들어서면서 '태고마(太古馬)'인 에오히푸스도 환경의 변화에 적응하기 위해 진화해 나갔다. 이를 통해 에오히푸스의 모습은 지금의 말과는 크게 달랐다는 것을 알 수 있다.

에오히푸스가 '오로히푸스(Orohippus)'로 진화하고, 4천만 년 전에 등장하기 시작한 '에피히푸스(Epihippus)'로 진화하면서 말의 몸집은 커지고 발가락은 줄어들게 된다. 에피히푸스에 이르러 가운데 발가락을 제외한 나머지 발가락이 줄어드는 이유는 나머지 발가락들이 딱딱하게 굳어진 땅에서는 더 이상 효율적인 능력을 발휘할 수 없었기 때문으로 추측된다. 이빨 역시 변형되는데, 날카로웠던 이빨의 단면이 편편하게 변하는 이유는 나뭇잎이나 풀을 더욱 쉽고 편하게 뜯어 먹기 위함으로 보인다. 에오히푸스보다 몸집은

커졌지만 에피히푸스들은 여전히 엽식성(葉食性) 식사를 했던 것이다.

약 3,600만 년 전에 나타난 '메소히푸스(Mesohippus)'는 에오히푸스보다 훨씬 큰 몸집인 60㎝ 정도 되는 키를 가지고 있었다. 메소히푸스 역시 삼림에서 살았으며 머리 모양은 이전의 말들보다 커지고 길어진 형태를 취하고 있었다. 메소히푸스의 발은 세 발가락 중 가운데 발가락만 유난히 자라 지금의 말무리에서 볼 수 있는 발굽이 형성되기 시작한다. 뿐만 아니라 메소히푸스의 다리는 길어졌으며 뛰는 힘도 좋았는데, 여기에는 다음과 같은 이유가 존재한다.

메소히푸스는 이전의 말들보다 키가 훨씬 컸으므로 대초원에서 적의 습격을 받기 쉬었을 것으로 생각된다. 몸집이 커지자 적의 눈에 잘 띄게 된 메소히푸스는 생명을 위협하는 초원의 적으로부터 도망가기 위해 무엇보다 빨리 뛰는 방향을 선택한다. 그러다 보니 메소히푸스의 다리는 빨리 달리기에 유리한 쪽으로 진화된 것이다. 결국 몸집이 커진 만큼 생존의 위협도 많아진 메소히푸스가 적이 많은 대초원에서 적응하기 좋도록 그 다리 힘도 진화된 것임을 추측할 수 있다.

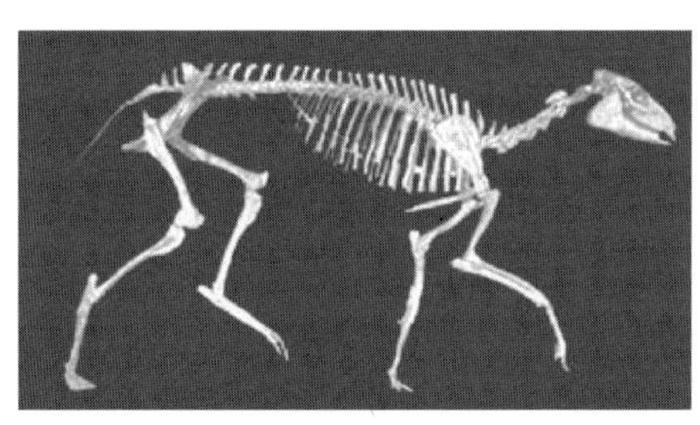
메소히푸스의 화석

천백만 년이 지난 2,500백만 년 전에 등장한 '메리키푸스(Merychippus)'에 이르러서 마침내 현재의 말과 비슷한 형태를 가진 말의 조상이 출현하게 된다. 메리키푸스는 넓은 초원에 살면서 풀을 먹었고 키는 80~90㎝

로 당나귀만한 크기였다. 메리키푸스의 가운데 발가락은 메소히푸스보다 더욱 길어졌으며 나머지 2개는 퇴화해 땅에 닿지 않게 되면서 체중을 하나의 발굽으로 지탱하게 된다. 오랜 채식 생활을 통해 어금니가 발달하게 된 메리키푸스는 음식을 상하에서 좌우로 씹을 수 있게 되었고, 이로 인해 소화율이 향상되면서 수명이 연장되는 결과를 가져온다. 이후 메리키푸스는 베링 해협(당시에는 미국 대륙과 아시아 대륙이 붙어 있었다)의 육로를 거쳐서 아시아 대륙으로 건너간 것으로 추측되는데, 이러한 가설은 중국, 일본 등지에서 발견된 화석으로 뒷받침되고 있다.

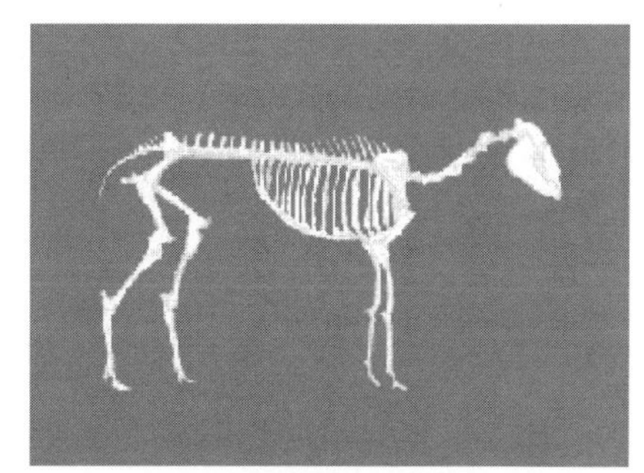
메리키푸스의 화석

1,200만 년 전에 출현한 '플리오히푸스(Pliohippus)'의 화석을 조사해보면 그 몸집이 현대 말과 매우 비슷한 신체 비례를 지닌다는 것을 알 수 있으며, 퇴화된 두 개의 발가락은 아예 사라져 가운데 발가락만 남아 있는 것을 볼 수 있다. 더불어 플리오히푸스는 말이 등장한 이후 처음으로 한 개의 발굽을 조정할 수 있는 강력한 다리 인대를 가지고 있었다는 특

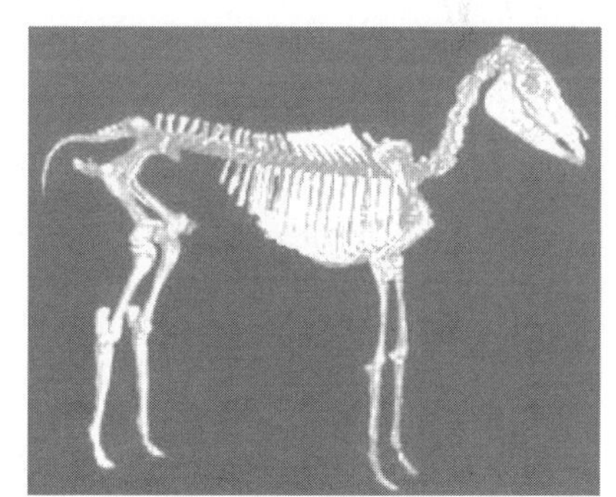
플리오히푸스의 화석

징을 가지고 있었다고 한다.

이후 북아메리카에서는 열대지방의 지각 변동과 기후의 변화로 말(馬)이 살 수 있는 지대가 차츰 줄어들자 그 결과 히피리온 계의 말은 극단적으로 감소한다. 그렇지만, 따뜻한 기후를 찾아 아시아나 유럽, 아프리카로 이동해 간 말들은 200만 년까지 생존을 이어갈 수 있었다.

지금으로부터 100~50만 년 전 쯤, 현재 우리가 볼 수 있는 말들의 직계조상 격인 '에쿠우스(Equus)'가 북반구 전역에 나타나기 시작한다. 이런 에쿠우스는 아시아, 유럽 그리고 남아메리카 등에서 광범위하게 분포하며 전성기를 누렸지만 빙하기에 멸종되고 마는데, 이는 추위에 약한 체질을 지닌 말이 빙하기의 혹한을 견뎌내지 못했으리라는 추측을 가능케 한다. 하지만 이 시기 아시아 대륙으로 이동한 말의 일부는 따뜻한 중앙아시아에서 살아남아 야생마, 야생나귀, 얼룩말 등과 같은 하위 종으로 분화된 것으로 추정한다.

말의 화석을 통해 우리는 말이 진화 초기의 원시상태인 에오히푸스를 시작으로 메소히푸스와 메리키푸스, 플리오히푸스의 단계를 거친 뒤, 비로소 에쿠우스의 단계에 이르러 지금의 말 모습과 같은 형태의 크기와 모습으로 진화해 왔다는 것을 알 수 있었다. 이렇게 세계 각지에서 발견되는 원시시대의 말 화석들은 말의 크기와 주둥이 길이, 치아의 모양이나 늑골의 형태, 발가락 수가 시기적으로 변화되는 과정을 보여주는 증거가 되어 줌으로써 말의 진화과정을 세밀하게 추적할 수 있는 좋은 자료가 되고 있다.

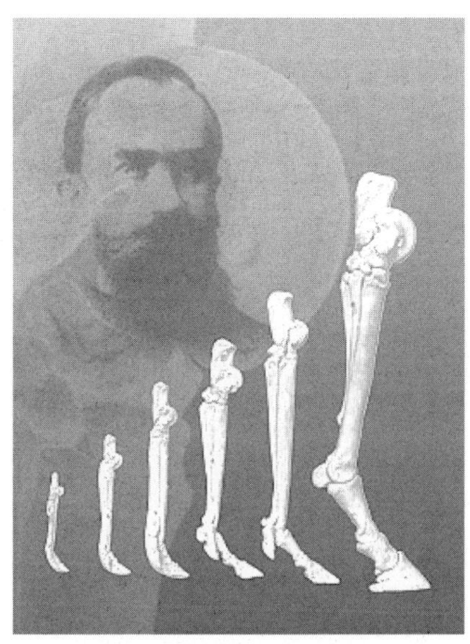

다리뼈를 통해 본 말의 진화과정

가축 말의 조상

우리는 앞서 말의 기원을 살펴보면서 말의 모습이 주변 환경에 적응하기 유리하도록 오랜 시간에 걸쳐 변화되어 왔다는 사실을 알 수 있었다. 그러나 이러한 사실들은 인간의 손을 타지 않은 자연 그대로의 야생마의 기원을 살펴봄으로써 나타난 결과들이었다. 그렇다면 이제 우리에게는 다른 의미에서 말의 조상을 묻는 다음과 같은 질문도 가능할 것 같다.

"과연 오늘날과 비슷한 모습을 갖추게 된 말이 인간에게 길들여지기 시작한 지점은 언제일까?"

이러한 지점을 나타내는 가축말의 조상은 관련분야의 여러 학자들이 이룩한 연구 업적들을 통해 그 힌트를 얻을 수 있을 것이다.

구체적이고 정확한 가축말의 조상에 대해서는 연구자들 개개의 의견이 분분하겠지만, 연구자들 대부분이 공통적으로 가축말의 조상에 대해 한 목소리로 말하는 요소들은 다음과 같다.

청동기 시대인 기원전 4,000~3,000년 전 무렵으로 추측되는 가축화된 말의 뼈가 이란 고원의 시아르크 제2층의 유적에서 발견되었다고 한다. 때문에 대다수의 연구자들은 말이 가축화된 시기를 청동기시대로 보고 있다.

이렇게 청동기 시대부터 가축화된 말의 조상은 에와트(Ewart)나 스테그만(Stegmann), 안토니우스(Antonius)와 같은 학자들에 의해 그 계통이 대략 3개 내지 5개로 분류되고 있는데, 우선 에와트는 말이 살았던 지형적 특징을 근거로 이를 초원마(草原馬), 고원마(高原馬), 삼림마(森林馬)의 세 가지 종류로 분류하고 있다. 그러나 말이 분포했던 지정학적 위치를 분류기준으로 삼은 스테그만은 북부구주산악마(北部歐洲山岳馬, E europeus), 구주삼림마(九州森林馬, E. robustus), 동주초원마(東洲草原馬, Tarpan), 이란 산악마(이란山岳馬, E. orientalis), 몽고초원마(蒙古草原馬, E. prezewalsky)의 다섯 가지로 그 계통을 세분화시켰으며, 안토니우스는 스테그만의 분류체계에 동의하지만 이란 산악마를 고원마(Tarpan)에 포함시켰다는 점에서 그 계통이 네 가지로 분류된다. 결국 말의 분류체계는 3~5가지로 분류되지만 몽고마는 초원마, 아랍마는 고원마인 타르판(Tarpan) 계통이라는 것을 알 수 있다. 아울러 아랍마는 체형이 아름답고 운동성이 좋아 세계 여러 나라로 분포되었을 뿐만 아니라 중국 고문헌 『사기』 권 63권, 『한서』, 『후한서』 등에서 명마로 기록된 것을 보았을 때, 아랍권뿐만 아니라 중국과 같은 동북아시아의

가축 말 형성에도 어느 정도 영향을 주었을 것으로 보인다.[2)]

에쿠우스 이후 가축화되기 시작한 말과 야생말의 직계 조상에 대한 연구가 다양하게 진행되고 있으며, 현대의 말은 대체로 에와트가 다음과 같이 주장한 3분류 체계의 이론을 따르고 있다.

【가축화된 말의 형성】

① 삼림마(森林馬, Forest Horse)

② 고원마 혹은 타르판마(高原馬, Tarpan)

③ 초원마 혹은 프르제발스키마(草原馬, Prezewalski)

위에서 제시한 3가지 분류체계가 가축화된 원시마의 형태이면서 현대 말의 기원으로도 인정되는 종들이다.

우선 삼림마(森林馬, Forest Horse)는 빙하기 후반에 나타나기 시작한 '에쿠스 카발루스 게르마니쿠스'를 그 기원으로 삼는다. 초기 삼림마는 크기가 약 150cm 내외였고 무게는 약 500~600kg 정도에 달했다고 한다.

그러나 삼림마는 다른 말에 비해 상대적으로 큰 뼈대를 가지고 있어 힘이 셌고, 몸집이 큰 만큼 움직임이 느렸기 때문에 사람들은 이 말을 빨리 달리도록 훈련시키기보다 그 힘을 사용하는 일에 주안점을 두게 된다. 따라서 삼림마는 사람에 의해 가축화되면서 농사를 짓거나 짐수레를 끌기에 알맞도록 점차 크고 무거운 말 품종으로 개발되었고, 이후 현대 유럽 지역에서 흔히 볼 수 있는

---

2) 『월간 마장(馬場)』, 1989년 3~6월호, 마장사 참고.
남도영, 『韓國馬政史』, 한국마사회 마사박물관, 1996, 7-8쪽 참고.

짐수레 말(Draft Horse)의 조상이 되었다고 볼 수 있다.

고원마(高原馬) 혹은 사막 말로 볼 수 있는 타르판마(Tarpan馬)는 동부 유럽의 폴란드와 우크라이나의 대초원지대를 돌아다니던 원시 야생마였으나 이 말이 18세기경 처음 학계에 발견되었을 때는 야생종과 인간에게 길들여진 종이 이미 서로 교잡되어 있는 양상을 보였다고 한다. 학명은 '에쿠스 카발루스 그멜리니'이지만 '오토 안토니우스'란 사람이 '타르판' 말로 명명한 것에 기인해 오늘날에도 이와 같이 불리고 있다. 중국 고문헌에도 천마(天馬)나 천리마(千里馬) 등으로 기록된 명마(名馬)였던 타르판 말은 체형이 아름다울 뿐만 아니라 경쾌한 운동성에 체질이 강건하여 세계 여러 나라로 분포되어 있다. 최후의 야생 타르판 암말이 1880년 아스카니아 노바에서 죽었지만, 타르판 말과 관련된 종자로부터 재복원된 말떼가 반야생 상태로 폴란드 '포피엘노'와 '비알로베자'의 숲에서 살고 있다. 그러나 현대에 재복원된 타르판 말은 교잡된 타르판 계통 중 선별된 '코닉'과 '후쿨' 종을 이용해 복원시킨 것이기 때문에 야생 타르판 말과 닮아 있기는 해도 순수 혈통을 지닌 타르판 말과 어느 정도 일치하는가는 의문시 되고 있다고 한다.

이러한 타르판 말은 '원시적 에너지'를 나타내는 완벽한 사례로써, 매우 튼튼하며 크기에 비해 힘이 세고, 놀라울 정도의 지구력과 스태미너를 가지고 있어 전 세계적인 인기를 한 몸에 받을 수 있었다. 때문에 타르판 말은 아마도 모든 경종 현대 말의 원조로 부를 수 있을 것이다.

마지막으로, 아시아 지역의 야생마이자 초원마(草原馬)에 속하는 프르제발스키마(Prezewalski馬)는 오늘날에도 생존하고 있는 유일한 야생마로 알려져 있다. 몽골에서는 'Taki', 키르키즈스탄인들은 'Kertag'라고 불리는 프르제발스키 말은 1879년 중앙아시아 대초원지대에서 러시아 탐험가인 '니콜라이 미하일로 비치 프르제발스키'에 의해 발견되었으며 이후, 발견자의 이름을 따서 동물학자 폴리아코프에 의해 1881년 학명으로 등록되었다.

프르제발스키 말은 선사시대에는 동경 40도의 동유럽 및 중앙아시아 대초원지대에 살았으며, 초기 형태의 말과 현대의 말을 이어주는 연결고리로서 중요한 자료를 제공하고 있지만 지금은 그 원형이 몇몇 동물원에서만 보호되고 있다.

따라서 이들 프르제발스키 말 역시 현대 말의 중요한 원조가 되는데, 우리가 볼 수 있는 현대의 말 품종들은 여간해서는 타르판 말과 프르제발스키 말을 기원으로 하거나, 또는 두 품종의 교잡에 의한 파생종에서 비롯된 것으로 추측하기 때문이다.

2. 말의 품종과 세계적인 명마들

말의 품종은 보편적으로 원산지에 따라 동양종과 서양종으로 나뉘고, 용도에 따라서는 사람이 타고 다닐 수 있는 승용마(乘用馬)와 승용마에서 좀 더 특수한 하위 영역으로 구분할 수 있는 경마용마(競馬用馬), 그리고 사람의 노동을 돕는 역용마(役用馬) 등으로 구분할 수 있다. 세계 여러 나라들은 말의 품종을 향상시키기 위해서, 말이 자유롭게 생활할 수 있도록 최고의 환경조건을 만들어줄 뿐 아니라 말의 뼈를 튼튼하게 하는 풀을 먹이기도 한다. 이렇게 말을 기르는 목장 차원에서의 개개인적 노력으로 인해 명마가 탄생되기도 하지만, 주로 유럽에서 생산되는 오늘날의 명마들은 명마 품종 개발에 적극적인 유럽 정부의 지원과 뒷받침을 통해 국가적인 차원에서 이루어지는 경우가 대부분이라고 한다. 이에 비해 순수 혈통을 지닌 한국 조랑말 품종을 보호하고 개량하기 위한 우리 정부의 노력은 어떠했는지를 되돌아보지 않을 수 없다.

각설하고, 말의 품종은 대부분 특정 목적을 위해 개량되었기에 지금까지 전해지고 있는 말의 명칭 대부분은 비슷한 형질의 유전학적 특징을 지닌 말을 기준으로 분류한 것으로 볼 수 있다. 그래서 다른 가축과 비교하였을 때 말의 품종은 체계적이고 정확한 정의를 내리기가 쉽지 않을 뿐만 아니라 그 범위도 광범위하기 때문에 구체적이고 세밀한 분류 작업에 시간이 많이 소요되고 그 분류에 있어서 까다로운 측면이 많다는 난점을 지닌다. 따라서 여기에서는 원산지나 용도에 따라 보편적으로 구분되고 있는 말의 품종들을 간략하게나마 살펴본 뒤, 말 품종 개발의 궁극적인 목표라고 할 수 있는 세계적인 명마들에 대해서 알아보고자 한다.

동양 말과 서양 말의 특징

일반적으로 동양과 서양으로 분류되는 현대 말 품종의 특징은 다음과 같다.

동양종은 두개(頭蓋)가 발달되어 있지만 안면골은 발달되어 있지 않아서 콧마루가 곧고 짧은 것이 특징이다. 그리고 등성마루는 높고 엉덩이는 평평하면서 넓으며 꼬리 붙임이 높다. 발굽은 작지만 견고하다. 피부는 얇고 피모는 섬세하면서 근육질로 이루어져 있다. 뼈의 질은 치밀하고 굳건하지만 체구는 대략 150cm 정도로 서양말에 비해 작다.

이에 비해 서양종은 머리가 크고 무거우면서 등은 길고, 엉덩이가 경사져 있으면서 짧은 것이 특징이다. 또한 꼬리 붙임은 낮으면서 어깨는 짧고, 사지는 굵지만 뼈는 연하고 발굽이 크다. 동양종에 비해 서양종 말의 피부는 두껍고 지방이 있으며 근육은 불분명하고 몸은 둥근 듯하다는 차이를 지닌다. 또한 말의 기질 역시 동양종에 비해 크고 둔중한 편이라고 한다.

따라서 서양종이 동양종보다 힘이 세고, 더 빨리 달릴 수 있는 강점이 있지만 대신 허리 힘과 정강이가 약한 서양말은 높은 산을 오르내리는 것이 힘들고, 이에 비해서 체구가 작고 뼈가 튼튼하며 근육질인 동양 말은 그만큼 내실 있고 지구력이 강해, 서양 말보다 산을 잘 탈 수 있다는 장점을 지니고 있다.

용도에 따른 분류

승용(乘用)

승용마는 주로 사람이 타고 다닐 수 있으며 빠른 속도를 낼 수 있는 말을 통칭한다. 승용마들은 대부분 아랍종과 서러브레드종을 교잡한 것이며, 말의 형태가 균형 잡혀 보이며 걷는 속도가 경쾌하다는 특징이 있다. 승용마로 구분되는 대표적인 말 품종들은 다음과 같다.

① 아랍종(Arabian horse)

아라비아가 원산지로, 체격은 작으나 속력이 빠르고 기품이 있으며, 몸 빛깔은 회색·밤색·사슴색 등 여러 가지가 있다. 세계적으로 유명한 명마들은 대부분 이 아랍종의 혈통에 속한다고 한다.

아랍종

② 서러브레드종(Thorough-bred)

영국이 원산지이다. 영국 재래 암말과 아라비아의 수말을 교배해서 탄생시킨 품종으로 동작이 경쾌하고 속력이 빠르므로 경마용으로 많이 쓰이며, 몸 빛깔은 사슴색과 밤색이 많다. 말의 개량에는 아랍종과 함께 서러브레드종이 필수적으로 쓰여 우수한 말을 품종개량했지만 현대에 와서는 개량이 너무 많이 되어서 하지(下肢)가 약한 것들이 나오기도 한다.

서러브레드종

③ 앵글로-아랍종(Anglo-Arab)

프랑스가 원산지이며 순종에 속하는 승용마이다. 프랑스에서 아랍종과 서러브레드종을 교잡시켜 만든 이유는 영국 순종의 체형,

자질, 속력과 아랍종이 가진 우수한 지구력의 체질을 갖춘 이상적인 승용마를 만들기 위해서이다. 아랍종과 영국 순종 즉 서러브레드종의 교배 외에 2종의 역교배(逆交配)와 앵글로아랍종 상호 교배에 의해서도 생산되었다. 그러나 체형은 아랍종에 가깝고 체질이 튼튼하고 지구력이 있으므로 일반 승용마로 적당하며, 몸 빛깔은 사슴색과 밤색인 것이 많다.

경마용(競馬用)

경주마의 모습

경마용 말의 품종 역시 승용마의 하위 범주에 속하는 것이 당연하지만, 여기에서는 경마용 말의 범위를 주로 경주에 사용되는 말들의 품종으로서만 특수하게 한정해 보고자 한다.

경마가 처음 실시된 곳이 영국인만큼 경마에 사용되는 말들도 주로 영국이 원산인 서러브레드종의 혈통이 많다. 경마용 말은 속도가 빨라야 하기 때문에 걸음걸이 빨라야 하고 머리와 목이 가벼워야 한다는 특징을 가지고 있다.

① 앵글로-노르만종(Anglo-Norman)

프랑스 원산이며, 프랑스 북서부와 노르망디 지방의 토산종을 서러브레드종 및 해크니 종으로 개량한 것이다. 원래 경마용으로 개발되었지만 승용으로도 쓰였다. 그러나 머리와 목이 너무 무거운 편이고 기품이 뛰어나지 못하다는 결점이 있어 대부분 수레를 끌거나 사람이 타는 데 사용된다. 몸 빛깔은 사슴색인 것이 많다.

② 해크니종(Hackney)

영국 원산으로 서러브레드종의 혈통이 많이 섞인 품종이다. 초기에는 승마용으로 개량되었으나 달리는 속도가 빠르기 때문에 후에 대부분이 경주마로 이용된다. 앞다리를 높이 쳐들고 활발하게 걸어가는 걸음걸이가 웅장하면서도 기품이 있다. 성질이 온순하고 체질은 강건하며 몸 빛깔은 사슴색과 밤색이다.

③ 아메리카 트로터종(American trotter)

미국 원산이며, 아메리카 트로터(American trotter)의 특징은 걸음이 빠르고 머리와 목이 가볍고 몸도 가벼운 편이다. 몸 빛깔은 주로 사슴색과 밤색이 많다.

역용(役用)

역용마는 사람이 타기도 하지만 주로 노역(勞役)에 사용되는 말을 통칭한다. 이러한 역용마는 농사를 짓거나 무거운 수레를 끄는 등 힘겨운 일을 하기 알맞게 몸집이 크고 근육이 잘 발달되어 힘이 세다는 특징을 가진다.

관광마차를 끌고 있는 말

샤이어종

① 샤이어종(Shire)

샤이어종은 영국이 원산이며 농경마로 많이 쓰이는 세계 최대형의 몸집을 지닌 말이다. '샤이어'의 특징은 사지의 발목 쪽에 긴 털이 빽빽하게 나 있다는 것이다. 몸 빛깔은 사슴색이 가장 많고 밤색과 검은색인 것도 있다.

② 클라이즈데일종(Clydesdale)

클라이즈데일종 역시 영국이 원산지로 샤이어종과의 교배로 품종이 개량되면서 몸집이 더 커지고 생김새는 샤이어종과 비슷하다. 체격이 크고 힘이 세 농경용으로 이용되며 동작이 경쾌하며 걸음이 빠르다. 또한 네 개의 다리가 모두 굵고 머리와 다리 끝에 흰 반점이 있으며 몸 빛깔은 사슴색이 많다.

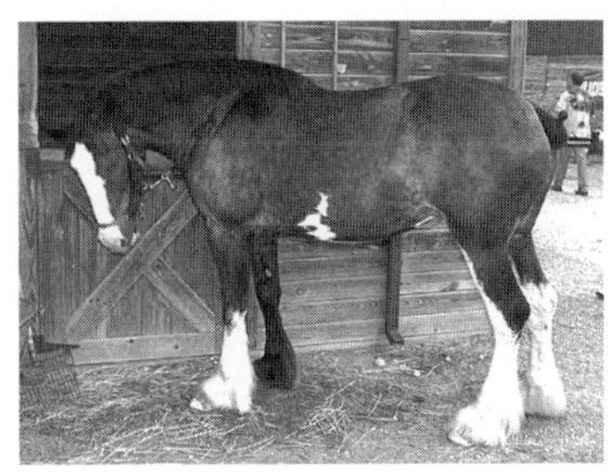

클라이즈데일종

③ 페르슈롱종(Percheron)

페르슈롱종은 프랑스가 원산이지만 혈통이 확실하지 않다. 하지만 체형으로 보아서는 아라비아 원산의 고돌핀 아라비안과 프랑스 암말이 교배된 것으로 추측된다. 세계에서 가장 큰 체구를 지녔으며 근육이 잘 발달되어 힘이 세서 운송용이나 농경용으로 많이 쓰인다. 페르슈롱의 몸 빛깔은 회색과 검은색이 많다.

세계적인 명마 품종3)

세계의 여러 나라들 중 특히 유럽 사람들은 자신들의 말을 명마로 만들기 위해 여러 가지 노력을 하며, 그들의 정부 역시 우수한 말 품종개량을 위해 그들에게 적극적인 조력자가 되어준다. 이렇게 명마로 품종이 개량되는 말은 대부분 경마용 말로 길러지는데, 이는 경마용 명마의 생산이 무엇보다도 말 주인이나 해당 국가에 높은 경제적 이윤을 창출시키기 때문이라고 생각할 수 있겠다. 지금도 세계 여러 나라에서는 우수한 명마 품종들이 이를 소유하고자 하는 사람들에 의해 높은 가격으로 거래되고 있는 것이 사실이다.

한편, 세계적으로 오랜 역사를 가지고 다양하고도 폭넓게 경마를 즐기는 국민들은 주로 유럽인들로서, 그 명성에 걸맞게 유럽의 여러 국가들은 우수한 말의 품종들을 국가적으로 엄격히 관리하고 보호・육성하는 정책을 실시하고 있다.

스웨덴에서 생산되고 있는 말의 품종은 다양할 뿐 아니라 이에 대한 정부의 정책이 뒷받침되었기 때문에 품종의 개량 역시 활발하게 진행되고 있다. 스웨덴 정부는 'Breeding riding horses(마필이 경주에서 우승하였을 때 그 마필의 생산자에게 장려금이 수여되는 경마)' 경마를 처음으로 시행한 나라 중의 하나이다. 스웨덴이 경마 시행을 한 목적은 자국에서 생산되는 마필의 우수성을 시험하고

3) 「세계의 경마 시리즈」, 『월간 마장(馬場)』, 1989년 1~11월호, 마장사, 참고.

여기에서 그 품종의 우수성이 증명되면 세계적인 명마로 소개되어 고가로 판매될 수 있기 때문이다.

결국 이러한 목적으로 시행된 'Breeding riding horses'에서 혈통 좋은 말로 인정된 품종 중 하나가 '스웨디시 하프 브레드(Swedish Half Bred)'로 탄생되었다. 19세기 말 즈음에는 '스웨디시 하프 브레드'에 관한 연구 서적도 나오게 된다. 그 후 이 말은 훌륭한 2세 말들을 산출하게 되었고 세계의 명마 중 고가 품종에 속하는 말이 되었다. 실제로 1972년 뮌휀 올림픽의 마장 마술경기 금메달리스트인 독일 선수 '리셀로트 린센호프'가 '스웨디시 하프 브레드' 품종인 '삐아프'라는 말에 기승하였고, 이후 '스웨디시 하프 브레드'는 마장마술 경기의 인기마로 세계에 알려지게 되었다.

세계 180종의 말 품종 중 독일이 원산지로 되어 있는 품종이 15종류나 될 정도로 독일은 자국 고유의 재래마를 많이 가지고 있다. 역사적으로 독일인의 일상생활은 말과 깊이 관련되어 있었을 뿐만 아니라 중요한 존재였기 때문이다. 독일 고유의 재래 말들은 현대에도 잘 보존되고 있으며, 계속 개량되어 좀 더 우수한 품종으로 만들기 위한 시도가 지속적으로 이어지고 있다. 그 중 승마경기용으로 널리 이용되는 '하노베리안'이나 '웨스트팔리안'은 외국에서도 우수한 명마로 인정받게 되었다. 독일이 승마 선진국으로 손꼽히게 된 이유도 이러한 우수한 말의 생산과 좋은 시설들 때문으로 볼 수 있다.

뉴질랜드에는 본래 토박이 말이 없었다고 한다.[4] 이후 배를 타고

4) 『월간 마사춘추』, 1992년 11월호, 21세기문화사, 96-99쪽 참고.

승마경기 중인 하노베리안

건너 온 유럽의 이민족들이 교통수단으로 이용하기 위해 말을 함께 실어오면서 뉴질랜드 땅에도 말이 뛰어다니게 되었다고 전해진다. 1812년 선교사 사무엘 마스덴(Samuel Marsden)이 호주에서 북쪽에 있는 섬으로 들어올 때 가지고 온 말 세 마리가 뉴질랜드 최초의 말이다. 뉴질랜드 말의 최초 육성가는 목축업자들이었고 이들은 말에 깊은 관심을 가졌다. 특히 한 세대에서 다음 세대로 이어져 내려오는 전통을 통해 말을 키웠다.

또한 푸르고 싱싱한 풀이 가득하고, 연중 기후 변화가 거의 없는 뉴질랜드는 양이나 소는 물론이고 말을 사육하기 위한 최상의 환경을 갖추고 있다. 특히 우수한 품종의 말이 되기 위해서는 미네랄 섭취가 필수적인데, 강한 뼈를 지닌 말이 되게 하려면 칼슘이나 인은 절대 없어서는 안 될 성분이 되기 때문이다. 이런 점에서 칼슘이나 인 등의 미네랄이 풍부하게 함유되어 있는 뉴질랜드의 목초는 이곳 말 목장의 가치를 더욱 높이고 있다. 뿐만 아니라 뉴질랜드 사람들은 유럽에서 크로버나 티모시 같은 영양가 있는 잡초를 수입해 뉴질랜드에 퍼트렸으며, 그 결과 뉴질랜드에서 자란 말의 뼈는 튼튼하고 내구력이 뛰어나 강인한 말이 되었다. 더구나 뉴질랜드의 경주마들은 우리에서 생활하는 시간보다 광활한 목초지에서 방목생활을 하는 등 대부분의 시간을 밖에서 보내기 때문에 스트레스를 받지 않아 성질이 온순하고, 넓은 들과 산을 마음대로 뛰어다니며 지냈기에 대담하고 용기가 있다. 이런 환경 조건에서 자란 뉴질랜드의 말은 장거리 레이스에서 뛰어나고 종합 마술에서도 내구력이 있다는 평가를 받는다.

따라서 뉴질랜드의 말들은 세계적으로 우수한 말들과 비교하였을 때 전혀 손색이 없으며 가장 비싼 가격에 팔리고 있다. 뉴질랜드의 트렌덤(Trentham)에서 거래되는 60%의 말들은 호주로 향하고 그 외는 동남아시아와 남아프리카, 영국이나 북아메리카로 보내진다. 1870년대에 뉴질랜드의 더러브렛 산업은 급속하게 발전했고 그 결과 경마 종주국인 영국 수출에 이어 1894년 미국 수출이 이뤄지면서 씨수말에 있어 뉴질랜드가 세계 제일의 수준이란 평가를 받게 된다. 이러한 뉴질랜드의 더러브렛 수출산업은 일찍부터 발달하였으며, '카빈(Carbine)'과 '파 랩(Phar Lap)'이라는 가장 훌륭한 두 마리의 종마를 통해 이뤄졌다고도 볼 수 있다.

카빈은 경마경주에서 은퇴할 무렵 53회 출전해 33회 우승이라는 놀라운 경력을 가지고 있었다고 한다. 은퇴 후 카빈은 종모마로서 성공을 거두어서 그의 말 중의 하나인 '월러스(Wallace)'는 또 하나의 우수 경주마이자 종마가 되었다. '올드 잭(Old Jack)'이라 알려져

카빈(왼쪽)과 파 랩(오른쪽)

널리 사랑 받던 카빈은 27세에 죽었다. 또 다른 명마인 파 랩은 5세에 36회의 우승경력을 남기고 미국으로 활동무대를 옮겨 멕시코의 '아구아 깔리엔떼(Agua Caliente)' 핸디캡 경주에 출주, 부담중량과 핸디캡 중량을 포함, 도합 58.5kg을 지고 우승하였다. 이 일은 당시 북미에서 가장 놀라운 사건이었지만 파 랩은 1932년 심한 산통을 일으키면서 많은 의문을 남기고 죽었다. 그의 우승총액은 70,121파운드로 그 당시 세계에서 가장 높은 금액이었다고 한다.

1966년 뉴질랜드 북쪽에 위치한 파머스턴 노스(Palmerston North) 지방 출신의 미첼(Mitchell)가는 훌륭한 경주마 '소빅(Sobig)'을 은퇴시키고 그들이 소유하고 있던 우수 혈통의 암말과 교배시켜, 그 후 20여 년 동안 두 마리의 훌륭한 경주마들 '바이스 리갈(Vice Regal)'과 '발메리노(Balmerino)'에게서 놀라운 결과를 얻게 된다. 강인하고 튼튼한 뉴질랜드산 혈통과 흥미롭고 실질적인 호주산 혈통을 교배시킴으로써 발전을 거둘 수 있었던 것이다.[5)]

---

5) 「세계의 경마 시리즈」, 『월간 마장(馬場)』, 1989년 1월호, 마장사, 43쪽 참고.

3. 말과 관련된 다양한 상징과 인식

다른 동물과는 달리 말은 인간과 오랫동안 가깝게 생활하면서 환경과 문화에 따라 말에 대한 상징과 인식[6]이 다양하게 나타난다는 특징을 가지고 있다. 특히 사고방식이 다른 동양과 서양의 문화권이 이러한 말에 대한 상징적 특성이나 인식에 있어서 미묘한 차이를 나타내고 있다는 점은 매우 흥미롭다. 즉 우리나라나 중국, 몽골 등 동양권에서 빈번히 상징화되는 동물인 말은 대부분 비범하거나 신적인 존재와 결합되어 평범한 인간이 감히 범접할 수 없는 '신성한' 동물로 인식되고 있지만, 유럽을 중심으로 한 서양에서 나타나는 말에 대한 상징성은 인간과 가깝거나 인간에 근접한 존재로 그려지고 있어 말에 대한 '친밀한' 감정이 더 돋보이게 되는 것이다. 하지만 동양과 서양을 막론하고 '백마'는 특별한 존재로서 부각된다는 공통점 또한 간과할 수 없을 것이다.

특히 우리 조상들은 풍부한 상상력을 바탕으로 말에 대한 다양한 상징과 풍습들을 다채롭게 창조해내는 능력이 탁월했다. 그리하여 아주 오랜 옛날부터 우리 민족은 말을 제왕출현의 징표로서 신성시했으며 초자연적인 세계와 교통하는 신성한 동물로 여겨왔다. 때문에 우리 민족은 말을 용의 자식이라 믿으면서 신성시하였다. 용은 물에서 하늘로 오를 수 있는 동물로, 말은 육지에서 하늘로 오를 수 있는 동물로 믿게 되면서 용과 말은 죽은 사람의 영혼을 싣는 신성한 동물로 인식되었던 것이다. 따라서 우리 조상에게 있어

6) 『월간 마장(馬場)』, 1988년 1월호, 마장사, 68-69쪽 참고.

말은 없어서는 안 될 존재였을 뿐 아니라 정신적 지주의 역할을 담당했던 것으로 보인다.

이를 증명하는 예들은 우리 설화나 전통적인 신앙과 풍습들에서 자주 나타나고 있다. 신라에서는 말이 조상신의 역할을 했다고 전해지는데 이는 신라의 개국 신화 중 말이 싣고 온 알에서 박혁거세가 태어난 일과 관련이 깊다. 고구려의 시조인 주몽이 기린말을 타고 땅 속을 통하여 조천석(朝天石)으로 나아가 승천했다는 신화 역시 말을 신성시한 징표로 볼 수 있다. 또한 조선의 태조 이성계는 서울 동대문 밖에 마조단(馬祖壇)을 설치하도록 명령해 중춘(仲春)에 길일을 택하여 제사를 지냈다. 마조란 말의 수호신인 방성(房星)의 별칭으로, 이 방성은 천자인 황제나 임금을 보위하고 천마를 관장하는 역할을 담당했다고 한다.

민간의 무속 신앙에서도 말은 무신(巫神)의 상징으로 여겨졌으며 쇠나 나무로 말 모양을 만들어 수호신으로 삼기도 하였다. 예부터 기마병은 전투를 승전으로 이끈다 하여 말은 씩씩한 무사를 나타냈고, 때문에 말띠에 태어난 사람은 남성적이고 웅변력과 활동력이 강하여 매사에 적극적인 성격을 갖고 있다고 보았다. 이런 인식들로 인해 12지신 중 말은 남성신을 상징한다.

그 중에서도 우리의 민족에게는 백마와 관련된 상징들이 아주 풍부하게 나타나는데, 이에 대해선 백의민족으로 불렸을 만큼 흰색을 특별하게 생각했던 우리 조상들의 성향이 백마 선호사상으로 나타났다고 설명할 수도 있고, 상대적으로 흰색 말이 희귀했기 때문에 그 희귀성으로 인해 백마가 더 특별하고 귀한 존재로 대접받았다고 설명할 수도 있을 것이다. 따라서 우리 조상들은 백마를

영화에 등장하는 백마

공물(供物)로 바치는 것이 자신이 할 수 있는 최고의 성의를 보여주는 것으로 생각했으며, 신에게 희생의 동물로 사용할 때에도 백마, 서로가 맹세의 서약을 할 때도 백마를 이용하였다고 한다. 전통 결혼풍습에서도 백마를 탄 신랑이 신부 집으로 가는 방식이 남아 있는데, 이는 말과 관련된 태양신화와 천마(天馬)사상에서 비롯된다. 음양론에서 양(陽)의 기운이 남성을 상징하듯 태양은 남성을 뜻하며 말 또한 태양을 상징하는 동물로 인식되었던 것이다. 또 무속에서 말은 하늘을 상징하기 때문에 날개 달린 천마는 하느님(上帝)을 태우고 하늘을 달릴 수 있는 특별한 동물로 인식된다. 또한 역사 속에 알려진 유명한 장수의 말들도 모두 백마였다.

걷기도 전에 승마를 배운다는 몽골인들에게 말은 더욱 특별한 존재로 인식된다. 이들은 말을 신성하게 생각했을 뿐 아니라 전반적인 생활 방식 자체가 말과 직간접적인 연관을 맺고 있으며 여기에서 축적된 다양한 생활방식과 문화, 전통 풍습들을 몸소 체화하고 있기 때문이다. 유목민인 몽골인들이 자신들이 키우는 양, 염소, 소, 말, 낙타 중 가장 중요하게 생각하는 동물 역시 말인데, 이는 그들에게 말이 음식과 교통수단으로 유용하게 쓰일 수 있다는 이점 외에도 그들 사회에서 말은 부와 지위의 상징으로 인식되기 때문일 것이다.

몽골인은 세 살이 되면 남녀 구별 없이 말에 오르기 시작하는데, 이렇게 몽골인들이 걸음마도 채 떼지 못한 어린 아이를 말에 태우는 이유는 말에 타는 순간 비로소 자신들의 아이가 사람으로 완성된다고 생각했기 때문이다. 그만큼 말을 중요하게 생각했던 몽골인들의 인식이 단적으로 드러나는 부분이다.

몽골 최대의 축제인 '나담' 축제에서는 몽골인들의 기본적인 3대 군사훈련에서 비롯된 씨름과 활쏘기 그리고 말 경주가 빠지지 않고 행해지는데, 특히 말 경주에서는 몽골인들만이 가질 수 있는 독특한 풍습이 나타난다. 몽골 경마에 참가하는 기수는 모두 어려서부터 말타기를 배워 온 6세에서 12세까지의 나이 어린 소년·소녀들이며, 이 경주의 규칙은 특이하게도 말의 나이에 따라 거리가 정해지는 방식을 취하고 있다. 그렇기 때문에 태어나 2년이 지난 말은 15km를 달릴 수 있으며, 3년 된 말은 20km, 4년 된 말은 25km, 5년 된 말은 25km, 그리고 6년 된 말은 30km에 달하는 경주로를 달릴 수 있다고 한다. 또한 종마(種馬)로서 거세되지 않은 수말이 달리는 28km 경주도 있어 모두 여섯 종류의 레이스가 이틀간에 걸쳐 두 번 치른다. 또한 이 시합에서 빠르게 달려 우승한 말에게서는 신비한 힘이 전해진다는 속설이 있기 때문에 구경꾼들은 우승마를 만지며 그 힘을 얻으려 한다. 이를 통해서 몽골인들 역시 말을 신비롭고 특별한 존재로 인식하고 있음을 알 수 있다.

그러나 유럽을 중심으로 한 서양 문화권에서는 말이 신적인 위치에 있다 하더라도 그 신성성이 강조되기보다는 인간적이거나 인간의 영향권에 속해 있는 느낌을 주는 존재로 그려지는 경우가 많다. 가령, 그리스 로마 신화에서 보이는 '켄타우로스'와 같은 경우가 대표적인데, 반인반마로 묘사된 켄타우로스를 통해 말을 인간과 동등하게 인식했던 고대 서양인들의 사고관이 드러나기 때문이다.

켄타우로스는 머리에서 허리까지는 사람이지만 허리 아랫부분은 말의 형상을 하고 있는 신화 속 괴물이다. 그리스 로마 신화에서 켄타우로스들은 대부분 야만적인 야수들로 표현되어 인간에게 사악한 짓을 하는 무리로 묘사되지만, 그 가운데는 케이론이나 폴로스처럼 태생도 다르고 성질도 온화한 켄타우로스들도 있었다고 한다. 특히 케이론은 아폴론과 아르테미스 신에게 교육을 받아 사냥과 의술, 음악이나 예언술에 능했고 아르테미스 신과 관련되어 등장하는 뛰어난 영웅들은 모두 그의 제자로 그려진다. 아울러 켄타우로스는 전투를 잘했기 때문에 후세에 무신(武神)의 상징이 된다. 이렇듯 인간과 말의 신체가 곧바로 결합된 형상을 지니고 있는 켄타우로스는 '인간화된 말, 말처럼 변형된 인간'이란 상징성을 통해 말과 인간의 경계를 모호하게 설정했던 서양인들의 사고관을 반영하고 있다.

또한 서양의 신화 속에서 주로 말은 인간에게 도움을 주는 이로운 존재로 표현되는 일이 많다. 페가소스처럼 영웅 벨레로폰을 도와 키마이라라는 괴물을 퇴치한다든지, 중세 시대의 이야기들 속에서는 말이 용감한 기사와 함께 용을 물리치는 존재로 등장하기 때문이다. 물론 동양적인 상징들에서도 말이 인간에게 이로운 동물로 인식되고는 있지만, 서양에서처럼 인간의 조종이나 영향력이 필요한 존재라기보다는 독자적인 존재로서 인간의 위에 위치하고 있다는 점이 다르다.

그러나 이렇게 동양과 서양 문화권에서 말에 대한 인식의 차이가 드러난다고 해서, 말과 관련된 동서양의 다른 모든 상징들에도 예외 없이 적용된다고 단정하는 것은 성급한 생각일 것이다. 말에 대한 동서양의 차이가 존재하는 반면, 비슷한 상징과 인식들도 존재하기 때문이다.

그리스의 신화에서 태양신 '헬리오스'의 아들인 '파에톤'은 자기 아버지가 타고 다니던 태양의 수레를 끌고 나갔다가 통제불능이 되어 제우스의 벼락을 맞아 죽는다. 이 장면을 묘사하고 있는 그림을 살펴보면 수레를 끄는 동물이 네 마리의 말이란 것을 알 수 있다. 때문에 태양신 헬리오스를 돕는 천마들은 동물 중에서도 최고 위치를 지니고 있으며 나아가 말이 곧 태양을 상징하고 있음을 알 수 있게 한다. 이는 앞서 우리 민족이 태양과 백마를 동일시하던 인식과 비슷하다.

또한 서양에서도 백마는 특별하고 신성한 존재로 여겨지는데, 기독교의 신약성서에서도 흰 말을 예수에 비유하고 있는 표현이 나타난다는 것을 그 근거로 삼을 수 있다. 요한계시록 제6장 1~2절의 "내가 보매 어린 양이 일곱 인 중에 하나를 떼시는 그 때에 내가 들으니 네 생물 중에 하나가 우뢰소리같이 말하되 오라 하기로 내가 이에 보니 흰 말이 있는데 그 탄 자가 활을 가졌고 면류관을

하인츠가 그린
〈파에톤의 추락〉

받고 나가서 이기고 또 이기려고 하더라."라는 구절에서 흰 말은 예수그리스도를 간접적으로 표현한 것으로 해석되기 때문이다.

2장

세계의 말 문화

사람이 처음으로 말을 키우게 된 것은 지금으로부터 대략 5,000년 전의 청동기 시대였으며, 그 근원지는 오늘날의 우크라이나 공화국 근처였던 것으로 추정된다. 따라서 말은 12,000년 전에 가축화된 개나 10,000년 전에 가축화된 돼지, 8,000년 전에 가축화 된 소와 닭 같은 가축들 중에서는 가장 뒤늦게 사람의 무리 속으로 유입된 동물이었다. 그러나 타 동물에 비해 상대적으로 짧은 가축화 기간 동안 말이 사람에게 끼친 영향은 우리 인류의 역사와 문화를 좌우할 만큼 막대했다고도 말할 수 있다. 말은 사람에게는 없었던 대단한 힘과 스피드를 가지고 있었기에 인간 역사와 문화를 발전시키는 데 여러 모로 쓸모 있는 동물이 될 수 있었다.

말의 여러 임무 중에서도 단연 눈에 띄는 점은 이 동물이 세계 제패를 꿈꾸는 이들의 침략과 정복을 위한 매우 중요한 수단으로 사용되었다는 것이다. 세계를 정복하려는 야심을 품었던 제왕들은 말의 엄청난 힘과 속력을 이용한다면 자신들이 원하는 만큼의 영토를 가질 수 있을 거라고 생각했다. 또한 그들은 이미 정복한 영토를 유지하기 위해서라도 자신의 나라 여러 군데에 말을 생산할 수 있는 목장과 전차 공장을 설치하는 데 투자를 아끼지 않았다고 한다. 때문에 이렇게 말이 군사적인 도구로 사용되어 전차를 끌거나 기병을 태우고 달리는 전쟁의 방식은 동·서양을 막론하고 인류의 역사 속에서 상당히 오랫동안 이어져 왔던 것이다.

말이 가축화되기 시작하는 초기부터 말은 인간의 역사에서 중요한 임무들을 수행하게 됨에 따라 사람들은 말을 이롭고 중요한 동물로 인식하게 되었다. 이에 따라, 말 축제 문화나 폴로·승마와 같은 스포츠 문화 등 말과 관련된 다양한 문화 역시 자연스럽게 발생하였고, 말과 함께 생활하는 사람들의 의식주 문화 역시 말과의 연관성 속에서 발전해 나가기 시작한다.

따라서 세계의 말 문화를 살펴보는 이 장에서는 전 세계적으로 다양한 문화권들의 역사 속에서 등장하는 말의 모습을 추적해 보고, 인류의 다양한 말 관련 문화 속에서 나타나는 말의 모습은 어떠한지를 살펴보고자 한다.

1. 세계 역사 속의 말

세계의 역사 속에서 말은 전쟁과 직접적인 관련을 맺었으며, 어느 것보다도 중요한 비중을 차지했음을 부인할 수 없다. 말이 끄는 전차나 기마병은 세계를 정복하려는 야심을 품은 국가들에게는 필수적으로 갖추고 있어야 할 아이템이었기도 하다.

말과 관련된 이러한 정복 아이템들을 제대로 활용할 줄 알았던 나라들은 유럽이나 지중해, 중동, 중앙아시아와 동북아시아, 신대륙인 아메리카 대륙에 이르기까지 민족이나 지리적 위치를 초월해 전 세계적으로 넓게 분포되어 있다. 이제, 이들의 역사를 훑어보며 말의 중요성에 대한 역사적 인식들을 확인해 보자.

유럽권

인류의 역사를 통틀어 유럽만큼 오래 전부터, 그리고 오늘날에 이르기까지 말에 대한 애정을 깊이 간직하고 있으며 그것을 철저하게 유지하려는 문화권은 없는 듯하다. 그만큼 유럽권 국가들의 역사는 항상 말과 함께 발전했으며, 그 나라 사람들의 말에 대한 애정과 관심 역시 자동차나 컴퓨터와 같은 첨단 과학기술 문명이 발달한 21세기에도 여전히 식을 줄 모르고 있다.

유서 깊은 유럽의 역사에 나타나는 말의 모습에 대한 시발점을 추적하기 위해서는 기원전으로 되돌아가 그리스 문명이 꽃을 피우고 있었던 지중해 부근부터 살펴보는 것이 좋을 듯하다. 지중해에 언제부터 말이 가축으로 정착하게 되었는지에 대해서는 확실하지 않으나 기원전 1500년경의 그리스에서 말이 끄는 전차에 관한 증거가 나타나는 것으로 보아서는 그 이전으로 추측할 수 있겠다. 물론 섬나라이자 정복 전쟁에 별로 관심이 없었던 그리스에서 전차나 마차와 같은 것들은 전쟁수단이나 교통수단의 의미로 사용되기에는 비실용적이었기 때문에, 주로 권력과 부를 나타내는 상징으로서

장신구적인 기능을 담당하고 있는 형편이었다고 한다. 때문에 고대 그리스에서 기병대는 기원전 700년경 그리스의 도시국가 중 하나였던 칼키스(Chalcis)와 에레트리아(Eretria)가 렐란티네(Lelantine) 평야의 풍요로운 대지를 차지하기 위해 전쟁을 치르기 이전까지는 존재하지 않았다고 한다.

고대 그리스 기병대의 모습

그러나 말은 그리스 역사에서 어떤 고대문명에서보다 훨씬 더 중요한 역할을 하게 된다. 즉 그리스는 말을 전차나 기병대와 같은 전쟁도구로써 사용하는 대신에, 그들의 예술과 신화를 더욱 풍성하고 다채롭게 해주는 문화적인 아이콘으로 더 활발히 사용했던 것이다. 때문에 그리스의 문화와 예술, 신화에서 말은 인간 버금가는 중요한 비중을 가지고 등장할 수 있었던 것으로 파악된다. 또한 고전적인 승마술에 관한 기록이나 말 자체에 대한 최초의 기록을 고대 그리스에서 찾을 수 있다는 점 역시 고대 그리스가 말에 관련된 문화에 조예가 깊었음을 우리에게 알려주는 것이다. 아직도 그리스에는 기원전 400년경 아테네의 전문적인 조교사이자 기수인 시몬이나 당시 가장 유명한 마학자였던 크세노폰(기원전 430~355년)이 쓴 말 관련 저서들이 그 증거로 남아 있기 때문이다. 특히 크세노폰은 고전적 마장마술의 창시자로 알려져 있다고 한다.

그 중에서도 경마는 그리스가 찬란하게 발전시켰던 오락문화 중 하나로서, 경주에서 이기는 말을 두고 벌어지는 내기가 그 시대의 그리스인들에게도 역시 많은 즐거움을 주었다는 점을 확인시켜 준다. 그리스의 여러 도시 국가들이 위치하고 있었던 유적지들에서 경마에 관한 유물이나 기록 혹은 경주로나 경기장과 관련된 증거물들이 빠짐없이 발견되는 것은 이러한 점을 잘 반영하고 있기 때문이다. 또한 그리스의 도시국가들에서 행해졌던 고대 올림픽 경기에서도 경마가 경기 종목으로 채택되어 있었을 정도였다고 하니 경마에 대한 고대 그리스인들의 애정과 관심이 어느 정도였는지를 짐작할 수 있다.

고대 올림픽 경기에서 경마는 처음 평지에서 경주를 진행하다가 올림피아나 델피 같은 곳에 '히퍼드로움'이라는 직사각형이나 타원형의 경마 경기장들을 건설하게 되면서 그리스 나름의 본격적인 경마 관람 문화를 양산하게 된다. 여기에 이러한 그리스인들의 경마에 대한 열정을 알 수 있는 좋은 일화가 있다.

고대 올림픽 제전이 한창이었던 기원전 356년도에 있었던 일이다. 알렉산더 대왕의 아버지이기도 한 마케도니아의 필립 2세는 말과 경마에 대한 열정이 남달랐다고 한다. 그런 필립 2세에게 어느 날 세 명의 전령이 도착한다. 한 전령은 필립 2세의 군대가 포티데이아(Potidaea)를 점령했다는 소식을 가지고 왔으며, 다른 한 전령은 왕비인 올림피아스가 알렉산더를 낳았다는 소식을 가져왔고, 마지막 전령은 필립 2세의 전차가 경주에서 승리했다는 소식을 가져왔던 것이다. 이 세 가지 소식 중에서 필립 2세가 가장 기뻐하고 좋아했던 소식은 말과 경주를 사랑했던 그답게 세 번째 전령의 것이었다고 한다.

그러나 이러한 전차 경주들은 그리스가 로마에 정복당하게 되면서 변질되기 시작하고 올림픽 제전에서 전차 경주가 지녔던 신성한 의미보다는 한낱 유흥거리나 구경거리가 되면서 그 위상은 점차 추락하게 된다.

말과 관련하여 고대 그리스와 비슷한 시기의 지중해에는 또 다른 민족이 소아시아에서 이주해 와 오늘날의 이탈리아 투스카니 지역에 정착해 있었다. 아시아에서 이주해 온 만큼 동양적인 문화를 가지고 있었던 그들은 이웃이었던 그리스 문화를 받아들이게 되면서 이질적인 두 문화를 혼합한 독특한 문화를 형성하고 있었던 것으로 보인다. 이들이 바로 찬란한 동서양의 문화를 꽃피우다 기원전 3세기경 사라져 버린 에트루리아인들이다.

에트루리아인들은 자신들이 이주해 올 때 함께 들여온 아랍종 말에 그리스의 말 관련 문화를 받아들여 그들만의 색다른 말 문화를 체계적으로 발전시킬 수 있었다. 때문에 오늘날 유적에서 발견되는 에트루리아 판화들을 살펴보면 그들이 가지고 있었던 말의 품종이나 말 관련 문화들을 확인해 볼 수 있다.

그림에서도 알 수 있듯이 에트루리아 판화에서 묘사되고 있는 말의 모습은 길고 날렵한 다리와 아름다운 자태를 지니고 있었으며, 아랍종 말의 우아하고도 유려한 모습을 그대로 보여주고 있다. 또한 그림에서와 마찬가지로 에트루리아인들의

에트루리아 판화에 새겨진 말

승마법에 관한 기록들을 살펴보면 그들이 안장 없이 말을 탔다는 것이 확인되고 있으며, 말의 입에 재갈을 물려 고삐를 삼았다는 점도 확인할 수 있다.

이러한 에트루리아인들 역시 그리스인들처럼 말이 자신들의 고대문화와 예술을 발전시키는 중요한 역할을 담당했던 것으로 보인다. 이는 말이 에트루리아 군대에서 어떤 전술적 책략으로 사용되었는지에 대한 기록보다는 예술품과 그들의 풍습을 다루고 있는 기록물들에 더 자주 등장하기 때문일 것이다.

이후 그리스의 뒤를 이어 로마제국이 들어서면서 서양의 역사는 지중해를 넘어서 전 유럽과 아프리카, 중동에까지 영향력을 끼쳤던 광대한 로마제국으로 그 비중을 옮기게 된다. 그리스인들과 에트루리아인들이 장악하고 있었던 이탈리아 반도를 다시 되찾은 이 라틴족들은 기원전 8세기경 현재의 로마시 부근인 테베레강 하류에 도시 국가인 로마를 건설하게 되었고, 강력한 기마군대와 전차를 사용해 주변국들부터 차례차례 정복해 나가 그토록 광대한 영토를 손에 쥘 수 있었던 것이다.

이러한 정복 전쟁을 뒷받침하기 위해 로마 제국은 그들의 신인 군신 마르스를 모시며, 캄피우스 마르티우스(Campius Martius)라는 군사훈련장을 세워 다양한 군사인력을 양성해내었다고 한다. 이 캄피우스 마르티우스에서 병사들은 각종 훈련과 마술(馬術)을 체계적으로 훈련받으며 훌륭한 기마병으로서의 면모를 갖출 수 있었다고 한다.

일례로 캄피우스 마르티우스에 갓 들어온 신입 병사들은 처음부터 말을 타기보다는 나무로 만들어진 목마를 가지고 말을 타고

캄피우스 마르티우스의 모형

내리는 방법에 대해 기초부터 배웠으며, 기초과정을 제대로 습득한 병사에게만 실제로 말을 타고 본격적인 전투 기마술을 배울 수 있는 기회가 허락되었다고 한다. 또한 캄피우스 마르티우스에서는 군신 마르스를 위해 매년 에퀴르리아(Equirria)라는 축제가 개최되었으며, 이 축제의 핵심인 4륜 마차 경주에서 이긴 군인은 그 경주에 참가한 말 중 자신이 가장 아끼는 말을 군신 마르스를 위해 제단에 바쳐야 했다고 한다.

이런 로마인들의 말에 대한 관심과 보살핌은 지나칠 정도여서 경기나 전쟁에 나갈 말을 화려하게 꾸미고 사치스럽게 치장하는

데에도 공을 들였다고 한다. 또 로마군이 전쟁에서 승리하고 돌아올 때에는 황제와 귀족들을 위한 개선행진이 필수적이었으며, 이때에 개선하는 군인들의 말은 어느 때보다 더 장렬하고 화려하게 치장되었다고 한다.

앞서 언급하기도 했지만 고대 그리스의 전차 경주는 로마 시대에도 그대로 이어져서 호전적인 로마인들에게 많은 사랑을 받았다고 한다. 때문에 폭 150m에 길이 600m에 달하는 경주로와 20만 명의 관객을 수용할 수 있는 어마어마한 원형경기장(the Circus Maximus)이 존재할 정도였다. 이러한 전차 경주의 인기 덕분에 전차 경주의 우승자는 군 사령관과 비슷한 대우를 받았으며, 지금의 슈퍼스타 못지않은 인기를 누렸다고 한다. 특히 디오클레스(Diocles)는 기원후 130년부터 24년 동안 무려 4,257번의 경기에서 1,462번을 승리해 오늘날까지 그의 이름을 후대에 남기고 있을 정도이다.

이렇게 영원할 것처럼 번성했던 대로마제국도 476년 게르만족의

전차 경기가 실시되던 원형경기장

침공이 시작되면서 점차 쇠락의 길로 들어서게 되었고, 마침내 아우구스투스가 로마 황제의 자리에서 물러나자 제국의 역사는 종지부를 찍으며 화려했던 그들의 말 문화 역시 역사의 뒤안길로 사라지고 만다.

로마가 유럽을 지배하게 되면서 여러 이민족들을 로마 문화권으로 흡수하기는 했지만, 말과 관련된 인류의 역사를 다루면서 켈트족의 역사를 묻어둔 채 그냥 지나칠 수는 없을 것이다. 켈트족은 기원전 10세기부터 기원후 1세기까지 현재의 독일과 프랑스 지역 부근에서 활약했던 인도 유럽어족의 일파로써 본래는 유라시아 초원의 유목민이었으나 이주와 정착을 거듭하면서 유럽 지방에까지 이른 것으로 보인다. '아스테릭스'라는 프랑스 만화나 혹은 영화를 본 적이 있는 사람이라면 이런 켈트족에 대한 이미지가 좀 더 구체적으로 다가올 수 있을 것이다. 마법의 물약을 마시고 로마군을 노리갯감으로 삼는 영화 속 켈트족의 모습은 약간 과장된 면이 없지는 않지만 그들의 복식이나 생활 풍습을 살필 수 있는 좋은 자료가 된다.

각설하고, 오래된 역사를 지니고 있는 유목민이기에 첫 기마민족의 직계 후손들인 것으로 여겨지는 켈트족은 기원전 1800년경부터 그 당시 다른 부족들에선 찾아볼 수 없는 말이 끄는 전차를 가지고 있었을 정도로 앞선 말에 대한 활용능력과 기술을 보유하고 있었던 것으로 보인다. 그러나 그들이 가지고 있었던 말의 품종이 어떠했느냐에 대해서는 전해진 바가 없어 아무런 실마리를 잡을 수 없는 것이 사실이다. 다만 처음에는 크기가 작은 말을 타다 유목을 하기 위해 오늘날의 독일 남부지역으로 이동하는 과정에서 프르제발스

멸종된 타르판 말을 복원시킨 코닉종

키 말과 타르판 말의 혼합종을, 그들이 다시 중앙아시아로 이동했을 때에는 순종 초원 타르판 말이나 삼림 타르판 말을 탔던 것으로 추정될 뿐이다. 때문에 켈트족의 전성기인 기원전 300년경에는 그들의 말이 원래 지니고 있었던 프르제발스키 말의 특징은 대부분 사라진 뒤였다고 한다.

켈트족은 말을 타고 전투를 할 때는 대개 병사 한 명이 한 마리의 말에 탔지만 두 명의 병사가 한 마리의 말을 함께 타는 특이한 경우도 있었던 것으로 보인다. 기원전 387년 켈트족이 로마에 침입했을 때 로마인에게 주었던 강한 인상은 역사가 디오도로스에 의해 기록으로 남아 전해질 수 있었기에 말을 이용한 켈트족의 독특한 전투술을 구체적으로 알 수 있는 좋은 자료가 된다.

기록에 의하면 켈트족은 당시 기마민족들의 전투 방식을 그대로 따르지 않은 채, 그들만의 전술로 싸웠다고 전해진다. 특히 당시에는 흔하지 않은 4개의 바퀴를 가진 전차를 이용해 측면에서 적진을 교란시키면 기병과 보병들은 그 틈을 타 적진의 정면으로 빠르게 공격을 개시했다고 한다. 또한 전차에는 두 명의 전사가 탑승해, 한 사람은 적에게 창을 던지고 한 사람은 말을 보호하며 전진했던 것으로 보인다. 전차 위에서 창을 던지던 병사는 급박한 상황에서는 전차에서 내려와 창과 칼로 계속 싸웠고, 나머지 한 사람은 전차 주변에서 퇴로를 확보했다. 두 명의 병사가 한 마리의 말에 타는 이유는 한 사람은 말의 고삐를 잡고 다른 사람이 적에게 창을 던지는 전투 방식에서 비롯된 것으로 보인다. 그들 역시 위급해지면 말에서 뛰어내린 채 직접 적과 싸웠다고 한다. 이렇게 말과 관련된 다양한 전투술을 보유하고 있었던 켈트족은 말 관련 도구들을 발명하는 데에도 일가견이 있어 사슬 재갈을 보유하고 있었다. 이런 켈트족이기에 그들이 말굽에 씌우는 편자를 처음으로 고안했다는 설도 있으나 이를 확실하게 증명할 자료는 존재하지 않는다. 따라서 초기의 말 편자가 '켈틱 편자'라고 불리는 이유도 그들이 직접 편자를 만들어냈다기보다는 말과 연관성이 많았던 그들의 특성에 기인하기 때문으로 보인다.

대로마 제국을 멸망시킨 게르만족 역시 켈트족 못지않게 말을 활용하고 다루는 기술에 능했다. 그들이 언제부터 말을 타게 되었는지나 어떤 품종의 말을 탔는지에 대해서는 정확하게 알 수 없으나 작고 강한 말을 즐겨 탔다는 게르만족에 대한 기록에서 미루어 볼 때, 그 특징에 가장 부합되는 말은 타르판 계열의 말로 추측된다. 특히 게르만족이 신성시했던 백마는 동양계 말의 혈통에서만 발생되기 때문에, 그들이 백마를 보유하고 있었다는 사실은 곧 게르만족의 말이 동양계 말과 접촉이 있었다는 점을 증명하는 것이다.

로마인들에게 야만족으로 불렸던 게르만족은 그러나 말타기에 있어서만은 로마 군대를 능가할 수 있을 만큼 뛰어난 승마학교나 승마 전투 기술을 보유하고 있었다고 한다. 때문에 시저는 '종달새' 라고 불리는 게르만인 위주의 특수 기병대를 조직했을 정도였다. 특히 게르만족은 말이 사람의 지시를 잘 알아듣고 이에 복종할 수 있도록 훈련시키는 일에 있어서 탁월한 능력을 가지고 있었다고 한다. 혼란스럽고 무질서한 전장에서 게르만족이 말에서 내려 싸우는 동안에도 그들의 말은 도망가거나 동요하는 일 없이 한자리에서 침착하게 자기 주인의 싸움이 끝나기를 기다렸다.

그러나 게르만족은 여기서 멈추지 않고 자신들보다 더 훌륭하고 선진적인 말 관련 기술들을 습득하는 데에 관심이 많았던 것으로 보인다. 게르만족은 로마군대에서 용병으로 활동하면서 북아프리카의 카르타고인들과 누미디아인들의 훌륭한 기마술을 습득해 자신들의 기마 스타일을 발전시키는 한편, 오늘날의 마장마술 시합과 관련된 고전적인 승마술까지 터득하여 처음 이러한 마상시합을 개최했던 민족으로 기록되고 있기 때문이다.

프로코피우스라는 역사가는 이런 게르만족의 마장술에 대해 기록하고 있는데, 그는 기원후 552년에 동고트족 황제인 토틸라가 자신의 군대 앞에서 행한 마상곡예를 묘사하면서 게르만족의 이러한 뛰어난 마장술에 대한 놀라움을 금치 못하고 있다. 프로코피우스가 묘사한 바에 따르면, 토틸라는 자신의 말을 조종해 한자리에서 계속해 선회하는 장면을 연출하였고, 창을 던진 뒤 말을 타고 전속력으로 달려 다시 그 창을 잡는 묘기를 부렸다고 한다. 덧붙여 말 위에서 이러한 묘기를 펼치는 것은 게르만의 고트족 사이에서는 말을 웬만큼 타는 사람이라면 대부분 가능한 일이었을 만큼 고트족의 승마 기교는 화려했으며 고도로 발달해 있었다고 한다.

그러나 게르만족이라고 해서 모두 말에 대한 기교나 기술이 뛰어났던 것은 아니어서 게르만족 중 앵글로족이나 색슨족, 롬바르도족과 프랭크족과 같은 정착 부족들은 말과 관련된 기술에 흥미가 없었던 반면, 반달족이나 알란족, 고트족, 수에브족과 같은 여타 유목 부족들만이 이런 마상 기술에 뛰어났다고 한다. 그러나 마상 기술에 뛰어났던 유목 부족들은 게르만족의 대이동 시 어딘가로 사라져 그 훌륭한 승마 스타일의 명맥을 잇지 못했다.

그 뒤의 유럽에서 켈트족이나 게르만족에 버금가는 유명한 민족을 꼽으라하면 기원후 800~1050년 사이에 활약했던 스칸디나비아 출신의 바이킹족을 떠올릴 수 있을 것이다. 알다시피 바이킹족은 노르만족에 속했으며, 특히 그들만이 가지고 있었던 '바이킹'이라는 독특한 배를 타고 다니며 해적질이나 노략질을 일삼는 것으로 유명했던 민족이다. 이렇게 바이킹족들은 강과 바다를 종횡무진할 수 있는 자신들의 배로 다른 나라를 침략하는 해적이나 전사의 이미지로 널리 인식되어 있지만, 평화적인 정착과 무역 활동도 겸했다고 하니 의외일 수도 있겠다.

또한 바이킹족은 갑판 없는 이 작은 배에 50여 명의 사람과 양이나 소, 말 등을 실어 나르며 침략이나 교역, 전쟁 등을 벌이곤 했는데, 그들은 자신들의 고향인 스칸디나비아 반도에서 데려온 거칠고 단단한 말뿐만 아니라 필요할 때마다 침략지에서 자신들이 탈 수 있는 말을 전리품으로 빼앗았다고 전해진다.

9세기 후반에 이르러 바이킹족은 프랑스 북부 및 서부 해안에 대한 대규모 습격을 자주 감행하기 시작한다. 그리하여 900년경에

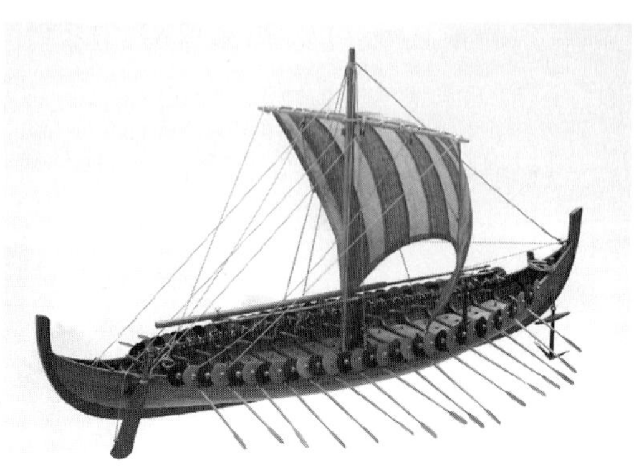

바이킹족이 사용했던 배의 모형

는 오늘날 노르망디라고 불리는 프랑크 왕국 북부의 센 강 유역에 자신들의 항구적인 거점을 마련하게 되면서 노르만족으로서의 안정된 정착 생활을 위한 확고한 기틀을 세우게 된다. 이후 1066년 노르망디의 공작 윌리엄이 잉글랜드를 침략해 노르만 왕조를 세우면서, 이전에도 결혼과 용병 생활을 통해 잉글랜드와 자주 교류하던 노르만족은 점차 잉글랜드의 앵글로 색슨족과 동화된다. 따라서 노르만족은 이 시기 아일랜드 전역과 노르망디 지방을 정복하고 있었던 것으로 보인다.

스칸디나비아 반도의 노르웨이에 살았던 바이킹족들은 왕의 폭압적인 정치를 피해 약 860km의 망망대해를 건너 본래 무인도였던 아이슬란드까지 이르게 되었고 그들은 이 섬의 첫 정착민이 된다. 사람이 살 수 없는 무인도가 그렇듯 아이슬란드는 자연환경과 땅이 매우 척박하여 농사를 짓기 힘들었지만 바이킹족은 소나 양을 기르며 그곳에 정착하는 데 성공한다. 특히 그들의 튼튼한 독일산이나 잉글랜드산 조랑말들은 아이슬란드의 기후에 잘 적응하여 유일한 교통수단으로서의 역할을 톡톡히 해내었다고 한다. 아이슬란드에 적응한 바이킹족들은 종마싸움을 즐겼다고 하는데, 이 때문에 말이 심하게 다치거나 죽는 일도 있었지만 그들의 호전적인 성격 탓인지 매우 인기가 있었다고 한다.

이후 유럽의 중세시대는 말들에게는 너무나 가혹한 시대였다고 평가할 수도 있을 것 같다. 철갑으로 무장한 기사들이 타고 다녔던 말들은 기사를 포함해 최대 150kg에 달하는 어마어마한 갑옷과 안장의 무게를 싣고 전력으로 달려야 하는 힘겨운 노동을 견뎌내야만 했기 때문이다. 특히 말에게 씌운 안장과 기사들의 갑옷은 그것을 만든 소재의 특성으로 인해 말과 승마자의 의사소통 방식에 변화를 주게 되는데, 과거 말을 부드럽고 세밀하게 조종할 때 주로 쓰이던 사람의 넓적다리 대신 말에게 고통을 가해 조종하게 되는 박차나 재갈과 같은 고문도구의 발명이 이 동물들에게는 여간 유감스러운 일이 아니었을 것이다.

무거운 갑옷과 무기, 방패들로 인해 이전과 같이 정교한 승마기술을 발휘할 수 없었던 만큼 중세의 기사들은 말을 자유자재로 몰기 위해 고도로 숙달된 훈련을 받을 필요가 없어졌고, 그럴수록 기사들의 승마기술은 퇴보할 수밖에 없었다. 또한 중세시대 기사들이 선호하는 말은 작고 미끈하며 잘 빠진 말보다는 크고 강하며 튼튼한 말 쪽으로 변화되어 갔고, 중세시대를 전후로 해서 프랑스의 플랑드르 지방이나 영국의 다수 지역들에서는 오늘날의 샤이어종의 직계혈통이라고 볼 수 있는 크고 힘이 센 역용마들의 혈통이 번성하게 되었다. 그러나 크고 힘이 강한 만큼 상대적으로 동작은

13세기 말의 마상시합대회 모습(왼쪽)과 르네상스 시대의 마상 창 시합을 재현하는 모습(오른쪽)

느리고 굼뜰 수밖에 없었던 이런 말들에서는 우수한 말 품종이라면 모두 지니고 있는 활기차고 예민한 감각을 찾아볼 수 없다는 단점이 존재했다.

또 한 가지, 중세시대의 기사와 말을 연상했을 때 우리 머릿속에서 떠오르는 몇 가지 단어들 중 '마상시합'을 빼놓을 수는 없을 것 같다. 그만큼 마상시합은 중세의 기사와 말을 대표하는 중요한 키워드로 볼 수 있겠다.

최초의 마상시합은 11세기 중엽 프랑스의 귀족이었던 조프루아드 프뢸리라는 사람이 창안했으며, 프랑스어로 tournoi 혹은 tourney로 불렸다고 한다. 그리하여 마상시합을 뜻하는 이 단어는 오늘날 시합 방식을 나타내는 토너먼트(tournament)라는 단어의 어원이 되었다고 한다.

초기의 마상시합은 두 무리의 무장한 기사들 사이에 벌어진 모의전투의 형식이었으며, 멜레(mêlée)라고도 했다. 초기 마상시합에 참가한 기사들은 귀족 출신이 아닌 직업군인들로서 전문적인 훈련을 거친 뒤, 그들의 솜씨와 용기를 만인 앞에 과시하기 위해 자신의 생명을 걸고 출전했다고 한다. 그 뒤에 나온 마상 창시합(joust)은 말에 탄 두 명의 기수가 허리 높이의 장애물로 시합장을 가르는 목책의 양쪽 끝에서부터 긴 창(lance)을 수평으로 든 채 서로 상대방 쪽으로 달려와 공격함으로써 상대방을 말에서 떨어뜨려 이기는 시합이었다. 때문에 이기기 위해서는 좀 더 안전한 자리를 확보할 수 있도록 앉는 부분이 깊이 파인 형태의 안장을 가지는 것이 유리했으며, 시합에 참가한 말들이 어떤 상황에서도 놀라거나 물러서지 않도록 훈련시키는 일 역시 중요했다.

마상 창 시합은 기수가 몸 전체를 감싸는 갑옷을 입고 있었더라도 매우 위험한 경기였다고 한다. 아무리 무딘 창이라도 말이 내는 속력이 더해지면 상대방에게 치명적인 상처를 입힐 수 있었고, 특히 무거운 갑옷으로 인해 낙마에 유연하게 대처할 수 없었던 기수들은 자주 골절상을 당하거나 심하면 생명을 잃기도 했다. 더구나 마상시합은 종종 이를 구경하던 관람객에게도 위험을 감수하게 했다고 한다. 일례로, 1241년에 독일 라인강 서안의 노이스(Neuss)에서 열렸던 마상시합대회에서는 경기에 나선 60여 명 정도의 기사가 사망했으며, 많은 관람객들이 먼지에 질식되었거나 말에 밟혀 죽은 것으로 전해진다.

중세 유럽의 바로크 시대의 말 관련 문화는 당시 바로크 문화를 주도하고 있었던 상류 사회의 화려하고 사치스런 문화를 여실히 반영한다. 이 당시의 귀족들은 자신들의 말이 우아하게 보일 수 있도록 치장하고 훈련시킨 것은 물론이려니와 기품 있고 아름답게 생긴 말 품종을 보유하기 위해 많은 노력을 쏟았다고 한다. 학자들은 이런 바로크 귀족들의 욕구를 만족시켰던 매력적인 말들의 주된 혈통을 베르베르(Berber)종으로 파악하고 있으며, 베르베르종에 고대 스페인(Spain)종과 아랍(Arab)종을 교배시켜 바로크 시대의 품격 있는 말 품종이 등장했다고 설명한다. 이 교잡된 베르베르종은 체구가 작았지만 체격이 단단했으며, 둥근 몸체와 긴 갈기, 윤곽이 뚜렷하고 봉긋하게 솟아오른 코와 힘 있고 기품 있는 목, 넓은 가슴, 둥글고 탄력 있는 엉덩이, 그리고 다소 짧지만 잘생긴 강한 다리를 가지고 있었다고 한다.

또한 이 시기 유럽의 귀족들은 말을 전쟁에 이용하기보다는 화려한 퍼레이드 행렬이나 멋진 서커스 장면을 연출하기 위한 수단으로써 이 동물을 동원했다. 때문에 귀족들의 종마목장에서는 경쟁적으로 이런 쇼에 나갈 수 있는 우아한 말을 갖기 위해, 당시의 안달루시안(Andalusian)종과 나폴리(Neapolitans)종을 바탕으로 말 품

현대의 안달루시안종

현대의 클라드루베르종

종 개량이 유행했다고 한다. 하지만 오늘날에는 바로크 시대에 개량된 이러한 말 품종들이 별로 남아 있지 않다고 한다.

오늘날 아랍(Arab)종의 흔적이 남아 있는 안달루시안(Andalusian)종을 토대로 미루어 볼 때, 바로크 시대 때도 아랍(Arab)종과의 교배가 이루어졌음을 추측할 수 있다. 이 외에도 당시를 풍미하던 바로크식 말 품종으로 프리드릭보르거(Frederiksborger), 클라드루베르(Kladrubers), 알터 리얼(Alter Real), 리피짜네르(Lipizzaners)종을 들 수 있다. 그 중 프리드릭보르거종만이 현대의 스포츠에 적합한 타입으로 개량되어 그 명맥을 이어나가고 있으며, 리피짜네르종과 같은 경우는 오스트리아, 유고슬로비아, 헝가리와 루마니아 등지에서 드물지만 일부가 육성되고 있다고 한다. 그러나 클라드루베르종과 알터 리얼과 같은 품종들은 오늘날 거의 찾아볼 수 없다고 한다.

그러나 바로크 시대 때 유럽 대륙에서 유행하던 이런 말 품종들이 보기에 아름답고 우아한 체형이나 스페니쉬 워크(Spanish Walk)라 불리는 크고 경쾌한 걸음을 걸을 수 있어야 했던 사실과는 달리, 사냥과 경주에 관심이 많았던 영국 귀족들은 말의 스피드에 더 집착했던 것으로 보인다. 때문에 그들은 가장 빠른 말들만을 골라 교배한 결과, 오늘날 경마장에서 흔히 볼 수 있는 서러브래드(English Thoroughbred)종을 탄생시킨다.

18세기 이후의 근대 유럽은 산업혁명을 겪으면서 과거 말이 담당했던 대다수의 역할들을 기계에 맡기게 되었고, 비로소 유럽의 말들은 그들이 인간과 함께 담당하던 고된 임무에서 해방이 될 수 있었다. 그리하여 한때 유럽 역사 발전의 원동력이기도 했던 말들의 위상은 이제 여가나 스포츠 등을 위해서만 존재할 뿐이다.

세계를 호령했던 정복자나 영웅, 황제들을 태우고 역사의 일면을 장식했던 그들의 모습은 우리의 미래에서 더 이상 찾아볼 수 없다고

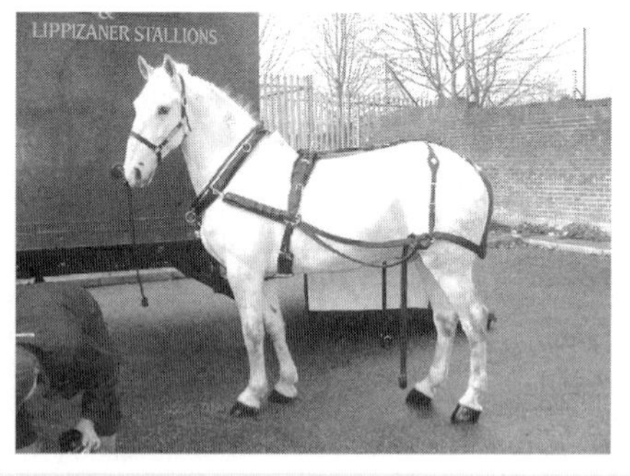

현대의 프리드릭보르거종(왼쪽)과 리피짜네르종(오른쪽)

생각하면 오늘날의 말들의 모습이 왠지 쓸쓸해 보이는 이유는 무엇일까?

아시아권

유목민과 말은 떼려야 뗄 수 없는 불가분의 관계로 그들의 생활에 중요한 역할을 담당한다. 흔히 유목민이란, 일정한 가축을 방목하기 위하여 항상 목초지를 찾아다니며 이동생활을 하는 민족으로, 옛날부터 건조지대 초원이나 반사막지대에 거주한 민족을 지칭한다.

몽골・중앙아시아・페르시아・아라비아 등지에 사는 민족은 유목생활을 해왔으나, 지금은 전적으로 유목에 종사하는 민족은 많지 않다. 예컨대 몽골 민족은 기원전 3세기 흉노시대로부터 유목생활을 해왔지만, 지금은 유목에서 정착(定着)으로 목축 방식을 전환하고 있다.

유목의 기원에 관해서는 여러 설이 있으며, 호메로스의 작품에 보이는 흑해에 살았던 키메리아인, 기원전 8세기경 스키타이인(人) 등이 가장 오래된 것으로 간주된다. 그 밖에 아리아계의 스키타이족, 기원전 3세기~기원후 1세기 몽골고원에 세력을 확장한 흉노족, 기원전 3세기 이후 이란고원의 신흥세력으로 등장한 파르티아인, 6세기 터키계 유목민인 돌궐족(突厥族), 사라센군(軍)의 근간을 이룬 유목 아라비아인, 10세기경 거란족(契丹族), 13세기 칭기즈칸의 몽골족 등을 들 수 있다.

문헌에 등장하는 최초의 유목민은 기원전 8세기경의 스키타이인이다. 그러나 본격적인 유목문화는 러시아 동부에서 중앙아시아에 이르는 초원지대에서 발생해서 그 지역으로부터 시베리아, 티베트, 서아시아, 아프리카 등지로 확산된 것으로 추정된다. 특히 지구상에 몽골고원은 목축하기에 가장 적합한 대형 목초지로 평가되었다. 목축을 위해 가축의 방목지를 찾아서 이동하는 '방목형 유목(pastoral nomadism)'의 형태는 오늘날 아프리카 서부, 중동지역, 몽골을 비롯한 중앙아시아, 그리고 시베리아 지역에 널리 분포되었다고 한다.

아시아에서 말은 유목민의 삶에 맞게 가축의 용도로서 그 중요성이 크다고 할 수 있지만, 이들은 말을 단순히 자신들의 생활에 필요한 수단으로서만 취급했던 것은 아니다. 그들은 말을 하나의 인격체로서 인간과 동등한 가치로 대우했다. 또 기마민족의 후예인 이들에게 말은 전투에서 승전할 수 있는 원동력이 되었다. 전쟁의 승패는 얼마나 훌륭한 군마를 보유했느냐가 결정했다. 탁월한 기동력과 수송력을 자랑하는 말은 가장 뛰어난 전쟁 무기였다고 할 수 있다. 지금부터 살펴볼 내용을 통해 아시아인들에게 말은 어떤 의미였는지를 알 수 있고, 말이 그들의 삶에서 어떠한 역할을 했는지를 확인할 수 있을 것이다.

역사상 가장 오래된 문명 중 하나인 이집트 문명은 기원전 3500년경에 시작되었다. 고대 이집트 왕국은 거대한 피라미드를 보면 알 수 있듯이 문화적으로 굉장히 융성했다. 이집트 문명이 발달할 수 있었던 것은 광대하고 비옥한 토지 때문이었다. 이집트는 해마다 되풀이 되는 나일 강의 범람으로 풍부한 곡물을 산출하여 농업적 부를 축적할 수 있었다. 또 이집트의 계곡 지역은 사막과 바다로 둘러싸여 있어서 이민족의 침입으로부터 비교적 안전할 수 있었다. 그래서 말이 출현하기 전까지 수세기 동안 이집트 군대는 그야말로 무적이었다.

그 이후 기원전 1750년경에 이르러 서아시아에 기원을 둔 혼합 유목 민족인 힉소스인[7]이 침입해 들어올 때까지 이집트는 황금시대였다. 내부 혼란으로 무질서한 이집트는 말이 끄는 전차를 앞세운 힉소스인의 강력한 군대에 쉽게 정복되었다. 그러나 힉소스인의 지배는 이집트 역사에 많은 영향을 주었다. 힉소스인은 이집트인에게 새로운 전투 방법을 소개해 주었기 때문이다. 그뿐만 아니라 이집트인들로 하여금 정복자들에 대한 증오심을 각인시켜 주어서 스스로 나라를 찾고자 하는 애국심을 고취시켜 주었다. 그 결과 기원전 1560년경에 이르러 힉소스의 정복자들은 대부분 살해되거나 노예 신세가 되었고, 나머지는 이집트에서 쫓겨났다.

고대 문명 중 이집트 문명만큼 위대한 업적을 많이 남긴 경우도 없을 것이다. 오늘날의 수학과 과학의 중요한 원리는 나일 강에서 비롯되었다고 해도 과언이 아니다. 또한 이집트인은 관개 및 토목 기술, 도자기와 유리 제조 기술을 완성시켰다. 이집트인은 최초로 예술의 개념을 인식한 민족으로 보인다. 이들의 예술적 감각은 후대에 광범위하게 활용될 건축 원리를 창안해내는 데도 한몫했다.[8]

---

7) 기원전 17세기에 나일 강 유역으로 점차 침투해 들어와 결국 하(下)이집트를 다스리게 된 셈족과 아시아인들의 혼합 집단. 힉소스인들은 말과 전차를 비롯해 조립식 활, 개량된 전투용 도끼, 발달된 요새 축조술을 이집트에 들여왔다. 또한 나일 삼각주 북동부에 있는 아바리스(지금의 탈앗드다바)에 수도를 정하고 자신들이 점령한 중왕국 시대의 유적지 위에 요새를 쌓았다. 1970년대 중반부터 발굴 작업이 벌어져 가나안 지방풍의 신전과 말의 무덤을 포함해 팔레스타인 지방풍의 매장지, 팔레스타인풍의 도자기 및 이들이 사용한 많은 양의 발달된 무기들을 찾아냈다.

이집트에서 말은 힉소스에 정복당한 이후 점차 중요한 역할을 하게 되어 부조나 그림에 나타나기 시작했고, 이집트의 모든 동물 중에서 가장 고귀한 짐승으로 격상되었다. 이들은 마차를 끌 때 일종의 주름장식을 말의 목에 걸었는데, 고삐로 그것을 늦추었다 당겼다하며 압박을 조절하여 말을 조정했다. 이것은 아시아의 야생마를 조종하는 데 일반적으로 사용한 방법과 유사한 것이었다.

이집트의 전차는 뒤쪽에 축이 있어서 급회전 때 위험하지 않고 비교적 조종하기가 쉬웠다고 한다. 또한 전차의 바퀴살이 4개, 6개, 8개 있는 바퀴가 등장했는데, 그 중 살 6개짜리 바퀴가 각광을 받았다. 간혹 살 8개짜리 바퀴를 사용하기도 했던 몇몇 파라오도 있었지만, 그들을 제외하고는 대부분 6개짜리를 선호했다. 전차는 황소가 메는 멍에와 비슷한 멍에를 맨 말이 끌었다고 한다.

금속조각으로 이어진 재갈을 힉소스군대가 사용했다고 추정되고 있으나 신빙성은 약해 보인다. 만약 힉소스인이 그런 재갈을 사용했다면 한때 이들에게 정복당했던 이집트도 틀림없이 그것을 사용했을 가능성이 크기 때문이다. 초기 이집트의 전차를 모는 군인들이 사용한 굴레는 세련된 방법은 아니었다. 특히 코의 연골을 압박하여 말이 숨 쉴 때 곤란한 경우가 많았다. 그러나 전차를 끄는 데는 매우 효과적이었다고 한다.[9)]

페르시아 제국은 오늘날 이란의 영토에 근거한 여러 개의 제국을

---

8) E. M. 번즈 · R. 러너 · S. 미첨, 박상익 역, 『서양 문명의 역사』(상), 소나무, 1987, 52쪽 참고.

9) 「세계의 말 시리즈」, 『월간 마장(馬場)』, 1991년 2월호, 마장사, 74-75쪽 참고.

서양에서 일반적으로 일컫는 말이다. 일반적으로는 아케메네스 왕조의 페르시아(기원전 550~330년)를 페르시아 제국이라고 불렀지만, 그 후로 1935년까지 이 지역에 일어났던 여러 개의 제국들을 서양의 역사학자들은 모두 페르시아 제국이라 불렀다.

기원전 6세기 이전의 페르시아인에 대해서는 알려진 바가 거의 없다. 그때까지 그들은 페르시아 만의 동부 해안에서 평화로운 삶을 누렸던 것으로 보인다. 그들은 셈족이 아닌 인도-유럽 어족에 속했는데, 이 어족에는 산스크리트어(고대 인도의 언어), 그리스어, 라틴어 및 근대 유럽 대부분의 언어가 포함된다.

초기의 페르시아는 독립국이 아니라 티그리스 강 북부와 동부 지역을 지배했던 메디아의 속국이었다. 기원전 559년에 키루스라는 이름의 군주가 남부 페르시아에 살던 한 부족의 왕이 되었다. 이후 그는 주변 지역의 정복에 나서 20년도 안 되는 짧은 기간에 과거의 어떤 제국보다도 거대한 제국을 건설하였다.

기원전 529년에 키루스 대왕이 야만족과의 전쟁에서 사망하고, 그의 아들 캄비세스가 왕위를 계승했지만 반란으로 살해되었다. 이때 강력한 귀족 출신으로서 반란의 진압에 나섰던 다리우스는 왕위 요구자를 살해하고 자신이 직접 왕좌를 차지해 버린다.[10]

페르시아 제국의 세 번째 왕이 된 다리우스 1세가 통치했던 기원전 522년부터 486년까지 페르시아는 역사상 가장 넓은 영토를 확보하게 되었다. 전성기 때 다리우스는 인더스에서 발칸반도까지, 아르메니아에서 이집트까지를 통치했다. 페르시아 제국의 정복자

10) E. M. 번즈 · R. 러너 · S. 미첨, 위의 책, 73-75쪽 참고.

들은 피정복민들에게 독립을 허용했을 만큼 매우 효과적인 전략을 통해 안정적인 통치 형태를 발전시켜 나갔다. 그들은 피정복민에게 공납을 부과했지만, 대체로 피정복민이 고유의 관습·종교·법률 등을 유지할 수 있도록 허용했다.

그러나 정복자들이 아무리 유동적으로 대했다고 해도 모든 피정복민들이 그들의 통치형태를 저항 없이 온전히 받아들일 수는 없었다. 특히 페르시아 통치령의 북부에 거주하는 기마민족인 스키타이인[11]들은 변방을 넘나들며 약탈을 계속했다. 그들은 뛰어난 전술로 부상을 입지 않고 약탈한 물건들을 가지고 재빠르게 도망치는 데 탁월했다.

스키타이인들의 약탈이 점점 더 과감해지자 마침내 다리우스왕

11) 스키타이는 용맹성과 특히 전투 중 말타기 솜씨로 인해 다른 부족들의 경외의 대상이었다. 이들은 역사상 최초로 말타기를 터득한 민족 가운데 하나였다. 스키타이는 아시아에서 이동한 뒤 이미 카프카스와 흑해 북부 평원을 점령하고 있던 킴메리족의 영토를 침범하게 되었다. 30년간 계속된 전쟁을 통해서 이들은 킴메리족을 정복하고, 페르시아 서부에서 시리아와 유대 땅을 지나 이집트 경계지역까지 영토를 넓혔다. 그러나 페르시아를 지배하던 메디아인이 이들을 공격 아나톨리아 지방으로부터 몰아냈기 때문에 이들의 영토는 페르시아 경계지역과 쿠바를 거쳐 러시아 남부까지로 축소되었다. 스키타이 군대는 일반 평민들로 구성되었으며 음식과 의복을 지급받는 이외에 급료를 전혀 받지 않았다. 그러나 이들은 죽은 적의 머리를 베어옴으로써 전리품을 나누어 가질 수 있었다. 대부분의 전사들은 그리스 양식의 청동 헬멧을 쓰고 쇠사슬 갑옷을 입었다. 주요 무기는 두 번 휘게 만든 활과 끝이 세 갈래로 난 화살이었다. 모든 스키타이인들은 적어도 1필의 개인용 말이 있었다. 그러나 부유한 사람들은 여러 마리의 말들, 특히 몽골 조랑말을 갖고 있었다. 이들의 장례풍속은 매우 정교했으며 남자가 죽으면 그의 아내와 종, 많은 말들을 함께 매장했다.

은 그들의 본거지인 러시아 남부에서 그들을 공격하기로 결정했다. 대군을 파견한 다리우스는 당시 불가리아에 있던 다뉴브인 보스퍼러스를 건너서 북쪽으로 계속 전진해 갔다. 하지만 영악한 스키타이인들을 전투에 유인해 내는 데 실패했다. 오히려 다리우스 군대는 허점을 드러내 스키타이인들에게 계속적으로 공격할 기회를 제공하는 처지에 놓이게 되었다.

스키타이인들은 전투 시 패잔병들의 목을 베고 선봉대의 길을 차단한 후 나머지 병사들을 모두 학살하는 무법자들이었다. 이들은 적들을 초토화시킨 후 자신들의 튼튼한 말 뒤로 먼지구름을 일으키며 재빨리 사라져 버리곤 했다. 다리우스 군대의 보병들은 종횡무진 하는 기마민족에게 제대로 공격 한 번 못하고 맥없이 당하기만 했다. 게다가 소수의 페르시아 기병대는 영민하고 날쌘 스키타이인들에게 대항할 만큼 조직력이 뛰어나지도 못했고, 기동력도 훨씬 뒤떨어졌다. 결국 다리우스 왕은 불명예스런 퇴각을 감행할 수밖에 없었다.

그러나 페르시아 종마는 어느 곳에서나 우수성을 인정받았고, 페르시아 군대는 우수하고 튼튼하며 빠르고 기운 좋은 말들을 충분히 공급받을 수 있었다. 페르시아가 전성기에 있기 200년 전부터 그들은 이집트나 아시리아 말보다 더 크고 튼튼하게 사육하는 고도의 기술을 보유하고 있었던 것으로 알려진다.

한편 승마술에서는 특별한 진전이 없었던 것으로 보인다. 고대의 회화들에 묘사된 말들을 보면 잘 맞지 않은 고삐를 착용하고 있었던 사실이 드러난다. 당시의 페르시아 말의 재갈에는 스파이크가 있거나 날카로운 끝을 가진 원반이 있었는데, 그것은 말을 잘 멈추게

근래의 페르시안 말

하는 데 용이했다. 그러나 그것은 승마하기에 알맞도록 복종을 잘 하는 말로 조련하는 데 오히려 방해가 되었다. 또 페르시아 사람들은 말을 탈 때 안장 위에 올라앉았는데, 이 방법은 그리스인들이 맨발과 맨 엉덩이로 말등에 밀착시키며 올라타는 것보다 안전하지 못했다고 한다.[12)]

무엇보다 페르시아 제국이 이룩한 주요 업적은 페르시아 자체를 포함해서 메소포타미아, 소아시아, 시리아-팔레스타인 해안, 이집트 등을 망라하는 근동 문화의 종합을 달성했다는 것은 간과할 수 없는 사실이다.

유라시아 초원의 역사는 지금으로부터 25,000년에서 35,000년

12) 「세계의 말 시리즈」, 『월간 마장(馬場)』, 1991년 6월호, 마장사, 90-91쪽 참고.

이전의 후기 홍적세까지 거슬러 올라간다. 수렵·채집을 하며 초원에 살던 이들의 결정적인 발전은 말을 가축화한 것에서 비롯되었다. 기원전 4000년경 유목민들은 스텝 남부에서 가축화한 소, 양, 염소를 키우는 것과 동시에 말떼를 집단 사육할 수 있었다. 이들은 집단화된 가축 말을 기르면서부터 생활 방식이 목초지를 찾아 이동하는 유목 생활로 바뀌었다.

유라시아의 스텝 지역에서 온 유목민인 시디아인[13]들은 문자가 없었기 때문에 그들에 대한 정확한 정보를 얻기는 쉽지 않다. 그들에 대해 알려진 것은 그리스인과 그들 족장들의 무덤에서 발견된 물건들에 의해서였다.

이 기마민족들은 이란어를 사용했고 중앙아시아에서 발생했을 것으로 추정된다. 기원전 8세기에 그들은 북해 북쪽에 있는 스텝지역으로 이주했으며 약 기원전 700년경 소아시아로 진출했다. 그 이후에 이들은 그리스의 국경지대에 이르러 중앙유럽까지 침투하기도 했던 것으로 알려진다. 유목민인 이들은 대부분의 삶을 말잔등 위에서 보냈으며 새로운 삶의 터전을 찾아 말떼들과 함께 거의 끊이지 않고 이동했다.

이 시디아인이 최초로 안장을 발명한 것으로 알려져 있다. 이들은 길이가 약 60cm이고 털로 단단히 채워졌으며, 등이 약간 올라가고 말의 복부 주위에 가죽 끈으로 고정시킨 이중으로 된 쿠션을 고안했다. 비록 단단한 나무로 만든 정교한 안장은 아니었지만 그것은 나름대로 일종의 안장이었다. 때문에 말을 타는 사람의

13) 옛날 흑해 북방에 있었던 나라

무게는 말 잔등 위에서 균형 있게 나누어져 편안하고 안정감 있는 자리를 유지할 수 있었다. 시디아인들이 등자가죽으로서 안장가죽을 고정시킨 가죽고리를 사용했을 것이라는 몇 가지 표적도 있다. 이러한 것들은 훈족이 아닌 그들이 등자 쇠를 발명했을 가능성을 드러내는 의미로 보인다.

전투에 임할 때 시디아인은 길이가 약 60cm 정도인 단도를 지녔으나 활과 화살을 가지고 싸우기를 좋아했다. 그들은 적들이 전혀 예기치 못했던 순간, 적군에 대한 방어선을 따라 빠른 속력으로 질주하면서 활을 쏘고 공격했다. 이들의 빠른 전술에 적들은 속수무책으로 당하기 일쑤였고 두려움과 공포의 대상이었다. 또한 이들의 짧고 이중으로 굽은 활은 여러 겹으로 된 나무와 뿔로 되어 있었으며 화살이 400m 이상 나갔다고 한다.

그리스의 역사가 헤로도투스는 시디아인의 장례관습을 생생하게 묘사해 놓았다. 그들은 죽은 족장의 배를 갈라서 깨끗이 하고, 사이프러스 잎을 잘라 배에 채우고 향을 피우며 파슬리와 아니스를 뿌리고 나서 다시 꿰맸다. 그런 후 시체는 양초로 덮인 채 마차에 놓여 각 부족에게 돌렸다. 이때 부족 사람들은 그들의 머리카락과 귀의 한 점을 자르고 그들 스스로 왼쪽 손, 팔, 코 그리고 이마 위에 자국을 냄으로써 슬픔을 나타냈다고 한다. 그리고 족장이 마침내 자신의 무덤에 눕혀질 때 그의 아내(첩) 한 명과 요리사, 술을 따르는 사람, 마부와 약 20여 마리의 말들이 교살되어 금으로 만든 술잔들과 다른 물건과 함께 무덤 속에 묻혔다. 그리고 흙으로 만든 커다란 동산이 무덤 위에 만들어지면 모든 장례 절차가 끝났다.

물론 여기서 끝나는 것이 아니라 족장이 죽고 나서 1년 후에는

50명의 하인들과 50마리의 말들이 교살되었다. 말의 몸체를 창이 길게 관통했으며 그 몸은 무덤 주위의 원 안에서 똑바로 받쳐주었고, 나무로 만든 버팀목에 의해 똑바로 유지되었다. 또한 죽은 하인들의 몸체는 찔린 창으로 지탱되어 말 잔등에 앉혀져 있었으며, 죽은 말들은 굴레에 묶여 있었고 고삐는 말뚝에 단단히 묶여 있었다. 결국 이 말 없는 기사들은 죽어서까지 죽은 자를 지켜주는 임무를 수행하는 역할을 부여받았던 것이다[14)]

한편, 본래 중앙아시아에 살던 터키계의 부족은 방목하기 위해 점차 서쪽으로 진출하게 되었다. 이들은 이동유목 생활을 했기 때문에 활쏘기와 말달리기에 능숙하였다. 기동성이 뛰어났던 이 부족은 군대처럼 훈련이 잘 되어 있었다. 중앙아시아의 부족은 인종적으로 볼 때 여러 인종이 섞여 있어서 일부는 황인종의 용모를, 또 일부는 남부 러시아의 코카서스인의 모습을 지니고 있었다. 그러나 모든 터키 몽골 계통의 부족은 모두 비슷한 사회 조직, 문화, 관습 및 언어 등을 가졌다고 한다.

지금까지 투르크족[15)]에 관한 전통적인 견해는 황색 피부, 장두

---

14) 「세계의 말 시리즈」, 『월간 마장(馬場)』, 1991년 7월호, 마장사, 78-79쪽 참고.

15) 투르크는 형용사로서 종족을 지칭한다. 일반적으로 현재 터키 공화국이 있는 아나톨리아 반도에 정착한 민족을 터키족, 중앙아시아에 거주했던 민족을 투르크족으로 구분하여 사용하고 있다. 투르크란 '용감한, 힘센'이란 의미를 가지고 있다. 지리적 개념으로서의 명칭인 투르키예(Tükiye)는 6세기 비잔틴 시대 이후 오늘날에 이르기까지 투르크족의 지역 혹은 국가라는 뜻으로 널리 사용되고 있다. 투르키예, 즉 터키의 국명(國名)은 오스만 제국이 멸망한 후 1924년 케말파샤(Kemal Pasha)에 의해 터키 공화국이

(長頭, Dosichocephaly)의 특징을 가진 몽골로이드 계통으로 분류되었다. 그러나 최근 터키 사학자들을 중심으로 투르크족과 몽골족 사이에 언어학적인 친밀성이나 인종적 유사성에 대해 부정하는 견해가 지배적이다. 이들은 투르크족을 몽골로이드 계통에서 분리하여 백인 계통으로 분류하고 있다. 이들은 투르크족을 흰색 피부, 짙게 빛나는 눈동자, 둥근 얼굴, 강건하고 균형 잡힌 몸매를 가진 단두(短頭, Brachycephaly) 백인종인 유로피드 투라니드(Europid Turanid) 계통으로 보고 있다.

투르크족들의 최초의 발상지에 대해 역사학자들은 알타이 산맥으로 추정하고 있다. 반면, 미술사학자들은 텐산 산맥을 중심으로 한 북서 아시아 지역을, 일부 문화사학자들은 이르티쉬와 우랄 지역 사이, 알타이 지역-키르기즈 초원, 바이칼 호수의 남서 지역 등을 제시하고 있다. 또 언어학자들은 알타이 동부 지역, 킨간 산맥, 동경 90°의 동부로 추정하고 있다.

최근 언어학적인 연구 결과에 따르면, 알타이-우랄 산맥 사이, 특히 카스피해의 북서 초원 지대가 투르크족의 본거지로 강하게 대두되고 있다. 이들은 투르크족들이 그 당시 북서쪽의 고대 우랄 종족들과는 물론 남서쪽의 인도-유럽어족 언어를 사용하는 아리아인과도 접촉한 사실로 미루어, 투르크족들의 거주 영역도 알타이-우랄 산맥 사이를 벗어나지 않았을 것으로 추정하고 있다.[16)]

기마 유목민인 셀주크 투르크인들은 1071년 반 호수 부근에서 비잔틴 군대를 대파하고, 술탄왕조를 세웠다. 14세기 초까지 존재

선포되면서 확립되었다.

16) 이희수, 『터키사』, 대한교과서, 2005, 15-17쪽 참고.

오스만 제국의 기병 그림

했던 이 셀주크 왕조가 몽골 대군으로부터 공격을 받을 무렵, 지방 통치자들이 곳곳에서 자신들의 공국을 건설하기 시작했다. 그들 중에서 서부 아나톨리아에 위치한 쇠위트(지금의 에스키셰히르 근방)에 정착한 오스만(Osman)이라는 사람도 있었다. 그의 왕실은 터키어로는 '오스만르(Osmanh)', 아랍어로는 '우쓰만(Othman)'이라 불렸다. 이것이 서유럽어들에서 '오토만(Ottoman)'으로 와전되어 왔던 것이다.[17)]

오스만 투르크족은 1300년 경 셀주크 술탄의 영토에서 갈라져 퍼져 나가기 시작했던 것으로 알려져 왔다. 이후 그들은 1356년 발칸반도에 있는 유럽 땅을 처음으로 정복하였다. 그리고 100여

17) 앨런 파머, 이은정 역, 『오스만 제국은 왜 몰락했는가』, 에디터, 2004, 14쪽 참고.

년 후 그들은 '현대적' 무기인 대포를 이용하여 콘스탄티노플을 정복하고 비잔틴제국을 멸망시켰다. 이어서 1512년경에는 맘루크족(Mamelukes: 옛날 이집트 기병)과의 전쟁을 치러 크게 승리하였다. 이렇듯 오스만 투르크족은 시리아와 이집트를 정복해 피정복국의 가장 우수한 말들을 획득함으로써 자국의 국력을 신장시킬 수 있었다.

물론 투르크족은 이미 훌륭한 승마들을 보유하고 있었다. 이 말들은 투르케스탄 지방에서 발생하였을 것으로 추측된다. 이것들은 비교적 크고 튼튼하며 빠르고 우수한 혈통을 지닌 것으로 아랍종과 밀접한 관련을 가진 말이었다. 이후에 이들은 시리아와 이집트에서 가장 우수한 품종인 고전적인 아랍종을 접할 수 있는 기회를 얻었다.

훌륭한 기사들은 대부분 마치 곡예를 하듯이 말 위에서도 자유자재로 움직일 수 있었다. 투르크족은 말을 타고 활을 쏘면서 적과 싸움을 하는 데 뛰어난 능력을 발휘했다. 그 만큼 투르크족은 말과 매우 친밀한 관계를 가지고 있었다고 볼 수 있다. 17세기에 마학자인 부스케피우스(Buskepius)는 "터어키 말의 온순함은 비할 데가 없으며 주인이나 마부에 대한 복종은 놀랄 만하다. 이것은 말이 항상 아주 친절하게 다루어지기 때문이다. 어린 말들은 집안으로 들여져서 마치 어린아이처럼 깨끗이 씻어주고 털도 빗어주며 애무해 주기도 한다. 그들은 결코 심하게 다루어지는 일이 없으며 그들을 돌보는 마사인 또한 주인과 마찬가지로 친절하다. 이렇게 다루다보니 자연히 아주 헌신적이고 순종적이며 다루기 쉬운 말들이 된다."라고 말했다. 이처럼 투르크족은 말을 마치 하나의 인격체로 대했기 때문에 전투에서도 말과 혼연일체가 되어 승전할 수 있었다.

한편 터키 군대에서 온 말들은 전리품으로써 매우 인기가 높았다. 그러나 터키가 지배했던 오랜 기간 동안 유럽인들은 좀처럼 아랍종과 시리아나 투르케스탄 종마들을 얻을 기회가 없었다. 서양에서는 대부분 사회적 지위가 있는 사람이 종마를 타는 것이 관습이었지만, 투르크족은 거의 암말을 타거나 가끔씩 어린 말을 끌고 다니기도 하였다. 앞에서도 언급했듯이 그들은 자신들의 말을 마치 하나의 인격체처럼 소중히 다루었다고 한다.

약 1000년 초에 회교도 기마족들은 지브랄타의 좁은 해역을 건너 유럽으로 아랍종과 베베르종을 가져왔다고 전해진다. 이렇게 들여온 말들은 유럽에서 품종개량을 하는 데 많은 공헌을 하였다. 이렇듯 투르크족을 통해 서양에 도착한 동양 품종의 말들은 유럽인들에게 매우 중요한 영향을 끼쳤다고 할 수 있다.

끊임없이 영토 분쟁에 휩싸이면서 중세기의 육중한 전쟁마들은 군사적인 전략에서도 더 이상 쓸모가 없고 아무도 원하지 않게 되었다. 그 대신 빠른 기동력을 지닌 말들의 필요성이 절실해졌다. 당시에 그러한 특성을 지닌 말로 아랍종과 터키종은 선호 대상이었다. 그래서 우수한 품종개량을 위해 이런 동양 품종들은 모든 유럽 품종의 말들에 도입되었다. 특히 동양 품종의 말들은 영국에서 경주마 육성의 목적을 위해 많이 필요로 했고, 이후 품종이 고도로 개량되는 데 많은 역할을 했다.[18]

역사상 말과 관련하여 말이 그들의 삶과 문화에 지대한 영향을

---

18) 「세계의 말 시리즈」, 『월간 마사춘추』, 1992년 9월호, 21세기문화사, 82-83쪽 참고.

미친 민족하면 가장 먼저 떠오른 민족은 아마도 몽골인들일 것이다. 몽골의 암화(岩畵)를 보면 몽골인들은 지형적인 특성과 생업을 위한 필요성 때문에 오래전부터 말을 생활화하였던 것으로 보인다. 특히 날렵하고 힘이 좋은 말의 모습에서 일찍부터 몽골인의 기마민족으로서의 기상이 싹텄음을 엿볼 수 있다. 고대 몽골인들은 물과 풀을 찾아서 주거지를 이동하는 유목민족이었다. 따라서 말은 몽골인에게 있어서 매우 중요한 교통수단이었다. 그들은 남녀노소를 가리지 않고 어릴 때부터 말을 타고 생활하는 것이 습관화되어 있었다. '마상생마배장(馬上生馬背長)'이라는 말에서도 알 수 있듯이 몽골인들은 말에서 태어나서 말에서 살고 말에서 죽는다고 했을 만큼 말은 그들의 삶에서 매우 중요했다.

기원전 1000~800년경에 이르러 유목민족인 이들은 기마의 습속을 바탕으로 주변의 농경민족을 침략하여 물자를 약탈하기 시작했다. 몽골인들은 침략에 대비해 새로운 기마전도 익히고 막강한 군사력을 지니게 되었다. 또 그 덕분에 기마전으로 터득한 마상궁술인 기사(騎射), 마상검, 마상도리깨, 마상장창과 삼지창 등의 무예

말을 타고 행해지는 몽골인의 전투

를 발전시킬 수 있게 되었다.

말은 몽골인들에게 여러 가지 중요한 역할을 수행하는 데 일조를 했다. 따지고 보면 몽골인들이 전쟁에서 승리할 수 있었던 원동력도 말의 영향력 덕분이었다. 그만큼 몽골인의 삶과 말은 불가분의 관계였다고 할 수 있다. 이는 몽고군의 모든 병사들이 보병이 아닌 기병들이었다는 사실에서도 짐작이 가능하다.

몽골군의 강점은 안장에 앉아 화살로 공격하는 기마궁사들에 있었다. 이 중 뛰어난 궁사를 '만구다이'라 불렀는데, 이들은 수렵을 통해 익힌 전술을 구사하여 적을 궁지에 몰아넣는 데 탁월했다. 이들이 구사한 전략은 속임수와 덫을 이용해 적의 기병을 지치게 만든 다음 화살로 공격하는 방법이었다. 먼 거리에서도 별 어려움 없이 화살을 쏠 수 있는 이들에 비해 이동 속도가 느린 적군은 만구다이와 대적하기도 전에 지쳐 기진맥진했다. 몽골의 경기병들은 철퇴 하나만 가지고도 중무장한 적군의 기병이나 병사, 기병이 탄 말의 중추신경에 타격을 가할 수 있었다고 한다.

몽골군은 칭기즈칸의 정복활동 당시에도 최대 10만 명을 넘지 않았을 만큼 다른 제국에 비하여 병력 규모가 작았으나, 전투에서 적군에 비해 몽골군의 병력손실은 대부분 미미했다. 이는 진군 도중 저항하는 도시의 시민들을 노예로 삼아 공격의 전면에 내세워 아군의 손실을 최소화했기 때문이다. 이 방법은 다른 지역으로 공포가 파급되어 정복활동에 있어서 유리함을 꾀하는 역할을 했다. 더불어 몽골군의 철퇴와 활, 그리고 서유럽의 기병에 비하여 비교적 가벼운 경무장도 승리의 요인이 되었다. 특히 칭기즈칸은 비단의 특성에 착안하여 몽골군 대다수에게 비단으로 갑옷을 대신하게 하였는데, 이는 화살이 몸에 맞을 경우 비단도 같이 딸려 들어가 쉽게 화살을 빼낼 수 있을 뿐만 아니라 질겨서 방어 기능도 했기 때문이다.

몽골의 말들은 전쟁 기간 동안 병사들의 식량으로서의 역할도 충실히 수행했다. 몽골인들은 말젖을 짜서 가죽 속에 넣었다가 신맛이 나는 두꺼운 치즈를 만들어 얇게 해서 그대로 먹거나, 물이나 술과 함께 먹는 습성이 있었다.

또 몽골인들은 말을 도살할 때 소량의 피를 뽑은 뒤 도살했다고 한다. 이렇게 도살된 말고기는 부드럽게 하기 위해서 소금물에 적신 다음 커다란 고깃덩이로 만들어 안장 밑에 넣고 말을 타고 다녔다. 그렇게 해서 만들어진 고기는 비록 지독한 냄새를 풍겼지만 몽골인들에게 더할 나위 없이 귀한 양식이 되었다.

몽골인들이 식량 조달방법을 말에서 얻었을 뿐 아니라, 말을 자주 갈아타는 습성이 있었다는 것을 통해 그들이 굉장히 많은 수의 말을 필요로 했다는 사실을 알 수 있다. 몽골군은 병사 한 명당 보통 18~20마리의 말을 소유했다고 한다. 병사 20만 명이 넘었을 경우 약 400~500만 마리의 말들이 있었다는 추정이 가능하다.

몽골 말은 유럽이나 다른 지방의 말들에 비해 키가 고작 130cm밖에 되지 않았지만, 체구에 비해 튼튼하고 강인했다. 또 스텝지역 등 초원지대에서의 먹이에 익숙해 있어 마초나 말의 건강관리에 한결 부담을 덜 수 있었다. 하지만 키가 훨씬 크고 체중이 거의 두 배나 되는 적의 말에 비해 몽골말들은 빨리 지치는 난점을 갖고 있었다. 물론 이런 것들이 전투에서 그렇게 불리한 요인이 되지는 않았다. 몽골인들은 많은 말을 소유하고 있었기 때문에 만일 타고 있던 말이 지치면 곧 새로운 말로 갈아 탈 수가 있었기 때문이다. 지구력이 뛰어난 몽골군은 계속되는 전투에도 최상의 상태와 빠른 기동력을 갖춘 말을 탈 수 있었다. 반면에 대체할 말들이 부족했던 적들에게 몽골군은 그야말로 두려운 존재였다. 물론 몽골군이 수많은 전투에서 승전(勝戰)할 수 있었던 요인은 그들의 뛰어난 말들도 한몫했지만, 그보다 몽골군의 효과적인 전술을 구사한 전쟁술 덕분이었다.

앞에서도 살펴보았듯이 몽골군은 적진 속을 전후좌우로 맹렬히 돌파하여 정확히 적에게 화살을 맞히고 빠져나가는 전법을 구사했는데, 그들의 전술은 적들에게 맞히기 어려운 움직이는 타깃이 되었다. 아메리칸 인디언들도 몽골군과 비슷한 전법을 썼지만 그들은 안장 없이 말에 올라타서 말등을 껴안은 자세를 취했다. 반면 몽골군은 등자를 짧게 휘어 적을 공격할 때에는 말안장 위에 높이 떠 있는 상태여서 정확히 표적을 맞힐 수 있었다고 한다.[19)]

이처럼 몽골제국의 출현은 세계 역사상 대단히 경이로운 현상이었다. 몽골제국은 아시아뿐 아니라 유럽에 이르는 대제국을 건설한 세계 제국이었다. 몽골은 만주왕조를 제외하고는 유일하게 중국대륙을 완전히 점령한 왕조였다. 그런 만큼 몽골은 중국의 역사에 많은 파장을 불러왔다고 할 수 있다.

중국의 역사에서 말이 등장하기 시작한 때는 중국 고대문화가 꽃을 피우던 상나라(약 기원전 1450년 혹은 기원전 1050년) 시대로 알려져 있다. 그로부터 약 1000년 동안 중국의 말들은 전쟁에 사용

---

19) 「세계의 말 시리즈」, 『월간 마장(馬場)』, 1990년 9월호, 마장사, 45-47쪽 참고.

되긴 했으나 극히 소수에 불과한 기병대의 역할에 만족했을 뿐, 말을 이용한 기병대가 전투에 나아가 커다란 성과를 올리는 수준에는 이르지 못했다.

기원전 300년경 오늘날의 몽골족인 훈족이 빠르고 강한 말을 타고 침입해 들어오자 중국은 마침내 기병대의 필요성을 느끼게 되었다. 이후 중국은 말에 대해서 자신들보다 선진국에 속했던 중·서남아시아의 훈족으로부터 말 타는 기술을 전수받았다. 그리고 안장이나 통이 넓은 승마바지, 등자(鐙子) 등의 말과 관련된 문물을 받아들이기 시작하면서 말을 이용한 전투력에 있어서 혁신적인 성과를 가져오게 되었다. 이로 인해 한나라 시대(기원전 141~87년경)의 중국 기병대는 아시아에서 독보적인 위상을 차지하게 되었다.

다리가 짧은 몽골리안 포니

그러나 그때까지만 해도 대부분의 중국 말들은 몽골리안 포니였다. 이 말들은 강인하고 사육이 까다롭지는 않았으나 빠르지 않아 전투력도 약하고 세련미가 떨어졌다.

그렇게 되자 중국은 근동[20]

20) 일반적으로 북동 아프리카, 서남아시아, 발칸 반도를 포함하는 지중해 동쪽 연안지역을 가리키는 말.
근동이라는 용어는 현대 서구 지리학자들이 처음 사용한 말로, 동양에서도 좀 더 서양에 가까운 지역을 가리키는 것이었다. 당시 그 지역은 오스만 제국이 지배했던 지역과 대략 일치했다. 제2차 세계대전 이후 근동이라는

스탤리온종

에 '천상의 말(천마)'들이 있다는 소문을 듣고 탐험대를 페르시아에까지 보내 스탤리온 말을 사오게 되었다. 중국의 수많은 말 그림들을 보면 특히 잘 생긴 얼굴과 길고 아름다운 선을 가진 목이 묘사되어 있는 것을 볼 수 있다. 이런 사실로 비추어 보아 중국이 스탤리온 말을 들여왔다는 것을 확인할 수 있다.

중국 고대(상나라부터 조나라시대, 기원전 1450~221년)의 풍습을 보면, 신분이 높은 사람들이 죽으면 그들의 소유물과 함께 주인을 모시던 종복이나 동물들도 함께 매장하였다. 그러나 기원전 500년에 이르면 동물과 사람을 생매장하는 풍습은 점점 사라지고 나무나 진흙으로 형상된 것을 대신 묻었다고 한다.

중국에서도 말의 중요도가 점점 높아감에 따라 말들은 예술품의 소재로 자주 등장하게 되었다. 말은 흔히 무덤에 매장되는 자기류 등의 소재로 많이 쓰인 경향을 보인다. 특히 찬란한 예술 문화를 꽃피웠던 당나라 시대에 이런 귀중품과 예술품들은 최고조에 달했다. 이러한 사실들은 그 시대의 무덤에서 말을 타던 사람과 함께 수많은 말 조각품들이 발견되면서 신빙성을 더하게 되었다.[21]

1974년 중국 여산(驪山)에서 발굴된 약 6,000개의 말 조각품은

지명은 중동(Middle East)으로 바뀌었지만 때로는 혼용되기도 한다.

21) 「세계의 말 시리즈」, 『월간 마장(馬場)』, 1990년 8월호, 마장사, 76-78쪽 참고.

무인용(武人俑)과 병마용(兵馬俑)으로 그 규모가 상상을 초월하여 세계적인 경탄을 자아낸 바 있다. 비록 그것들이 조각품이었다고 하더라도 말이 인간과 동격으로 묻힐 수 있었다는 데에 관심이 쏠렸고, 그 만큼 인간과 말이 불가분의 관계였다는 것을 다시 한 번 확인할 수 있었다.

중국의 관직에 말을 관장하는 사마(司馬)란 벼슬이 있었는데, 한(漢)대에는 삼공(三公)의 하나였다는 것을 보아도 말의 중요성을 짐작할 수 있다. 이 사마는 중국에서 상당한 수를 차지하고 있는 마씨와 더불어 성씨로도 쓰였다.

중국에서는 세상사를 표현하는 데 있어서 특히 말에 관한 용어나 고사성어로 비유한 경우가 많다. 오늘날 널리 쓰이는 고사성어로는 천고마비(天高馬肥), 마이동풍(馬耳東風), 주마가편(走馬加鞭), 주마간산(走馬看山), 읍참마속(泣斬馬謖), 새옹지마(塞翁之馬), 견마지로(犬馬之勞), 죽마고우(竹馬故友), 지록위마(指鹿爲馬) 등이 있다. 또 인간을 말에 비유한 준마(駿馬), 둔마(鈍馬)를 위시하여 바둑의 행마, 철마(鐵馬), 목마(木馬)와 놀이의 기마전, 종이의 마분지(馬糞紙), 화폐의 마제은(馬蹄銀, 말굽은), 보석의 마노, 식물의 마령서(馬鈴薯, 감자), 곤충의 마봉(馬蜂, 말벌), 불상인 마두관음(馬頭觀音), 악기의 마두금(馬頭琴)에 이르기까지 차용되었다. 또 가면을 뜻하는 마각이나 동력의 단위인 마력, 자기 나이의 겸칭으로 전용된 마령(馬齡)의 경우 등 그 용어는 이루 헤아릴 수 없이 많다. 그만큼 말은 중국인들의 삶과 친밀한 관계를 형성하고 있었고 볼 수 있다. 무엇보다도 말은 세상의 이치를 설명하는 데 있어서 쉽게 접근할 수 있는 수단으로 그 역할을 충실히 했다고 할 수 있다.

신대륙권

오늘날의 아메리카 대륙인 신대륙은 상대적으로 유럽이나 아시아와 같은 타 대륙에 비해 말과 관련된 역사가 극히 짧다고 말할 수 있다. 텔레비전이나 스크린 속 서부 영화를 통해 말을 타고 달리는 카우보이들이나 인디언들의 모습에 익숙한 우리들에게는 아메리카 대륙에 말이 존재하지 않았던 공백 기간이 있었으며, 그 기간 또한 대략 천 년에 달한다는 사실은 의외일 수도 있을 것이다. 그러나 말의 화석을 연구하는 학자들은 아메리카 대륙의 말들이 지금으로부터 약 1,000여 년 전 멸종된 것으로 추정하고 있다.

이후 아메리카 대륙에 말이 유입되기 시작하는 지점은 신대륙 발견 소식이 유럽에 알려지고 이 새로운 땅을 찾아 바다를 건넌 유럽인들이 정착하면서부터였다. 이렇게 유입된 유럽의 말들은 야생마가 되거나 토착민이었던 인디언과 만나면서 신대륙의 자연환경에 빠르게 적응하였고, 시간이 지날수록 신대륙이 부여하는 자연적 기질들을 물려받게 되었다.

본래 신대륙의 주인이었던 인디언들은 유럽인들이 데려온 말과 접촉한 후, 사는 지역에 따라 말에 대한 각기 다른 반응들을 보였다고 한다. 신대륙의 북부와 동부에 흩어져 살면서 주로 평화롭게 농사를 짓고, 어로 생활을 영위하던 유순한 인디언 부족들에게는 말이 그들의 생활에 별다른 영향을 끼치지 못했던 것으로 보인다. 하지만 서부지역에서 수렵과 유목생활을 했던 대평원의 인디언들(Plains Indians)이나 특히 말타기를 좋아했다고 전해지는 아파치(Apaches) 부족은 말을 상당히 중요하게 인식했었던 것으로 보인다.

말을 타고 있는 대평원의 인디언들

또한 인디언 부족들 중 북아메리카 인디언들(Blackfeet Indians)은 말로 인해 그들의 생활양식까지 바뀌어서, 본래 한 곳에 머무르며 농사를 짓던 습성을 버리고 사냥감을 따라 이리저리 옮겨 다니는 사냥꾼으로 변모한다. 그들에게 말은 생활에 필요한 짐을 옮기는 수송 수단이면서 동시에 신분의 상징이었고 사냥을 위해 없어서는 안 될 동물이 되었다.

대평원의 인디언들 역시 들소 사냥은 물론이고 자신들의 땅을 침략해오는 백인들과의 싸움에서도 말이 중요한 역할을 한다는 것을 인식하자, 되도록 많은 말을 얻기 위해 노력했다. 때문에 17세기 무렵의 인디언들은 가죽 올가미로 많은 야생마를 잡아 길들였다. 인디언들은 말과 그렇게 오랫동안 생활하지는 않았지만 동물과의 교감이 뛰어나 막 잡아 난폭하게 날뛰는 야생마를 한 시간 만에 길들일 수 있었고, 그들의 말 타는 수준은 매우 훌륭했다고 한다.

특히 아이다호(Idaho)의 팔루스(Palouse) 계곡 근처에서 정착해 살

말을 타고 있는 네즈 페스 인디언(왼쪽)과 현대에 복원된 아팔루사종(오른쪽)

던 네즈 페스(Nez Perce) 부족은 현대 아팔루사(Appaloosa)종의 조상격이라 볼 수 있는 우수한 말 품종을 길러내는 데 성공했던 인디언들이었다. 온 몸에 걸쳐 나타나는 얼룩무늬 반점이 특색인 아팔루사 품종의 유래는 확실하지 않으나 15세기 말에 스페인 사람들과 함께 신대륙에 건너 온 것으로 알려져 있다. 이 훌륭한 아팔루사종은 기품 있는 걸음걸이와 높은 점프력, 빠른 속력과 강인한 체력을 가지고 있었으며, 희귀한 털색을 지닌 아름다운 외관을 가지고 있어 인디언은 물론이고, 백인들에게도 선망의 대상이었다. 그러나 1877년 약 200마리의 아팔루사 말들이 네즈 페스 부족과 싸움을 벌였던 백인들의 손에 넘어가 거의 멸종되었고, 이후 각고의 노력 끝에 복원된 말이 1938년 품종으로 인정되었다고 한다.

미국의 독립전쟁이나 남북전쟁을 통해 신대륙의 역사에서도 말이 전쟁에 사용되었다는 점을 확인할 수 있다. 독립전쟁 당시의 미국 기병대는 제대로 훈련되지 않은 상류계급 출신으로 구성되어 있었으며, 그들은 전투 때마다 말에서 내려 총이나 칼을 들고 싸웠다. 또한 전쟁 경험이 없었던 기병대는 전쟁에서 별다른 성과를 나타내지 못하고 그 역할이 전쟁과 관련된 간단한 일처리에 머물렀다. 이러했던 기병대의 진가가 조금씩 발휘되기 시작하는 시점은 1846~1848년에 일어났던 멕시코 전쟁 시기였다.

이후 별다른 전쟁이 없었던 탓에 미국의 기병대는 인디언을 통제하기 위해서만 존재했으나, 1861~1865년 남북전쟁이 일어나자 마침내 전쟁에서 중요한 역할을 담당하게 된다.

비슷한 시기 유럽은 이미 전쟁에서 기병대의 역할을 대폭 축소하고 있었고 미국도 이런 추세에 발맞춰 기병대의 인원을 감축하는 방안을 검토하고 있었다고 한다. 기병대의 역할 역시 정찰이나

미국 남북전쟁 당시의 기병대 모습

전쟁터 간의 정보 전달처럼 전쟁 수행을 위한 보조적 임무들로 축소되었다. 때문에 남군은 642개의 보병대와 137개로 대폭 축소된 기병대로 전쟁에 임한 반면, 북군은 2,144개의 보병대와 축소되지 않은 272개의 기병대를 배치했고 이러한 전력의 차이는 전쟁의 승패로 판가름되었다.

현대의 모건종

특히 체구는 작지만 빠르고 체력이 강한 모건(Morgan)종을 보유하고 있었던 북군의 기병대는 크고 작은 전투를 승리로 이끌며 북군 연합군의 최후 승리에 결정적인 역할을 했다고 한다.

남북전쟁 이후 서부에 정착하게 된 백인들은 그들의 침략에 맞서 땅을 수호하려는 인디언들과 전쟁을 일으키게 된다. 탁월한 지형 감각, 전투 능력과 함께 뛰어난 말들을 보유하고 있었으며 승마 기술 역시 백인보다 우위였던 인디언들은 그러나 각 부족들 간의 협력이나 의사소통이 원활하게 이루어지지 않아, 전사로서 용감하게 싸웠음에도 불구하고 이 전쟁에서 패배하고 만다. 이 결과 남북전쟁 후 50년이 채 못 되어 인디언의 고유 언어들은 대부분 사라져 버렸다. 더구나 남북전쟁에서 훌륭한 성과를 올렸던 미국 기병대는 이 최후의 서부정복에 앞장서 인디언들을 박해하고 탄압하는 파렴치한 '교화정책'을 위한 결정적인 도구로 사용되었다고 한다.

2. 세계 문화 속의 말

말과 관련된 축제

몽골에서는 매년 7월 11일부터 13일까지 열리는 큰 축제가 있는데 이를 나담('놀다·기쁘게 즐긴다'라는 뜻을 가진 잔치)이라고 한다. 몽골의 나담은 청대에 들어와 전통 민속문화로 자리 잡았다고 전해진다. 청초에 들어온 나담이 군사의 전투적인 성향을 보였다면 청말에 와서는 오락적인 모습으로 바뀌게 된다. 이유는 청조에 실시된 다양한 국가정책 때문이다. 나담은 마을 단위부터 시작하는 지방 나담부터 국가 단위로 진행되는 국가 나담이 있다. 여기에서는 몽골의 수도인 '울란바토르'에서 진행되는 '활쏘기', '말타기', '씨름' 등의 3종 경기를 살펴보겠다.

몽골의 수도 '울란바토르' 나담에서 진행되는 활쏘기는 북방민족의 전통적인 활쏘기 방식인 기마속사(騎馬速射)와 보사(步射)의 방식 중에서 보사의 방식을 계승한 '할흐식 보사'식 경기이다. 활쏘기에 참가할 수 있는 사람은 남자였지만(청대까지), 국민혁명 이후부터는 여자도 참가할 수 있도록 규칙이 개정되었다. 활쏘기 경기는 개인전과 단체전으로 나뉘며, 활쏘기 방식은 남녀가 조금 다르다. 남자는 45놈(75cm), 여자는 40놈(60cm)의 거리에서 원통형 표적을 많이 맞춘 수에 따라 우승이 결정된다. 흥미로운 것은 활쏘기 전후에 '오하이'라고 불리는 합창을 세 번 한다는 것이다. 활을 쏘기 전에 부르는 오하이, 과녁에 맞춘 것을 축하하는 오하이, 화살을 맞은 표적의 오하이라는 세 번의 오하이가 활쏘기 경기에서 불린다.

말타기 경주는 경주에 참여할 수 있는 나이에 따라 성년 경기와 소년 경기로 분류된다. 15세 이하의 어린이가 참여하는 소년 경기의 주행 거리는 15㎞이지만, 나이 제한이 없는 성년 경기의 주행거리는 30㎞이다. 재미있는 것은 말 탄 기수의 재주와 말타기의 우승자 대부분이 7~8세의 어린이들을 비롯한 소년들이라는 것이다. 이러한 결과가 나오게 된 것은 아마도 어른들은 말타기 경주를 축제의 일환으로 여겨 승부에 연연하지 않고 즐기는 반면 경쟁의식이 강한 아이들은 경기에 우승하려고 하기 때문이 아닐까라고 추측할 수 있다.

나담 축제에서 진행되는 씨름의 형태는 다양하지만 공통적으로 인식되고 있는 씨름은 체력을 시험한다는 것 이외에 판단력과 멋진 기술을 존중하는 예술로 평가받는다는 것이다. 때문에 씨름

2006년에 열린 나담 축제

선수들은 자신들의 위력을 나타내 주는 특별한 옷을 입고 경기를 한다. 씨름경기에서 이긴 사람들은 승리의 횟수에 맞추어 제각기 다른 새의 날개 짓을 하거나 '매'의 날개짓을 흉내 내며 춤을 춘다. 그리고 경기에 패배한 선수는 배에 맨 조도크의 끈을 풀고 바른쪽 손을 들어 이긴 선수의 머리 위로 넘기는 동작을 한다.

나담 축제에 미끈한 말을 출전시키기 위해 몽골인들은 다음과 같은 방법으로 말을 관리한다고 한다. 즉 말이 마시는 물의 양을 조절하면서 매일 정오에 양모피를 뒤집어쓰게 한다. 그리고 산을 달리며 땀을 내게 한다. 그런 다음 말에게 마유주를 마시게 한다. 이렇게 10여 일을 훈련하면 말은 축제기간에 땀을 많이 흘리지 않게 된다. 그리고 남은 지방을 모두 소비하게 되어 날씬한 말로 바뀌게 되는 것이다. 몽골인들이 이렇게 말을 관리하는 이유는 말의 체형을 날씬하게 하려는 이유도 있지만 축제기간 동안 말이 지치지 않게 하기 위해서라고 한다.[22)]

말에 대한 몽골 사람들의 생각을 알기 위해서는 이들의 일상생활 속에 전해지고 있는 전통적인 관습을 통해서 자세히 알 수 있다. 먼저 '말의 코를 째서 양쪽이 통하게 해주는' 풍습이 존재한다. 이것은 말이 가쁜 숨을 몰아쉬도록 하기 위함인데, 이렇게 하면 말의 호흡량이 많아져서 잘 달릴 수 있다고 한다. 또한 몽골인들에겐 '말귀를 째서 피를 마시는' 풍습도 전해지는데 이런 풍습은 과거 전장에서 말의 피를 이용하여 몽골인들의 기갈을 해결했던 사실에서 비롯된 것으로 보인다. 그래서 몽골 병사들은 전장에

22) 박원길, 『유라시아 초원제국의 역사와 민속』, 민속원, 2001 참고.

나갈 때 보통 4마리의 말을 이끌고 나간다. 한 마리는 기마용이고 두 마리는 갈아탈 여분이며, 나머지 한 마리는 비상식량용으로 쓰기 위해서였다.

몽골인들은 자신들이 말과 '인마동체'임을 당연하게 생각한다. 어렸을 때부터 늘 말과 함께 생활하고 말과 함께 흥망성쇠를 같이 했기 때문이다. 몽골인들이 유목제국을 세웠던 기반도 말이었고, 전 세계를 정복하여 지구촌을 이룩했던 것도 몽골말 때문이었다. 이런 까닭에 말에서 태어나고 말에서 죽었던 몽골인들을 마상족(馬上族)이라고 부르는 것이다.

몽골의 수도인 울란바토르에서 북동쪽으로 75km에 위치한 테렐지 국립공원은 1993년 국립공원으로 지정되면서 정부 정책에 의해 보호되고 있다. 이곳은 중생대의 화강암지대 위에 우뚝 솟은 커다란 바위와 절벽이 한 폭의 그림을 연상하게 하는데 사람들은 지금도 이곳의 초원에서 승마를 즐긴다.

한편 호주에서는 스탬피드 축제가 열리는데 스탬피드란 '소의 폭주'라는 뜻으로 로데오 경기를 뜻한다. 매년 7월 초에 시작하여 10일 동안 진행되는 '스탬피드' 축제에는 목동과 야생마 또는 황소와의 대결을 통해 과거 카우보이들의 옛 모습을 생생하게 보여주고 있다. 이 축제의 하이라이트는 총상금 4억 원이 걸린 역마차 경주다. 역마차 경주는 수만 명의 열렬한 응원 속에서 진행되며 영화 〈벤허〉, 〈클레디에이터〉의 한 장면처럼 박진감 넘치는 레이스가 펼쳐진다. 그 밖에도 갓 태어난 새끼 말부터 역마차 경주의 우승마 모두를 전시해 놓은 '스탬피드 쇼' 등이 펼쳐진다.

그리고 다음으로는 스위스에서 열리는 '섹세로이텐(sechse lauteal)' 봄맞이 축제를 들 수 있다. 이 축제는 매년 4월 셋째 일요일 오후에 시작된다. 중세부터 시작된 '섹세로이텐' 축제는 '여섯 시에 울리는 종소리'라는 뜻이다. 축제가 오후 6시에 시작되는 이유는 과거 '길드'들이 봄이 시작되는 첫날 오후 6시에 모임을 가졌기 때문이다. 사람들은 이때 모두 나와서 축제를 기념하며 말이나 악대를 동반하여 거리행진을 하며 축제를 즐긴다. 또한 어린이들은 전통의상과 자신이 만든 의상을 입고 일요일 오후 시내 중심 거리에서 가장행렬을 한다.

서부개척 정신을 축하하는 행사로 캐나다의 캘거리 스탬피드(calgary stamped) 축제가 있다. 이 축제는 매년 7월 첫째 주 금요일에 시작하여 10일 동안 진행된다. 이 축제의 기원을 살펴보면 다음과 같다. '가이위딕크(Guy Weadick)'는 뛰어난 승마기술과 프로모토의 기질을 갖춘 사람으로, 1921년 캘거리에 도착한 그는 카우보이와 카우보이적 생활을 이곳에 남기고 싶어 했다. 때문에 그가 바로 실행에 옮긴 것은 캘거리 지역에 거주하는 4명의 유력 기업가를 설득하여 지원을 받아 서부 카우보이 쇼를 진행하는 것이었다. 이 축제가 바로 오늘날 캘거리 스탬피드 축제의 시초가 된 것이다.

스탬피드라는 말은 원래 '소떼 따위가 놀라서 우르르 도망가는 모양'을 뜻하는 단어였으나 로데오 축제로 유명해지면서 오늘날에 이르러서는 로데오 축제를 의미하는 단어로 정착되었다. 축제 첫날에는 카우보이와 인디언들의 대규모 거리 퍼레이드가 펼쳐지면서 축제 분위기가 시작된다. 안장 없는 야생마 타기, 황소 타기, 송아지 다리 묶기, 여성 원통돌기, 야생마 타기, 수송아지 뿔 잡고 쓰러뜨리기 등의 다채로운 경기가 진행되며 경기와 마차 경주가 끝나면 그랜드스탠드 쇼가 진행되어 축제를 뜨겁게 만든다. 또한 축제 기간 중 캘거리의 여러 공원에서는 팬케이크과 소시지로 된 '스탬피드 팬케이크' 아침 식사가 무료로 제공된다. 캐나다의 많은 캘거리 시민들 누구나 스탬피드 축제를 보며 느끼는 것은 다 한결같다. 왜냐하면 그들 자신이 카우보이의 후예임을 자랑스러워하며, 축제의 행사에 참가하여 축제문화를 즐기기 때문이다.

한편, 모로코는 아프리카 서북부 대서양과 접해 있는 곳으로 알제리와 지브롤터 해협을 사이에 둔 회교 국가이다. 모로코가 고대 로마의 지배하에 있었던 당시 7세기경에 아랍인이 진출하여 이슬람 왕조를 창건했다. 모로코의 주민은 아랍족과 베르베르족으로 구성되어 있으며 회교를 국교로 삼은 탓에 전통의식의 숨결이 중동의 회교국과 비슷하다.

베르베르족들에게는 오래도록 이어져 내려오는 '판타지아' 전통의식이 있는데 이것은 민족스포츠 축제의 성격을 띠고 있다. '판타지아'는 해마다 9월과 11월 사이에 거행되는 이들의 축제를 겸한 의식행사이다. 축제의 취지는 이민족의 지배하에 살았던 옛 선조들이 독립을 쟁취하기 위해 용감하게 항쟁한 기개와 뜻을 살리기 위해 베르베르족 젊은이들이 참여하면서 시작되었다. 경기의 진행은 아랍 민속음악이 연주되는 상황에서 말을 탄 용사들이 앞으로 달려 나가는데 이러한 모습은 전쟁을 상상하게 한다.

말을 탄 젊은이들은 중동지역에서 흔히 볼 수 있는 흰 터번과 치렁치렁 늘어진 민속의상을 차려 입는다. 그리고 칼을 휘두르며 무서운 속도로 질주하고 결승점에 있는 각자의 목표물인 조그만 공을 칼 대신 총으로 명중시켜 점수를 얻는다. 경기의 심판위원은

판타지아 행사

여러 마을의 원로들로 구성되어 있다. 이들은 용사들의 말타기, 칼 쓰기, 총 쏘기 등을 종합, 채점하여 최고의 득점자 순으로 순위를 결정한다. 최고의 점수를 받은 용사는 이날의 히로인으로 추대되고 술과 양고기를 상품으로 푸짐하게 받는다.

말과 관련된 스포츠

경마

중세 유럽의 왕이나 귀족들은 전쟁에 대비해 경쟁적으로 군마(軍馬)를 육성했다. 그들은 누구의 말이 가장 뛰어난지 알고 싶어 했다. 그것을 검증하려면 경주를 할 수밖에 없었다. 그 때문에 그들은 경주를 했고, 그러한 경주가 왕과 귀족들을 위한 최고의 스포츠로 자리 잡게 된다. 배팅이란 개념이 생겨난 것도 경주의 재미를 위해서이다. 배팅이 촉매제의 역할을 하게 되면서 경마는 인기를 끌게 된다. 이것이 경마의 기원이라고 말할 수 있다.

또한 현대 경마의 모든 규정과 개념은 18세기 영국에서 마련된 것으로 경마는 근대화된 문명의 한 증거로 널리 전파되었다. 경마는 본래 영국 왕실 귀족들이 경주를 통해 자신들이 소유하고 있는 말의 우수성을 입증하는 것에서 시작하였다. 그러기 위해서는 말의 혈통을 잇는 것이 시급한 일이었는데 그들은 말을 번식, 개량하는 수단으로 말의 우수성을 입증하였다. 국내에서도 현재 제주육성목장에서는 혈통, 번식, 경주마 등으로 구분하여 등록을 법규화하고 있다.

현대 경마가 시작된 1700년 당시 영국에서는 주로 6세마에 의한 2~4마일의 경마가 주로 행해졌다. 하지만 더비 경의 제안에 의해 4세마 1마일(1,600m) 등의 단 · 중거리 형태의 현대 경마가 시작되었고, 이를 기념하기 위해 각 나라별로 대표적인 경주에 '더비'라는 이름을 붙이게 되었다.

경마의 역사가 가장 오래된 나라는 영국이라고 말할 수 있다. 영국의 경마는[23] 200년이 넘을 정도로 역사가 오래되었으며, 경마에 열성이었던 영국의 왕과 귀족들은 직접 경주마 목장을 운영해서 경마를 즐겼다고 한다. 또한 자신이 직접 경주에 출전할 정도로 경마광이었던 '찰스 2세'는 '뉴마켓(New Market)'과 '엡섬(Epsom)' 지역을 개발해 경마의 본향(本鄕)으로 삼았다. 그리고 앤 여왕은 왕실 직속의 '애스콧(Ascot)' 경마장을 건설하기도 했다. 이러한

---

23) 『월간 마장(馬場)』, 1989년 1월호, 마장사, 43쪽 참고.

왕실의 경마사랑 덕택에 영국은 경마의 종가(宗家)로 인정받고 있으며 그런 이유로 보통 경마의 종주국 하면 영국을 떠올리고 있는 것이 사실이다.

그러나 영국의 경마가 그리 긍정적으로 시작된 것은 아니었다. 그 이유는 경마의 시작이 군주와 귀족들이 소유하고 있는 말의 우수성을 입증하는 동시에 돈을 거는 도박에서 출발했기 때문이다. 때문에 영국의 경마에는 지금까지도 상류계층 특유의 권위의식이 남아 있다. 1780년 5월에 시작한 '더비' 경마는 스탠리경을 추모하기 위해서 소박하게 개최되었지만 현재 영국에서 제일 크게 진행되고 있다. 이후 영국의 '더비' 경마는 매년 6월 수요일에 개최되는데 이때부터 4살짜리 말만 출전하게 되었고, 현재에도 영국 국민들은 열광적으로 경마장을 찾고 있다.

아일랜드[24]의 경마는 영국이 지배했던 17세기부터 시작되었다. 아일랜드 경마 역시 다른 나라와 비슷하게 상류 계층이 중심을 이루었지만 일반 사람들도 참가할 수 있었다. 아일랜드 경마에 사람이 많았던 이유는 영국의 국왕이 금으로 된 트로피를 주었기 때문이다. 현재 아일랜드의 경마장은 27개이며, 경마장은 경마장이 설치된 곳의 마을사람들로부터 인기를 얻고 있다. 세계의 다른 나라와는 달리 아일랜드 경마의 특징은 마을 축제와 함께 형성되기 때문에 경마 특유의 특권 계급에서 느낄 수 있는 권위적인 느낌이 없다. 때문에 아일랜드의 경마는 아일랜드 국민의 생활 '레저'로 자리 잡을 수 있었다.

---

24) 『월간 마사춘추』, 1992년 12월호, 21세기문화사, 76쪽 참고.

1835년에 시작된 뉴질랜드[25]의 경마는 영국의 우수한 명마를 수입하는 동시에 영국인인 '헨리 레드우드(Henry Redwood)'를 통해 정착되었기 때문에 뉴질랜드 특유의 경마로 자리 잡지는 못했다. 뉴질랜드의 경마는 식민 체제가 지속되면서 더욱 체계화되었고, 뉴질랜드인들은 자신들만의 '자키클럽(Jockey Club)'을 형성하면서 경마 문화를 더욱 대중적으로 확산시킬 수 있었다.

뉴질랜드에 있는 경마장은 1992년까지 70여 개가 있으며 세계에서 가장 공정하고 깨끗한 경마가 진행되고 있다고 전해진다. 때문에 뉴질랜드의 경마는 스포츠로서 중요한 역할을 하게 되었다.

그리고 마지막으로 스웨덴을 들 수 있다. 스웨덴[26]이 경마를 시행한 목적은 자국에서 생산되는 마필의 우수성을 시험한 다음 여기에서 품종의 우수성이 증명되면 세계적인 명마로 소개되어 세계 여러 나라에 고가로 판매될 수 있기 때문이다. 때문에 스웨덴 정부는 명마를 위한 품종 개량에 노력을 기울이게 된다. 이러한 노력으로 생산된 명마는 스웨덴 정부가 실시하고 있는 'Breeding riding horses(마필이 경주에서 우승하였을 때 그 마필의 생산자에게 장려금이 수여되는 경마)'는 경마를 하면서 경제적인 이익을 보았다.

승마

독일은 오랜 전통을 가지고 명마를 보존해 온 것으로 유명하다. 때문에 독일은 승마인구가 많으며, 조련이 잘된 말(馬)과 유명 승마선수를 대거 보유하고 있다. 하지만 아무리 승마강국이라 하더라도

25) 『월간 마사춘추』, 1992년 1월호, 21세기문화사, 82쪽 참고.

26) 『월간 마장(馬場)』, 1988년 1월호, 마장사, 66쪽 참고.

올림픽에서 메달을 제대로 목에 걸지 않으면 승마강국이라 할 수 없다. 그러나 독일은 여기에 해당되지 않는다. 1912년 제5회 올림픽 대회 때부터 승마가 정식종목으로 채택된 이래 지금까지 독일이 금메달을 획득한 횟수가 무려 18번으로 세계 1위를 고수하고 있기 때문이다. 이는 하루아침에 이루어진 것이 아니다. 오랜 기간 독일인들이 말과 함께 생활해 온 결과 이뤄낼 수 있었던 당연한 성과일 것이다.

세계 180종의 말 품종 중에서 독일이 원산지로 되어 있는 품종은 15종류나 될 정도로 독일은 고유의 재래마를 많이 확보하고 있다. 독일이 고유의 재래마를 많이 확보할 수 있었던 이유는 역사적으로 말을 가까이 하였기 때문이다. 더불어 독일인들은 자신들의 재래마 품종을 계속 명마로 개량하여 좀 더 우수한 품종을 만드는 데

현대의 하노베리안

노력했다. 특히 승마경기용으로 널리 이용되고 있는 '하노베리안'이나 '웨스트팔리안'은 외국에서도 우수성이 인정되어 이를 육성시키려는 목장들이 점점 늘어가고 있는 추세이다.

바렌돌프 시는 과거 독일의 중북부에 위치한 농촌 소읍에 불과했다. 그러나 이러한 바렌돌프 시가 오늘날 인구 4만 명이 넘는 시가지로 발달된 이유에는 승마의 역할이 컸다. 현재 바렌돌프 시는 명실상부한 승마와 체육의 도시로 변모하여 다양한 승마시설을 갖추고 승마협회가 있다. 즉 독일승마협회, 승마협회 직할 승마장, 독일올림픽 승마위원회, 독일승마학교, 종마목장 등이 있으며, 그 외 국군체육부대가 있어 승마와 근대 5종반이 별도로 설치되어 있기에 이곳은 승마도시라고 부를 수 있을 정도이다. 이러한 도시의 특성 때문에 마필 생산, 선수 양성, 지도자 양성, 승마행정을 한 곳에서 통합하게 되어 승마에 관한 유기적인 협조체제를 마련하고 있다.

바렌돌프 시 이외에도 많은 승마장과 목장들이 독일 전국에 걸쳐 산재한다. 뮌헨에는 1972년 올림픽을 개최하였던 승마장이, 루물렌에는 1982년과 1986년의 세계종합마술 선수권대회가 개최된 지구력 경기장이 있다. 그리고 아헨에는 세계장애물 선수권대회와 마장마술 선수권대회가 열리는 승마장이 있으며 이외에도 어느 도시를 가나 승마장을 1~2개가 설치되어 있는 것이 보통이다.

독일에서는 승마인구 저변 확대를 위해서 관중들에게 다소 지루한 감이 있는 마장마술 경기가 펼쳐지는 날에는 다음과 같은 노력을 하고 있다. 가벼운 팝뮤직과 왈츠를 연주하여 관중들이 즐길 수 있도록 세심한 배려를 아끼지 않는다. 이런 세심한 배려가 독일을

독일 아헨에서 열린 국제 승마경기

승마 강국으로 이끌 수 있었던 든든한 지원력이 되었다는 생각이 든다.

그밖에도 영국, 호주 등의 선진승마강국에서는 자국 내에서 직접 마필 생산이 이루어지기 때문에 마필수급에 어려움이 없을 뿐만 아니라 어린 말을 일찍부터 승용마와 경주마로 구분하여 훈련을 시키고 있다.

1985년에 설립된 영국의 '탈랜드(Talland) 승마학교'는 초보자부터 선수에 이르기까지 모든 수준의 승마인을 '생각하는 승마인'으로 가르치기 위해 설립되었다. 특히 이 학교는 영국승마협회에서 인정하는 각종 승마 교관자격증을 취득하려는 사람들을 1년 과정으로 교육하고 훈련시키는 곳으로 유명하다. 이외에도 영국에는 여러 승마전문학교가 개설되어 있으며, 전문지도자의 배출을 목적으로 하고 있다. 또한 초보자에게도 승마에 대한 이론과 실기를 교육하고 있다.

스위스는 그 누구도 생각하지 못한 것을 실행에 옮겨 주변의 국가들에게 신선한 자극을 주었다. 보통 사람들의 생각이라면 모래 마장이 아닌 설상(雪上)에서 하는 승마는 감히 생각지도 못할 일이다. 하지만 스위스의 다보스와 생 모리츠, 아로자 등은 설상 승마경기를 해마다 시행하여 이 방면의 또 다른 멋과 아름다운 풍경을 더해 주고 있다.

다보스 스키장의 눈 내린 벌판 위에서 마술경기를 펼친 지 50여년이 지났지만 지금도 여전히 인기가 있다. 설상 승마경기는 해가 지날수록 하계 승마경기 못지않은 인기를 끌고 있다. 이유는 스위스의 다보스나 생 모리츠의 승마경기는 그동안 잔디나 모래 마장에서만 승마가 가능할 것이라는 일반적인 통념을 깨버리고 전혀 다른 흥취를 사람들에게 불러일으켰기 때문이다.

스위스에는 세계 승마계를 통괄 관리하는 국제마술동맹단체(FEI)가 상주하고 있다. 국제마술동맹단체는 1912년 11월 25일에 파리에서 창립되었으나, 현재 그 본부를 스위스의 베른에 두고 있다.

스위스의 세계적인 마장시설 또한 볼만한 구경거리이다. 휴양지인 '제네바'나 '로잔느'에 있는 승마 경기장은 겨울을 제외한 모든 시즌에 알맞은 승마경기를 벌이고 있다. 이때에 맞추어 승마장 내부에서는 승마를 제외한 다른 행사도 병행하여 많은 사람들의 흥미를 돋우고 있다. 예를 들면 여성들을 위한 패션쇼를 연다든가 어린이나 가족들을 위한 중세적인 복장의 기마대 행진 등의 다양한

2007년 Rolex-FEI배 승마 월드컵 경기 모습

행사거리를 개발하여 경기의 진행을 원활하게 이끈다. 결국 이러한 다양한 행사들은 스위스 관광산업의 발전으로 이어졌다.

승마경기를 보러 온 사람들은 장애물 비월 등 생동감 넘치는 프로그램을 즐기게 되고 승마를 제외한 다른 행사에도 참여하여 행사를 즐긴다. 승마경기가 열리는 날에는 일반적인 스포츠 행사라기보다는 축제의 분위기를 실감나게 한다.

스위스는 주로 마장마술에 강한 나라이다. 마장마술 강대국인 독일의 영향도 있겠지만, 스위스는 우수한 승마용 마필을 자체 생산하고 있었기 때문에 승마선진국이 될 수 있었던 것이다. 또한 스위스 내에서는 거의 매달 승마경기가 펼쳐지는데, 이때 마필

경매시장에서 고가로 팔린 여러 품종의 마필이 한꺼번에 등장하여 마치 말들의 육체미 경기를 방불케 하는 광경이 만들어 지기도 한다.

아시아 문화권에서는 일본의 승마 문화를 살펴보아야 할 것이다. 일본의 승마 풍습은 도래인이 집단으로 이주한 5세기부터라고 전해지며, 이때 승마는 도래인들의 전용물이었다. 또한 말 사육에 관련된 것은 도래인들이 관리했다고 전해지고 있다. 현재 일본 각지에서 운영되고 있는 승마는 도시와 자연을 풍경으로 다채롭게 즐길 수도 있다.[27)]

도쿄에 있는 유일한 '도쿄 승마클럽'은 1921년 창설된 사단법인이다. 이곳 부회장은 북경올림픽 마장마술 경기에 출전한 '야기미에코'이다. 도쿄승마클럽은 바쁜 현대인을 위해 도시에서 승마를 즐길 수 있다는 특징이 있다. 그리고 이곳에서 가까운 거리에 위치한 시부야 구립 요요기 포니 공원도 도쿄 승마클럽에서 운영하고 있다. 이곳의 특징은 초등학생까지는 무료로 포니를 탈 수 있다는 것이다.

쿠니타치 승마클럽의 특징은 회원이 초등학교 저학년부터 70세의 노인까지 연령계층이 다양하다. 그리고 회원들 대부분이 승마를 처음 접하는 사람으로 구성되어 있다. 또한 아이들과 노인들은 클럽의 남쪽에 있는 타마가와 상류 지역에서 말을 타며 주위의 아름다운 자연을 즐기며 마음의 안정을 찾는다.

이 밖에도 일본에서 운영되고 있는 승마클럽에서는 다양한 말의

---

27) 박정화, 『일본의 원뿌리를 찾아서』, 삼애사, 2006, 334쪽 참고.

품종을 전시하기도 하고, 재미있는 이벤트를 진행하기도 한다. 그리고 전문적인 승마 선수를 통해 마술경기를 펼치는 다양한 볼거리를 제공하여 고급 레저 생활을 한다는 생각보다는 승마를 누구나 즐길 수 있는 스포츠로 생각할 수 있도록 노력하고 있다.

폴로

중앙아시아에서 유래한 폴로는 기원전 6세기에서 기원후 1세기에 페르시아(지금의 이란 지역)에서 성행하였다. 폴로 경기는 원래 쇼간(chaughan)이라 불렸던 페르시아의 국가 스포츠로서 귀족들 사이에서 널리 행해졌는데, 6세기에 여왕과 시녀들이 코스로 2세 파르비즈 국왕과 그의 시종들을 상대로 시합을 벌였다는 기록도 전해지고 있다. 이것만 보아도 폴로 경기가 남자들만의 전유물이 아님을 알 수가 있다.

이렇게 동양의 스포츠 문화였던 폴로는 아라비아 · 티베트 · 중국 · 일본에 이르기까지 여러 곳으로 급속히 퍼져 나가 인도에까지 이르는데, 1860년대 초반 식민지인 인도에 파견된 영국 기병들이 이 경기에 흥미를 가져 본국으로 돌아와 영국인들 앞에 첫선을 보이게 되면서 마침내 서양에까지 전파된다. 이후 폴로는 서양에서 신사, 군인 계급의 스포츠로 각광을 받게 되었다.

또 폴로를 제일 먼저 도입한 영국답게 영국은 폴로에 관한 공식 단체를 설립해 폴로 선진국의 면모를 드러내고 있다. 그리하여 영국의 폴로 주관 단체인 헐링엄 폴로 협회는 여러 나라의 폴로 주관단체와 교류를 가지고 있다.

폴로가 미국에 처음 소개된 것은 1876년 스포츠인이며 신문 발행

폴로 경기 모습

인인 제임스 고든 베넷에 의해서다. 그러나 이렇게 미국 전역에 알려진 폴로는 오랫동안 부유한 계층의 전유물로 인식되었다. 그 이유는 경기용 조랑말을 보유하는 데 드는 많은 비용 때문이었다.

'폴로 포니'는 이 스포츠만을 위해 특별히 개량한 말 품종이다. 이 말을 타고 말렛(mallet)이란 나무망치로 나무로 만든 공을 쳐서 상대 진영에 몰고 들어가 골대 안에 넣으면 득점하게 되는 규칙을 가지고 있다. 때문에 말을 타고 하는 하키란 별명을 갖고 있는 폴로는 경기 진행 방법 또한 하키와 닮아 있다. 경기 시간은 7분 30초씩 8회에 걸쳐 행해지며, 그 사이 3분간 휴식시간이 있다. 하지만 경기 인구가 그렇게 많은 것은 아니다. 그 이유는 가격이 비싼 폴로 포니를 조달하기가 쉽지 않고, 게다가 상당한 위험이 따르는 스포츠이기 때문이다.

이렇게 각 경로를 거쳐 급속도로 퍼진 폴로는 현재까지도 활발히

게임 시작을 기다리는 폴로 포니들

이어지고 있는데 여기서는 역사적으로 각 나라들이 가지고 있는 폴로 문화를 추적해 보기로 하자.

타구는 페르시아 지방의 발전과 함께 인도·중국·유럽으로 전파되면서 현재의 폴로로 발전하게 된다. 3세기 페르시아 사산조 시대에 들어 조직화된 기마타구는 규로스 대왕(기원전 522~486년)이 기마대를 편성하면서 기마타구를 더욱 권장하게 된다. 그리고 여러 곳에 큰 타구장이 건설되어 왕족과 귀족들뿐 아니라 차츰 국민적 경기로 발전하게 된다.

이집트에서 타구는 궁전에서 왕족과 귀족들이 즐기는 놀이였으며, 이집트인들은 나일 강가에 여러 개의 타구 경기장을 만들었다. 그 결과 경기장은 스포츠 타구를 즐기는 장소와 기마전술의 훈련장으로 이용되기도 한다.

인도에 타구가 들어오게 된 것은 다음과 같은 경로를 거쳐서이다. 13세기 초에 인도가 페루시아에 정복되면서 이슬람 문화가 들어

온다. 그 중에 함께 전파된 것이 타구이다. 타구는 서장(西藏)·태국·베트남 등으로까지 널리 퍼지게 된다. 처음 인도에서 폴로 경기를 한 사람들은 인도인이 아니다. 그들은 영국인 차(茶) 농장주들로 1859년에 들어 인도의 아삼 지방에 영국인 차 재배자들이 타구를 배워 폴로 클럽을 만들고 경기를 하게 된 것이다. 다음 해에는 갈가다에서 폴로 클럽이 조직되면서 인도에 사는 영국인들 사이에 유행하게 되었다. 그리고 1869년에는 인도에 주둔하는 영국 기병대에 의해서 런던에 처음으로 타구가 공개되면서 영국에 전파되었다.

중국에서 타구에 관한 기록은 3세기 한(漢) 헌제(獻帝) 때에 조식(曹植)에 의해서이다. 3세기경에는—낙양(洛陽)에서 돈황(敦煌)을 거쳐 텐진(天山) 남로나 북로를 통해 파미르 고원을 지나 이란이나 메소포타미아에 이르는—소위 실크로드가 개척되는데, 이 길을 따라 무역 상인들이 왕래하게 되면서 이때 타구도 상인들에 의해서 중국에 전파된 것으로 전해지고 있다.

당 태종(626~649년)은 장안(長安)의 여러 궁정에 타구를 위한 장대한 구장을 만들었다고 한다. 이를 보았을 때 당시 황제 스스로도 타구를 즐겼음을 알 수 있다. 또 당 현종(712~757년)은 문관 등용시험에도 타구를 필수과목으로 채택하여 기마군과 시합을 시킨 일도 있다. 타구가 중국에서는 그만큼 활성화 되어 있음을 알 수 있는데, 송대에는 소년과 부인들 사이에 보타구(步打球)라 불리는 것이 성행했고, 휘종(1101~1125년) 때에는 수환(垂丸)이라 불렸다.

중국에서는 타구를 지칭하는 용어가 격구(擊毬)·격국(擊鞠)·

당나라 여성 타구 선수의 테라코타

마구(馬球) 등으로 여러 가지였다고 한다. 또한 타구를 할 때, 말 외에 당나귀·노새 등 왜천마(倭川馬)를 쓰기도 했다.

타구는 원의 남침으로 쇠퇴하지만, 명대에 들어서 북경 동원사(東苑寺) 등에 타구장이 건설되고 전국에 보급되어 활발해졌다가 다시금 청대에 이르러 침체기에 빠진다. 하지만 중국의 타구는 한반도로 들어와 고려 때에 성했으며, 다시 일본으로 전파된다.

일본의 타구가 전해진 것은 한반도와 발해 또는 견당사에 의해서이다. 보행타구에서 시작된 일본의 타구는 기마타구로 이행·발전하게 되었다. 즉 대륙에서 한국을 거쳐 들어간 말을 길러 개량하면서 일본에 마술이 보급되었고, 무사계급이 등장하면서 일본의 타구는 기마타구로 발전하게 된 것이다. 말을 타고 하는 타구는 기타구, 기마타구라 하는 데 비해, 말을 타지 않고 걸어 다니면서 타구하는 것을 보타구라 한다.[28] 일본에서 보타구의 시초는 덴랴쿠 9년(955) 5월에 부도쿠텐에서 기타구(驥打球)와 함께 한 소년들로부터 시작된다. 기마타구는 가마쿠라시대 이후 소멸되었지만 보타구는 서민사회에 퍼져 소년들의 노상 놀이로 에도 중기까지, 구장(毬杖)이란 이름으로 놀이되었다. 보타구는 보행타구, 도타구로 부르기도 한다. 그러나 결국, 보타구도 거의 소멸되고 하치노헤시 시라기 신사의 제전 때에 소년들에 의해서 기타구와 함께 놀이되는 보타구가 유일하게 남았다고 한다.

사냥

영국과 아일랜드는 다른 어느 나라보다 폭넓은 사냥[29])을 시행하고 있어, 11월에 시작되어 4월에 끝나는 여우 사냥 시즌 중 매년 50만 명 이상의 사람들이 사냥을 즐기고 있다고 한다. 이렇게 사냥이 활성화되어 있기 때문에 영국과 아일랜드에서는 사냥과 관련된 대규모 산업이 형성되어 있을 정도이다.

영국 사냥지의 중심인 미들랜드 셔(Midland shires)의 셔팩지방(Shire pack)에서는 사냥을 위해 전력으로 말을 몰기 위해서 가급적 순수한 혈통의 서러브레드종이 필요하다고 한다. 사냥용 말들은 강한 스태미너와 용기, 잘 갖춰진 체격, 균형감각 등의 필수 조건을 두루 갖추어야 하는데, 사냥에 참가하기 위해서는 전력질주하며 높은 장애물을 넘을 수 있어야 하기 때문이다. 또한 하루의 사냥을 위해서는 적어도 2마리 이상의 말이 필요한데, 이는 오전 사냥에

28) 임동권, 『한국에서 본 일본의 민속문화』, 민속원, 2004, 239쪽 참고.
29) 『경마세계』, 1998년 2월호(통권 111호), 한국마사회 참고.

사냥에 나서는 모습

이어 오후 사냥에서 두 번째 말로 갈아타는 것이 이 지방의 관습이기 때문이다.

한편 영국 셔 지방의 말들은 서러브레드와의 교잡으로 점점 커지고 강해졌으며 빨라졌다. 말이 개량되면 될수록 이렇게 개량된 말의 능력을 이용하고 서로 경쟁적으로 사냥 시합을 하는 사람들이 늘어갔다. 이런 사냥 시합은 처음에는 공작이나 백작 같은 대지주들의 개인적 부담으로 유지되었으나, 비용이 증가함에 따라 막대한 비용을 개인이 부담하기 힘들어졌다. 하지만 두 차례의 세계대전을 겪었음에도 불구하고 이 전통적 스포츠가 사라지지는 않았다고 한다.

독특한 승마술 전통을 가지고 있는 아일랜드에서는 많은 마필이 사냥에 필요한 전문적 기능을 배운다고 한다. 때문에 아일랜드에서 최고의 사냥용 마필이 나오는 것은 당연한 결과로 볼 수 있다.

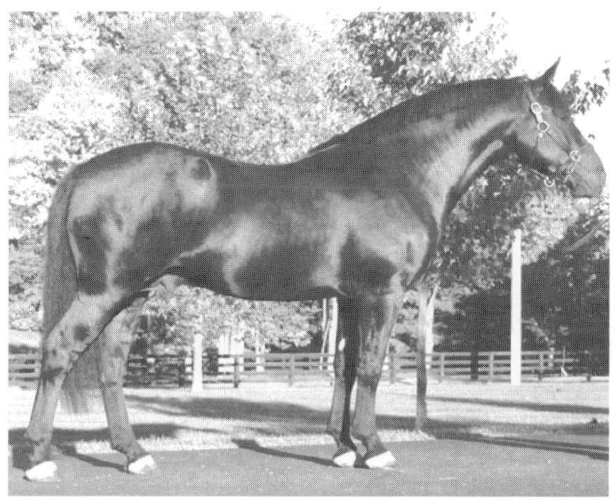

아이리시 드로트 종

이들 마필 중 대부분은 아이리시 드로트(Irish Draught) 잡종들이라 할 수 있는데, 아이리시 드로트 종은 이 지방의 아주 다재다능한 말로서 온갖 종류의 용도에 사용되고 있으며 사냥관리도 까다롭지 않다고 알려져 있다.

때문에 세계 최고의 사냥은 영국 서 지방에서 아일랜드산 명마를 타고 하는 사냥일 것이다. 거칠고 굴곡이 심한 사냥지에서는 활기 넘치는 웰쉬 캅(Welsh Cob)이나 힘센 조랑말이 사냥에 더 적합하기 때문이다.

이런 영국 사냥의 전통은 영국의 영향력에 힘입어 거의 전세계 곳곳으로 퍼져나갔다. 영국은 스페인, 포르투갈, 이탈리아와 중동부 유럽에 사냥을 소개했고, 러시아에서도 영국과 유사한 사냥이 행해졌으며, 스칸디나비아 국가들과 인도를 포함한 아시아 지역에도 변형된 형태로 퍼져나갈 수 있었다고 한다.

웰쉬 캅 종

이와는 달리 프랑스의 사냥은 전통적 방식으로 행해지고 있다. 그 전통적 방식이란 궁지에 몰린 수사슴을 사냥하는 것은 허용하지 않음을 의미한다. 프랑스의 사냥은 프랑스 특유의 나팔을 불어 대회 시작을 알리는데, 사냥에 음악적 요소를 가미하여 사냥대회의 각 단계마다 이에 해당하는 음악이 울려 퍼지게 되는 특색을 갖고 있다. 프랑스의 사냥은 영국에 비해 형식이 잘 갖추어져 있지만, 예술적이며 장애물을 넘는 코스는 없다. 때문에 프랑스에서 사냥에 사용되는 말은 스피드나 장애물을 넘는 능력보다는 지구력과 스태미너가 더 중요시되고 있다.

미국에서 사냥은 버지니아, 메릴랜드, 펜실베니아주에서 시작되었으며, 영국 지주계급이 즐기는 스포츠로서 정착되었다. 미국 정착 초기, 영국의 붉은 여우가 미국에 들어와 체사피크만

(Chesapeake Bay) 주변지역에 서식하게 되었다. 그러나 미국에서는 회색여우나 붉은여우의 숫자가 영국이나 아일랜드만큼 많지 않았다. 때문에 미국의 사냥 참가자들은 영국에서 정상적이고 바람직하다고 여겨지는 수만큼 여우를 사냥하지는 않았으나, 사냥팀의 조직만은 영국식을 따랐다고 한다.

말과 관련된 음식문화

말은 소나 돼지, 닭 등과 같이 인간들에게 익숙함을 주는 가축이지만 식용에 있어서는 아직 대중들에게 낯설다고 말할 수 있다. 그러나 말고기를 먹어 본 사람들 중에는 고기 냄새가 나지 않는 말고기의 담백한 맛 때문에 이를 '별미'로 여겨 즐기는 사람이 많다고 한다. 말고기는 다른 육류보다 소화흡수율이 높은 저지방 고단백 식품으로 아시아 유목민들과 고대 북유럽 민족들도 즐겨 먹었던 음식이다.

우리 조상들도 말고기를 즐겨 먹었다는 기록[30)]을 발견할 수 있는데, 조선 세종 초에는 말고기 수요가 늘어나 말 값이 폭등했다고 한다. 그 후에 밀도살이 성행하여 세종은 중국 사신들의 위로연을 제외하고는 사용을 금지시켰다고 한다. 또 연산군은 백마만 골라잡

30) 우리나라에서 마육(馬肉)을 식용한 기록은 『조선왕조실록』에 처음 등장한다. 이에 의하면 고려시대부터 매년 섣달 암말을 잡아서 마건포(馬乾脯)를 만들어 왕에게 진상해 왔고 세종조에 이르러 군용 말이 감소함에 따라 금지하였다고 한다.(『조선왕조실록』 세종 7년조) 17세기 문헌인 『山林經濟』 「제수육독편(除獸肉毒編)」에서 "말고기를 먹고 중독되었을 때, 부추즙이나 개똥을 태워서 술에 타 먹어라."고 하였다.

아 먹었다는 이야기도 전해진다. 연산군이 백마의 고기를 먹었던 이유는 말고기의 맛 때문이라기보다는 정력 보강제로 활용하기 위해서였다고 한다.

사람들은 '말'하면 '제주도', '제주도'하면 '말'을 생각한다. 그만큼 제주도와 말의 연관성은 우리에게 강하게 인식되어 있는데, 이런 제주도에서 조랑말이 본격적으로 길러지기 시작한 것은 고려 충렬왕 때라고 한다. 원나라가 제주를 지배하면서 충렬왕 2년(1277년)에 말 160마리를 도입한 것이 계기가 되었기 때문이다. 당시 원나라는 군용과 농경용, 사냥용으로 말을 들여왔으며 직접 말을 사육하기 위해 말 사육 전문가를 파견했다고 한다.

이런 영향으로 제주도에는 일찍부터 말고기 음식 문화가 자리 잡게 되었다. 과거 식량이 부족해 식용으로 사용하기 위해 살집이 붙은 말을 도축했던 것과는 달리 오늘날에는 말고기를 찾는 미식가와 일본인 관광객들을 위해 말고기 전문음식점들이 등장하고 있다고 한다. 사람을 낳으면 서울로 보내고 망아지를 낳으면 제주도로 보내라는 말에서 알 수 있듯이 제주도는 말의 서식 환경이 좋기 때문에 맛도 뛰어나며, 말고기 요리로서 최상급으로 치고 있다.

말과 관련해 빼놓을 수 없는 몽골인들도 말고기를 먹는 식문화를 가지고 있다. 몽골 사람들은 양과 말을 '따뜻한 주둥이'라 하고, 소와 염소, 낙타를 '찬 주둥이'라 하며, 따뜻한 주둥이의 고기를 선호한다. 물론 말고기는 일상적으로 먹는 고기가 아니라 중요한 날에만 먹는 특별 음식이다. 그래서 몽골인들은 손님 접대나 제사와 같은 특별한 날에만 양고기와 함께 내놓는다고 한다. 말고기는 몹시 추운 겨울철에 주로 먹으며, 기생충이 없기 때문에 서양 사람들도 '타타르 스테이크'라 하여 즐긴다.

타타르 스테이크

또한 몽골인들은 말의 간이나 염통, 콩팥 등을 회로 먹거나 양념 또는 소금구이로 즐겨 먹는데, 눈이 침침할 때나 피곤할 때 먹으면 효과가 있다고 한다. 이를 '샘지'라 한다. 샘지 먹기는 제주도 풍속에서도 전해져 '센마이(천엽을 이르는 말)'라는 이름으로 남아 있다. 제주도 사람들이 동물의 간(특히 돼지의 간)과 천엽을 즐겨 먹는 것도 몽골의 이런 식문화와 관련이 있다. 그러나 몽골에서 신선한 말고기를 보기란 그리 쉽지 않은데 말이 가축 중에 재산 가치가 가장 크고, 한번 잡았을 때의 고기 양이 많아 그만큼 싱싱한 고기를 먹을 수 없기 때문이다. 따라서 몽골사람들은 말고기보다는 말젖을 즐기는 편이라고 한다.

일본은 오래 전부터, 말을 신이 타고 다니는 동물로 인식하였다. 근세에도 천황은 말을 탄다는 오랜 관습이 이어져 내려오고 있다. 이렇게 오래 전부터 말을 신성시했던 일본이지만 음식 문화에 있어서는 다른 면을 가지고 있다.

어떤 일본의 민속학자가 한국에 왔을 때 말고기 판매업자가 구속된 것에 대해 의문을 가진 일이 있었다. 말고기 판매업자가 구속된 이유는 당시 한국인들이 말고기를 먹지 않음에도 불구하고 소고기와 섞어서 팔았다는 이유에서였다. 하지만 일상적으로 식용 말고기를 매매하는 일본에서 온 고고학자는 말고기를 팔았다고 해서 구속되는 한국의 문화를 이해하지 못했다고 한다. 그만큼 일본의 말고기 문화는 자연스럽고, 일본인들에게 널리 퍼진 식문화였기 때문이다.

일본은 신선한 말고기를 사시미라 하여 마늘과 생강을 섞어 회로 먹거나, 고기를 뜨거운 물에 살짝 데친 후 얇게 썰어서 찍어 먹는 일본식 스테이크인 다다끼로 만들어 먹기도 한다. 일본의 구마모토현은 맛있는 말고기의 산지로서 유명하다. 또한 일본에서는 어디에서나 쉽게 말고기 전문점을 볼 수 있다. 하지만 이와 달리 조선 세종 이후 말고기 식용 풍습이 금지된 한국에서는 말이 죽으면 먹지 않고 이장해서 무덤을 만들어 주는 오랜 관습이 있을 정도이다. 그만큼 과거의 일본과 한국의 말고기 문화는 양국의 상반된 문화 현상을 보여주었으나 근래에는 그 양상이 달라져 한국도 말고기 문화가 점차 도입되고 있는 실정이다. 특히 제주도는 말고기를 독특한 음식문화로 승격시켜 관광객을 유치하기 위해 많은 노력을 하고 있다.

이 외에도 러시아, 프랑스, 벨기에, 네덜란드, 독일 등은 소고기보다 말고기를 상급으로 치고 있는 국가들이다. 그 중에서도 프랑스의 경우는 국민의 세 명 중 한 명이 말고기를 즐긴다고 한다. 때문에 프랑스인의 1인당 연간 말고기 소비량도 1.78kg에 이르며, 말고기를 전문적으로 취급하는 말고기 전문 정육점이 프랑스 전역에 3천여 개에 이를 정도로 성황을 이루고 있다고 한다.

또 중앙아시아에 위치해 있는 우즈베키스탄에서는 말고기로 '카시'라고 하는 소시지도 만들어 먹는데, '카시'는 우즈베키스탄의 별미 음식이라고 할 만큼 우즈베키스탄인들이 즐겨 먹는 음식이라고 한다.

말과 관련된 장례문화

장례풍습과 관련된 기록 가운데에는 말을 사람의 영혼을 인도하는 동물로 상정한 사례들이 심심치 않게 발견된다.

오래 전부터 한국은 임금이나 왕비의 국장에 쓰이는 장례 도구로 '죽산마(竹散馬)'라는 말 인형을 사용했다. 이 죽산마에는 고귀한 신분인 임금이나 왕비가 죽어서 승천할 때도 편안하고 품격 있게 말을 타고 가라는 의미가 담겨 있다고 한다.

죽산마는 바퀴 달린 우물 정(井)자 모양의 틀 위에 대나무로 말 뼈대를 잡고 그 위에 한지를 덧입힌 뒤 말의 갈기를 비롯해 꼬리, 눈동자까지 세세하게 그려 놓고 있는데, 색깔도 흰색, 검은색, 붉은색 등 다양하다. 고종과 순종의 인산(因山)에도 이 죽산마가 등장했으며 매년 4월 단종의 넋을 기리기 위해 단종의 국장을 거행하는 단종 문화제에서도 죽산마가 등장한다. 이런 장례에 사용된 죽산마의 최후는 임금과 왕비를 저 세상까지 안내하라는 뜻으로 불에 태워진다고 한다.

출토된 무인용과 병마용

한편, 중국의 진시황제의 무덤에는 수많은 호위대와 병마용(兵马俑)이 있다. 병마용은 흙으로 빚어 구운 병사와 말 모양의 토기로 진시황 사후에 그의

병마용 전경

무덤을 지키기 위해 만들었다고 한다. 병마용은 1974년 3월 29일에 우물을 파던 한 농부에 의해 발견되면서 세상 사람들에게 알려졌다. 진시황제의 호위대 병마용은 세계 8대 불가사의로 거대한 규모를 자랑하고 있다. 불로장생을 꿈꾸었던 진시황제가 백성들을 동원해 대규모의 무덤을 완성했던 것이다.

지금 현재는 3호 갱까지 발견되었는데, 총 6,000여 개의 병마용과 100개의 전차, 400개의 기마상이 각 갱마다 조성된 박물관에 전시되고 있다. 전시된 병마용은 실제 전투진의 배열로 전시되어 있다. 그리고 놀라운 것은 수많은 병마용의 얼굴 생김새가 각각 다르다는 것이며, 또한 보존상태가 아주 좋다는 것이다.

또 말과 관련된 장례문화의 흔적으로는 중국 후한(後漢)시대 화상석의 〈거마행렬도(車馬行列圖)〉를 들 수 있다. 그 곳에 등장하는 제재의 하나는 '승선행렬(昇仙行列)'인데, 이 행렬의 구성은 다음과 같다. 우선 행렬을 앞뒤에서 이끌고 지키는 기마인들이 있으며 주인공과 그의 부인이 탄 마차들, 여행에 필요한 물품을 실은 짐마차 등이다. 이들이 가는 목적지는 선계(仙界)로, 불사의 삶을 누리고 싶어했던 그들이 선계로 거처를 옮기려고 하는 것이다. 하지만 선계에 가기 위해서는 많은 어려움을 참고 견뎌야만 하는데, 이런 의미에서 거마행렬도는 산 자와 죽은 자의 궁극적 소망을 안고 시작된 여정의 표현이라고 할 수 있다.

기마민족인 오환족(중국의 고대 민족, 선비족(鮮卑族)과 마찬가지로 동호(東胡)의 한 갈래)은 말이 영혼을 태우고 하늘로 올라간다 하여 죽은 이와 함께 말을 묻는 풍습이 있었다.

몽골족 역시 귀족을 장사 지낼 때 피장자 옆에 평소 소중하게 여겼던 물건과 함께 암말과 망아지를 묻고, 무덤 주위에 말치레를 한 수말을 묻는다고 한다. 망아지는 사자가 저승에서 기르라는 뜻이며, 암말은 젖을 짜고 수말은 타고 다니라는 뜻에서이다. 이런 풍습에서는 현실생활이 사후에도 지속된다는 몽골인의 사후관을 엿볼 수 있다. 그러나 평민의 경우에는 사람이 죽으면 마포에 주검을 싸고 말 위에 태워 유족 중 한 사람이 아무도 모르는 곳으로 말을 몰고 가는데 이때 말 위에 있던 주검이 떨어진 곳에 시신을 놓고 돌아온다고 한다.

3장

한국의 말 문화

우리나라에서 말이 등장하기 시작하는 지점은 청동기 시대의 유물에서 확인되며, 특히 마상무예와 같은 경우는 삼국시대의 문헌과 고분벽화, 부장용 마구 등을 통해 그 실상을 충분히 확인해 볼 수 있다.

고구려 무용총의 수렵도

수렵도뿐만 아니라 백제나 신라의 신화에 나타나는 말의 상징성은 말이 우리 민족과 정신적으로 가까운 존재였고, 우리 생활과 밀접한 관련이 있음을 보여 주고 있다. 삼국시대나 고려시대에는 말과 관련하여 말 위에서 펼치는 무예인 마상재나 격구와 같은 스포츠 등의 말을 이용한 실질적인 문화들이 번성하였다.

우리 민족에게는 이미 삼국시대부터 말을 기르고 탈 수 있는 기술이 존재했음을 알 수 있는데, 『삼국사기』에 의하면 신라사람 거도(居道)가 "해마다 한 번씩 말을 무리지어 장토 벌판에 모아놓고 군사들로 하여금 말을 타고 달리며 즐겨 놀게 하였다고 한다. 이때 사람들은 이 놀이를 마숙(馬叔)이라 하였다."는 기록이 있다. 그리고 또한 이사부(異斯夫)가 "말놀이로써 가야를 정벌하였다."는 기록도 전하고 있다. 이러한 삼국시대의 승마술은 일반인들의 구경거리가 될 만큼 발달한다.

또한 말을 타고 재주를 부리는 그림이 고구려 무덤 벽화들에는 많다. 이것을 '말 교예'라고 하는데 악기를 연주하면서 말타기를 하거나 소도구를 다루면서 말타기를 하는 두 가지 종류가 존재했다. 이처럼 고구려에선 말타기가 하나의 기교적 풍습으로 존재했던 것으로 추측할 수 있다. 때문에 당시로서는 말 교예가 매우 발전된 수준에 도달했는데 이것이 조선시대에 발전했던 마상재의 시원이 되었다.

이러한 말과 관련된 기술들은 고려 때에 와서는 뚜렷한 하나의 놀이로 정착하게 되는데 『고려사』를 살펴보면 임금이 '희마(戱馬)' 또는 '농마희(弄馬戱)'를 구경했다는 기록이 있는 것을 볼 수 있다. 희마나 농마희란 말을 타고 재주를 부리는 것으로 조선시대의 마상재와 같다. 그리 구체적인 내용은 아니지만 알려진 사실대로라면 농마희는 말 위에서 재주를 부렸다는 것, 그리고 대체로 말 위에 눕기도 하고 서기도 하면서 온갖 기민한 동작을 수행한 것임을 알 수 있다. 이러한 동작은 후에 마상재에서 보는 바와 같은 여러 가지 기교와 형상으로 고착된다.

한편, 우리 민족이 크고 작은 전쟁을 치르면서 이 땅을 굳건히 지킬 수 있었던 이유 중 하나는 말을 다루는 능숙한 기술에서 비롯되어짐을 알 수 있다. 때문에 우리 민족에게는 이를 토대로 한 각종 무예전통이 활성화되어 나타났다. 이 같은 일례는 다음에서도 찾아볼 수 있는데, 중국 대륙 깊숙이 진출했던 광개토대왕의 군대는 우리 마상무예의 전통을 말해주고 있다.

우리나라에 마상재가 주로 유행했던 시기는 조선 후기로 그 일례가 1592년에 어린이들의 마상재를 시험하고 뽑힌 아이에게 상을 준 일이 있었다는 것으로 전해지고 있다.31) 이것만 보아도 그 당시에 조선의 어린이들이 마상재를 즐겼고 그 기술이 뛰어났을 정도로 마상재가 널리 보급되어 있었음을 알 수 있다. 그리하여 조선시대 광해군 때에 무과 채용고시에 포함된 마상재(馬上才)에는 승마기술이 대두하게 되는데, 이때부터 한국의 승마기술이 본격적이고 체계적으로 발달하기 시작한다. 한국 승마 자체의 독자적인 발달을 이루었던 마상재는 말 위에서 칼과 창 같은 무기를 사용하는 기술로 큰 몫을 했다.

이런 마상재에 관한 기록은 선조 때에 비로소 나타나기 시작한

31) 『선조실록』 권67, 28년 9월 기묘.

다. 고려시대에 성행한 격구가 조선시대에 와서는 보행으로 행하는 타구(打毬)로 변하는데, 그 승마술이 마상재로 바뀐 것으로 짐작되고 있다.

『광해군일기』에 의하면 마상재인을 관무재(觀武才)로 뽑아 마군에 속하게 했으며, 인조 때에는 일본에서 마상재를 구경하고 싶다는 요청이 와서 마상재인을 뽑아 보낸 일이 여러 번 있었다고 전해지고 있다. 이에 대한 또 다른 기록인 『변례집요』에 의하면, 인조 12년 갑술년(甲戌, 서기 1634년) 12월에 왜(倭) 관백(關白)이 마상재를 보겠다고 요청해서 마상재인(馬上才人)을 보내 주기로 하였다는 기록이 있다. 또한 일본 문헌인 『고사유원』에는 "조선국에 마희(馬戲)라는 기예가 있다. 사신이 일본에 올 때마다 반드시 그 기예를 베풀어서 구경시켜 준다. 이것을 곡마라고 말한다. 그 기예는 아주 절묘기이한 것이다."라고 기술하고 있다.

마상재인으로서 장효인(張孝仁), 김정근(金貞勤)은 일본의 도쿠가와 이에야스의 초청으로 인조 12년에 일본에 가서 시범을 보이기

〈등리장신〉(왼쪽), 쌍기마 〈쌍마도립〉(오른쪽)
조선통신사의 마상재 시연 모습을 그린 그림

도 했다. 인조 때의 이세번(李世蕃), 인문조(印文調) 그리고 영조 때 지기택(池起澤), 이두홍(李斗興)도 유명한 마상재인이었다.

그리하여 일본의 승마술은 우리의 마상재를 원조로 발생하였다는 기록이 일본 문헌인 『화한무가명수(和漢武家名數)』에 보인다. 또한 『학산록(學山錄)』이란 책에도 우리나라 마상재에 관한 다음과 같은 기록이 있다. "조선에 마희(馬戲)라는 하나의 기예가 있는데, 그것은 참으로 절묘기이(絶妙奇異)한 것이다." 『문헌통고』에도 이런 기록이 남아 있다.

> 무진년에 조선나라 사신이 왔을 때 나는 박경행(朴敬行)이라는 제술관(製述官)을 만나 필담하였는데 그는 붓으로써 말하기를 "말을 타고 적진 속으로 달려 들어가는 기술을 우리나라에서는 무예로 꼽는다. 춘추로 이를 고시하여 그 우열을 가려 상을 준다. 이와 같은 기예를 하는 무인이 4~5백 명 있는데, 이러한 말을 타는 기예가 언제부터 비롯되었는지를 나로서는 알지 못한다. 하지만 그 유래는 이미 오래된 것이다. 창검이 빽빽하고 깃발과 북소리 요란한 적진 속을 이 기예로써 몸을 감추어 달려 들어가서는 적군의 깃발을 빼앗아 그 장수를 베어버리면 감히 대적하는 적병이 없다. 이런 무예는 중국에도 없는 것이다."했다. 그렇다면 이것은 절박한 싸움터에서 일대 장관을 이루는 무예가 아니겠는가.

이 기록으로 보아, 마상재는 우리나라 특유의 무예인 고등마술(高等馬術)로서 일본과 같은 외국에서 구경거리인 곡예로도 행해질 만큼 훌륭했던 것을 알 수 있다.

일본의 화가들이 그린 〈마상재도(馬上才圖)〉 덕천(德川) 쇼군이 가광시대에, 그의 요청에 의해 기마술에 능한 마상재인 2명이 조선통신사와 함께 수행하였다. 그래서 강호성(지금의 동경) 내에서 쇼군과 막부의 고관, 유명 번주들 앞에서 각종 마상기예를 펼쳐 보였다.

『성호사설(星湖僿說)』에는 원기(猿騎)를 흔히 마상재로 부른다고 했다. 육당(六堂) 최남선의 『조선상식(朝鮮常識)』에는 원기(猿騎), 표기희(驃騎戲), 마기(馬伎), 입마기(立馬技)를 우리나라 마상재라 말하며 고려시대의 희마가 조선시대에 계승되어 마상재가 되었다고 한다. 이러한 마상재는 단마(單馬)를 타고 행하지만 혹은 쌍마(雙馬)를 타기도 하는데 두 말을 붙잡아 매어 가지런히 달리게 하므로 기수가 말 위에서 부리는 재주는 단마와 다름없이 행해졌다고 한다.

조선 후기의 무예 훈련 교범인 『무예도보통지』는 마상무예를 집대성하고 있는 책으로 마상재의 방법에 대하여 비교적 자세하게 기록되어 있다. 기록에 의하면 마상재에는 한 마리의 말을 타고 하는 것과 두 마리의 말을 타고 하는 것이 있으며 이것은 각각 6가지 혹은 8가지의 기본 동작으로 수행된다고 한다.

이렇게 우리나라에서 발전한 마상재는 일본 기마술 발전에 많은 영향을 주었을 만큼 발달했지만 조선시대 말기를 전후하여 호쾌한 남아적 기상의 상징이기도 했던 마상무예의 전통은 소멸되고 만다.

이런 마상무예의 전통 외에도 말이 우리 민족의 문화에 영향을 끼쳤던 대표적인 증거로 격구를 들 수 있다. 페르시아에서 시작되어 중국을 거쳐 우리나라까지 전파된 것으로 보이는 '격구(擊毬)'는 말을 부려 장대로 공을 치는 스포츠이다. 이후 우리 민족 고유의 스포츠로 자리 잡은 격구는 지금 서양에서 행해지고 있는 폴로와 흡사해 보일 수도 있으나 실제적으로 폴로보다 격구가 훨씬 다양한 기술을 구사할 수 있다고 한다. 때문에 우리의 마문화인 격구를 발전시킨다면 세계 속으로 널리 보급될 수 있는 뛰어난 문화유산이라 말할 수 있을 것이다.

고구려 주몽의 이야기를 다루며 얼마 전 방영되었던 드라마 〈태왕사신기〉에서도 격구를 즐기는 장면이 나오는 데, 이는 당시의 격구가 고구려 기마 민족의 최대 스포츠이자 축제였기에 가능한 일이었다. 이러한 고구려를 계승했던 발해의 역사적 기록들은 이를 증명하고 있는데, 『발해고』에 의하면 발해 사신인 왕문구가 일본에서 격구 시범을 보여 일본 사람들을 경탄하게 하였다고 전해지기도 한다.

발해에서는 때로 격구를 '구마'라고도 표현[32]하였는데, 거란 황

32) 『요사』 권112, 할저전.

제 아보기의 삼촌뻘 되는 할저가 발해로 망명해 와서 이웃 나라의 왕족으로서 상당한 대우를 받았다고 한다. 하지만 그들의 목적은 고구려의 내정을 탐지하는 것이었다. 목적이 달성되자 그들은 구마대회가 있던 날 좋은 말들을 훔쳐 타고 자신의 나라로 도망을 쳤다는 기록이 남아 있다. 여기서 구마라는 것은 말을 타고 하는 공놀이, 즉 격구를 뜻하기 때문이다.

발해인[33]들은 발해가 요나라에 의해 망한 뒤 격구가 탄압책으로 금지되었음에도 불구하고 자기들의 풍습에 따라 격구를 즐겼다고 한다. 그만큼 발해인들이 격구를 매우 즐겼음을 알 수 있는데, 이는 발해가 고구려를 계승한 나라였기에 말을 타고 하는 격구를 발전시킬 수 있었던 것이다.

고려시대에도 격구는 크게 유행하였는데 계절에 관계없이 즐겼고, 평민, 군사, 문·무관, 심지어는 여자들까지도 격구를 즐겼다고 한다. 그러나 한때는 격구를 금지하고 왕이 격구를 보는 것까지 금지한 일이 있었는데, 그 이유는 봉건통치자가 하급 군사들과 어울려 격렬한 놀이를 한다는 것은 격에 맞지 않다고 생각했기 때문이라고 한다.

하지만 다시 예종 때에는 부녀자들까지 말을 타고 격구를 행할 만큼 격구가 성황을 이루었다고 한다. 이를 증명이나 하듯, 『고려사』에 의하면 "예종 11년 4월, 왕이 서경에 거동하였을 때 왕을 환영하기 위해 여러 가지 행사를 베풀었는데 마천정(馬川亭)에서는 부녀자로 하여금 말을 달리며 격구를 행하기에 이르렀다. 이를 왕이 물리치도

---

33) 김윤호, 『민속놀이와 명절』, 대산출판사, 2000 참고.

록 분부하니 드디어 그 놀이가 그치게 되었다."고 기록되어 있다. 또한 고려 의종은 격구를 아주 좋아해 '기탁성(奇卓誠)'이란 격구를 썩 잘하는 군인을 교위(校尉)에서 일약 견룡(牽龍)으로 승진시켜 측근에 두고 있었을 정도였다고 한다. 이러한 인기를 반영하듯 고려시대의 격구는 활쏘기 및 창쓰기와 함께 무술 삼재의 하나로 인정되어 무술시험의 주요 종목으로 법전들에 법규화되었다.

인기가 많으면 부작용도 따르게 마련이어서 고려 시대 말기의 격구는 사치스런 일부 귀족들에 의해 여러 가지 폐단을 드러내게 된다. 이 때문에 조선시대에 들어와서는 격구의 기초 동작을 통해 기마술을 익히게 하는 수단으로 축소되었다고 한다.

이렇게 조선시대의 격구가 위축되는 것에 일임을 했던 이가 태조 이성계였다. 『용비어천가』나 『태조실록』에는 고려시대 무인이었던 이성계가 뛰어난 격구 실력을 가지고 있었다고 기록하고 있다. 그렇지만 고려시대에 격구로 인한 폐해를 잘 알고 있었던 이성계는 조선왕조를 창업한 후에는 격구를 장려하지 않았다고 한다. 오히려 격구를 억제하였고, 다만 기병에게만 무술 수련의 방편으로 격구를 행하도록 허용하였을 뿐이다. 때문에 격구는 조선시대 초엽 이래로 침체상태에 이르게 된다. 또 조선의 통치이념인 성리학으로 인해 우리민족의 전반적인 문화체계가 변하게 되면서 한국의 마문화 역시 기울기 시작하는데 격구의 심각한 상황은 다음에도 나타나 있다.

영조 22년(1746년)에 간행한 『속대전』에는 "무과(武科)에 격구는 지금 삭제한다."고 되어 있어 이때에 이미 무인들조차 격구를 행하지 않았을 만큼 쇠퇴하였다는 사실을 알 수 있으며, 정조 14년(1790

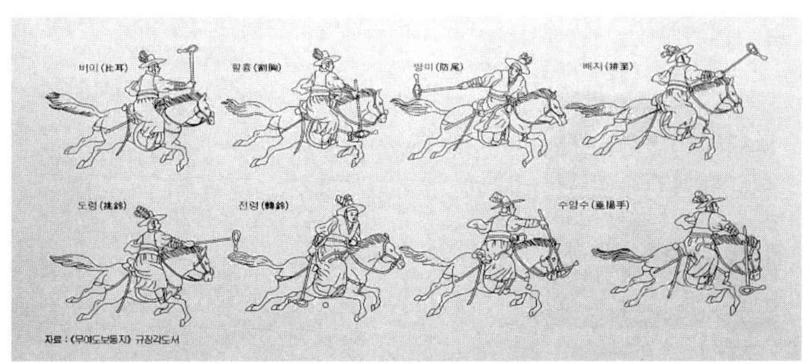

『무예도보통지』에 실린 격구 자세

년)에 간행한 『무예도보통지』를 편찬할 당시에는 격구 방식을 아는 사람이 거의 없었을 정도였다고 한다. 격구가 침체상태에 빠지게 되면서『무예도보통지』의 격구보(擊毬譜)는 『경국대전』과 『용비어천가』에 기재된 격구 방법을 참작하여 도보(圖譜)를 작성했을 정도였기 때문이다.

그리하여 조선의 인조 이후에는 격구에 관한 기록이 발견되지 않는데, 때문에 인조 7년(1629년) 8월에 왕이 모화관(慕華館)에서 군사로 하여금 격구를 시험하여 무예를 연마한 사실이 있다고 한 기록이 마지막이 된다.

『무예도보통지』의 한 장면

오늘날 한국에서 마상무예나 격구의 전통이 사라진 이유는 조선시대 유교 문화권하에서 문치주의를 지나치게 강조했던 결과였다. 나라의 발전을 위해 문

(文)과 무(武) 어느 한쪽만을 강조할 수는 없음에도 불구하고 조선은 문(文)만을 지나치게 강조한 결과, 진정한 상무정신은 상대적으로 크게 위축되었기 때문이다. 따라서 오늘날 우리는 한 민족의 진취적 기상을 이루어 내기 위해 이러한 전통들을 정신사적 문맥에서 복원해야 하는 임무를 부여받은 것이다.

이후 근대 한국에서 승마의 기틀이 잡히기 시작하는 지점은 1901년 4월부터 무관학교에서 신체 건강한 학생들을 기병대로 선발하여 승마 훈련을 시켰던 사실에서 찾아볼 수 있다. 이때의 승마는 경마(당나귀 경주)로부터 시작하여 이후 학생과 군인들에 의해서 개화 풍물의 하나로 스포츠화되기 시작한다. 당시 나라의 정세가 혼란한 와중에도 구한말 조선의 기마대는 존속되었고, 경마와 같은 경주도 하는 등 일반인에게 승마를 선보이는 행사가 유지되고 있었다.

그러나 1909년 일제의 한일합방으로 인해 그 해 7월 31일 한국의 군부와 무관학교가 폐지되면서 우리나라의 승마는 싹이 채 자라지 못한 채 그 주역이 일본인에게 넘어가게 된다. 결국 나라는 일제에 빼앗겼지만 당시 애국청년 학생들은 한민족의 기가 꺾이지 않기 위해, 각종 체육 행사를 개최하였고 그 중에는 승마도 포함되어 있었다고 한다. 하지만 당시에도 승마는 일반인들에게는 낯설었던 스포츠였다.

우리나라 승마단체 모임의 시초는 1913년 서울의 수표동에 '마술연습소(馬術練習所)'로, 그 구성원들은 조선총독부의 관리들과 일본군 지휘관들이었다. 이듬해인 1914년 4월에 승마장을 을지로 5가로 확장하여 옮기면서 '경성승마구락부'로 개칭된다. 당시의 경성승마구락부는 경마 위주의 활동을 하던 단체로 비록 일본인이 주축이었다고는 하지만 이 조직은 한반도 최초의 승마 동호회로 기록되고 있다.

3·1 운동 이후에는 점차적으로 승마경기의 틀이 잡혀 가면서, 1920년 5월 30일 지금의 을지로 5가에 있었던 승마장에서 승마대회가 개최되었다. 당시 종목으로는 조마색, 마상체조, 장애물 비월 등이 있었으며, 1920년을 전후하여 승마인들은 자신들의 마술 향상 이외에 경마도 주도하였다. 1919년 2월에 일본인들이 주축이 된 조선체육협회가 발족하였고, 1920년 7월에는 한국인 중심의 조선체육회(현 대한체육회의 전신)가 창립되었다.

이렇게 일제시대는 우리나라 승마 단체들이 체계적으로 설립되는 시기로 보일 수도 있으나 실상은 우리나라 승마가 급격하게 쇠퇴하게 된 시기였다고 할 수 있다. 말은 저항운동을 하는 데 필수적일 뿐만 아니라 말을 통해 자신감과 심신을 단련시킬 수 있는 효과를 얻을 수 있다. 그런 이유로 해서 확실한 식민통치를 바라던 일제는 한일 병합과 함께 우리나라의 말부터 징발했다고 한다. 또한 우리나라의 애국 지식층은 쉽게 승마나 경마에 동화될 수 없었는데, 그 이유는 승마나 경마가 일본 고유의 풍물이 아님에도 불구하고 일본 군부의 지원을 받고 있었던 까닭으로 보인다. 그 결과 일제시대의 우리 민족은 승마에 대한 저항의식과 부정적 인식을 갖게 되었던 것이다.

그러나 해방 직후인 1945년 9월, 드디어 우리나라 학생들이 주축으로 이루어진 승마 단체인 '한국학생마술연맹'이 결성되었고 같은 해 10월에 '대한승마협회'가 정식으로 발족하게 된다. 이후 우리나라 승마는 예산 등의 이유로 1948년 제14회 런던 올림픽 출전이 한 차례 좌절되는 시련을 겪은 뒤, 1952년 제15회 헬싱키 올림픽에 처음으로 출전한다. 이러한 첫 출전에 힘입어 우리나라 올림픽 승마팀은 이후로도 1960년 제17회 로마 올림픽 경기, 1964년 제18회 동경 올림픽 경기에 참가해 오고 있다.

이후 우리나라의 승마는 독재 정권하에서 산업발전 위주의 정책들로 인해, 20여 년의 침체기에 빠지게 되지만 1980년대 말 스포츠 장려 정책으로 부활하여 1988년 서울올림픽, 1992년 바르셀로나 올림픽에 출전, 국위를 선양하는 데 일익을 담당하게 되었다. 그리하여 2004년 아테네 올림픽에서 국가대표로서 참가한 삼성전자 승마단 선수들이 장애물 비월 단체 9위, 개인 15위라는 괄목할 만한 성장을 이루게 된다.

2부

인간과 함께 한 말 이야기

1장

세계의 말 이야기

대부분 말에 얽힌 이야기는 신화나 전설 속에서 영웅과 함께 등장하는 경우가 많다. 특히 신화에 등장하는 말은 천마(天馬)로서 상상의 동물에 가까우며 그 상징적인 의미 역시 평범하지 않았다. 그만큼 말은 옛사람들에게 신비롭고 비상한 능력을 지닌 신성한 동물로서 인식되었다고 볼 수 있을 것이다.

또한 예로부터 왕들은 자신의 권위를 드러내기 위해서라든지 백성들 앞에서 자신의 존재를 돋보이기 위해서라든지, 자신들의 지위에 걸맞은 명마를 구하는 일에 대단한 관심과 노력, 그리고 원하는 말을 얻기 위해 막대한 거금을 쏟아 붓는 일을 마다하지 않았다고 한다. 하지만 그 때문만은 아니더라도 역사적으로 유명하고 길이길이 회자되는 왕들의 곁에는 동서양을 막론하고 항상 명마가 존재하기 마련이었다. 특히 서양의 알렉산더 대왕이나 나폴레옹, 동양의 항우와 같이 우리에게 이름이 잘 알려진 제왕이나 영웅들 곁에서 때로는 분신으로, 때로는 친구로 그들을 보좌하던 명마들의 이야기는 유명하다.

이렇게 신이나 영웅들과 함께했던 명마에 관한 이야기를 살펴보면 이들 명마가 몇 가지 주목할 만한 특징을 공통적으로 가지고 있는 것을 알 수 있다. 그들은 비록 동물이지만 주인에 대한 충성심이 뛰어나 여느 인간보다 더 높이 평가받고 있으며, 자신에게 주어진 역할을 충실히 해내면서 하나의 인격체로서 대우를 받고 있다는 점이다.

물론 신화 속에 등장하는 천마나 고대의 명마들에 관한 이야기일 경우 그 내용이 객관적 사실을 반영했다기보다는 오랜 시간 전승되면서 상당 부분 각색되었고, 후세 사람들에 의해 말을 부각시켜 그 주인의 위상을 높이려는 목적에 신비스럽거나 과장적으로 강조된 점을 무시하기는 어렵다.

그러나 그럼에도 불구하고 세계의 말 이야기들 속에 등장하는 말에 대한 내용들을 아무 의미 없는 이야기로 치부할 수는 없는 노릇이다. 말에 대한 이야기들이 객관적 사실을 다루지 않고 과장 혹은 각색되거나 신비화되었더라도 그 속에 담겨 있는 고대인들의 말에 대한 사고관과 인식까지 그처럼 변형된 것은 아니기 때문이다. 이 이야기들 속에서 그들이 행했던 객관적 사실만을 살피기보다는 그들의 사고 속에서 말이 어떻게 인식되었는지를 살펴보기 위함이 우리의 목적이며, 나아가 이런 인식들을 통하여 도시 현대문명에서 점차 잊혀가고 있는 말이란 동물을 되살려 볼 수 있을 것이다.

1. 신화와 말

그리스신화

고대 그리스신화는 인도 신화와 더불어 짜임새뿐 아니라 분량에 있어서 오늘날까지 남아 전해지고 있는 가장 풍부한 신화로 손꼽힌다. 그리스신화는 기원전 11~12세기부터 그리스 반도에 거주한 아리아 민족과 그 자손이 가졌던 신화 전설의 총체로서 주로 고대 그리스 문학작품에 수록되고 미술로 표현되어진 신화를 말한다.

그리스신화에 등장하는 이야기들은 초기의 인류가 어떤 모습이었는지를 분명히 밝혀주지는 못한다. 그러나 고대 그리스인들은 외부에서 얻어 들은 이야기들을 그들의 환경과 생활 습관에 맞게 다듬었고, 더 나아가서 새로운 이야기들을 끊임없이 덧붙임으로써 풍부한 신화세계를 만들었다. 그렇기 때문에 고대 그리스 문명이 쇠퇴한 후에도 그리스신화는 고대 로마인들에 의해 정신적 유산으로 높이 평가되었고, 로마인들에게 많은 영향을 미쳐 로마 신화에 대부분 수용되었다. 이런 그리스신화를 통해 우리는 고대 서양인들이 말에 관해 가졌던 풍부한 사고관과 상징들을 엿볼 수 있을 것으로 보인다.

켄타우로스

그리스신화에 나오는 켄타우로스[1]는 상반신은 사람의 모습이고 하반신은 말인 상상의 종족의 일종이라고 볼 수 있다. 켄타우로스

1) 이인식, 『신화상상동물 백과사전 1』, 생각의 나무, 2002, 106-109쪽 참고.

의 하반신에 해당하는 말 부분은 태양에 속하는 남성적인 힘을 상징하며, 상반신인 인간의 모습은 힘을 다스리는 정신에 해당된다. 요컨대 켄타우로스는 덕성과 판단력이라는 인간의 고귀한 본성과 그에 상반되는 인간의 열등한 본성을 동시에 지녔다고 할 수 있다.

켄타우로스는 그리스 중동부 지역인 테살리아의 왕 익시온의 후예들이라고 한다. 신화에 따르면, 어느 날 올림포스 산에서 열린 신들의 잔치에 참석한 익시온은 헤라를 보고 첫눈에 반하게 되었는데, 이를 눈치 챈 제우스가 질투심이 발동해 헤라의 모습을 본떠서 만든 구름을 익시온에게 가져다주었다. 자신이 속은 줄도 모르고 익시온은 구름을 헤라로 착각하여 사랑을 나누었고, 그렇게 해서 태어난 것이 바로 켄타우로스라고 한다.

켄타우로스는 대초원에서 무리지어 사는데, 대부분 성질이 난폭하고 음탕한 종족이었다. 이들은 55살까지 살 수 있었으나 난폭하여 대부분 40살 이전에 피살되거나 전사하였다. 또 술을 너무 좋아해서 종종 만취하여 추태와 난동을 피우는 일이 빈번했다. 그래서 술의 신 디오니소스의 추종자 대열에 합류하는 이가 적지 않았다고 한다.

켄타우로스가 저지른 비행 중에서 가장 널리 알려진 것으로 테살리아 왕의 결혼식을 난장판으로 만든 이야기를 꼽을 수 있다. 사람들과도 곧잘 사귀었던 켄타우로스들은 결혼식에 하객으로 초청받았다. 그런데 잔치가 한창 무르익어 갈 무렵 몇몇의 켄타우로스가 술에 만취해 추악한 본성을 드러내며 신부에게 모욕을 주고 행패를 부렸다. 이를 빌미로 인간과 켄타우로스 간에 혈투가 벌어지고 난장판이 되었다. 결국 싸움에서 진 켄타우로스들은 테살리아를 떠났고, 남아 있던 무리들은 훗날 헤라클레스에 의해 대부분 죽음을 당했다고 한다.

그러나 난폭하고 사나웠던 다른 켄타우로스들과는 달리 케이론은 매우 선량하고 지혜가 뛰어난 것으로 알려져 있다. 케이론은 의술, 음악, 수렵, 예언에 능통하였으며, 결코 죽지 않는 불사의 운명을 타고났다. 아폴론과 아르테미스로부터 가르침을 받은 케이론은 그리스신화에 나오는 대부분의 영웅들을 자신의 제자로 둘 정도였다.

케이론의 죽음에 대해서는 두 가지 설이 전해진다. 케이론을 죽게 만든 장본인은 고의는 아니었지만 헤라클레스였다. 헤라클레스는 자신의 켄타우로스 친구인 폴로스를 만나러 그들의 아지트에 잠시 들렀다가, 몹시 갈증이 나자 폴로스를 설득해 모든 켄타우로스의 공동 자산이었던 포도주 통을 열게 했다. 그때 포도주의 향기로운 냄새를 맡은 다른 켄타우로스들이 그 통을 딴 두 사람을 처벌하기 위해 몰려들었다. 하지만 그들은 천하무적인 헤라클레스의 적수가 되기에는 역부족이었다. 헤라클레스는 켄타우로스

에로스를 등에 태운 켄타우로스의 조각상

들을 모두 물리쳤는데 그 와중에 공격에 전혀 가담하지 않았던 케이론에게까지 상처를 입게 되었다는 것이다.

다른 하나는 케이론은 의술이 뛰어나 죽은 사람도 소생시켰기 때문에 저승의 신 하데스로부터 원망을 샀다. 그 결과 케이론은 하데스의 청탁을 받은 제우스의 독화살을 맞고 쓰러졌다고 한다. 그 뒤 제우스는 불사의 케이론이 영원히 상처의 고통을 받는 것에 연민을 느껴 그를 황도 12궁의 궁수자리, 즉 켄타우로스자리로 만들었다고 전해진다.

페가소스

페가소스[2]는 그리스신화에 등장하는 날개 달린 하얀색의 말인데, 키는 2m 정도며 날개 길이는 5.5m나 된다. 제우스의 아들인 페르세우스가 마녀인 메두사의 목을 베었을 때 그 피가 땅속에 스며들어 페가소스가 태어났다고 전해진다.

페가소스의 이야기는 그리스 미술과 문학에서 인기 있는 주제가 되었고, 고대 후반에 페가소스의 비상은 영혼불멸의 알레고리로 해석되었다. 현대에는 페가소스가 시적 영감의 상징으로 간주되어 예술적인 원천을 제공해 주고 있다.

페가소스는 괴물 키마이라[3]를 죽인 영웅 벨레로폰의 이야기로 유명하다. 벨레로폰은 에피네(코린토스)의 그 유명한 시시포스의 손자이자 왕인 글라우코스의 아들이다. 벨레로폰의 아버지로 알려진 코린토스의 왕 글라우코스는 위대한 기수였는데, 전투에서 말들

---

2) 이인식, 위의 책, 21-23쪽 참고.

3) 상반신은 사자와 산양을 합친 모습이고 하반신은 용의 모습을 하고 있는 괴물

페가소스가 그려진 아테네의 도자기

을 사납게 만들기 위해 인육을 먹이기까지 했다고 한다. 그 일로 신들의 노여움을 산 글라우코스는 자신의 마차에서 떨어졌고, 바로 자신의 말들이 그를 갈기갈기 찢어 먹어치웠다고 한다. 다른 소문에 의하면 벨레로폰은 바다의 신인 포세이돈과 인간이지만 지혜와 총명함이 신들과 맞먹을 정도인 에우리노메 사이에서 태어난 아들이라고도 전해진다.

벨레로폰은 키마이라를 퇴치하러 가기 전에 코린토스의 현명한 예언자 폴리도스(Polyidus)에게 상의하였다. 폴리도스는 벨레로폰에게 할 수만 있으면 페가소스를 얻어 가지고 가는 것이 더 유리하다고 전한다. 그리고 벨레로폰에게 페가소스를 얻으려면 전쟁의 여신인 아테나의 신전에서 밤을 지내라고 알려준다. 페가소스는 태어난 직후부터 아테나가 길들여서 자신의 신전에 데리고 있기 때문이다.

벨레로폰이 신전에서 잠들었을 때, 아테나는 순금으로 된 고삐를 가지고 조용히 다가와 그가 잠에서 깨어났을 때 고삐를 건네준다. 그리고 아테나는 벨레로폰에게 샘 페이레네(Pirene)에서 물을 마시고 있는 페가소스를 보여준다. 페가소스는 고삐를 보자 아무런 저항 없이 자진해 와서 벨레로폰에게 잡힌다. 힘들이지 않고 페가소스를 얻은 벨레로폰은 곧바로 날개 달린 페가소스를 타고 공중으로 올라가서 키마이라를 발견하고 쉽게 그 괴물을 정복하였다.

그러나 훗날 벨레로폰은 왕위의 계승자가 되었으나 그의 오만한 태도 때문에 신들을 노하게 했다. 벨레로폰이 신들과 어울리기 위해 페가소스를 타고 그리스의 여러 신들이 살고 있는 올림포스 산으로 올라가려는 시도를 했기 때문이었다. 결국 제우스는 한 마리의 등에를 보내 페가소스를 물게 하였고, 이에 놀란 페가소스는 벨레로폰을 등에서 떨어뜨렸다. 말에서 떨어진 벨레로폰은 절름발이가 되고 눈까지 멀어 방황하다 비참하게 죽었다. 그리고 페가소스는 제우스에게 붙잡혀 그의 전차를 끄는 신세가 되고 말았다.

페가소스처럼 날개 달린 말은 그리스인들만이 상상했던 것은 아니었던 것으로 보인다. 페가소스는 기원전 13세기부터 메소포타미아의 예술 작품에 등장했을 뿐만 아니라, 기원전 265년부터 카르타고의 화폐에도 나타난 것으로 알려진다.

유니콘

유니콘[4]은 이마에 뿔이 하나 달린 말로 새끼 염소와 비슷하게 생겼고, 불가사의한 상징으로 아직도 오랜 신비를 간직하고 있다.

유니콘은 환상적인 아름다움을 지닌 말이지만, 중세 유럽 우화에는 잔혹한 맹수로 등장한 경우가 많았던 것으로 보인다. 유니콘의 특기는 물거나 발로 차는 것이며 이마의 뿔은 칼처럼 날카로워서 코끼리도 관통시킬 수 있었다. 또 유니콘을 산 채로 잡는 것은 거의 불가능했고, 전설에 따르면 처녀만이 유니콘을 길들일 수 있었다고 한다.

유니콘은 가장 오래된 메소포타미아 회화 예술에 처음으로 나타났다. 이후 인도의 고대신화에도 등장했고, 점차 동남아시아와 중국에까지 퍼져나갔다. 중국에서는 기원전 27세기경에 온화한 기린의 모습에서 찾을 수 있다. 그리스 문학에서 이 외뿔 짐승(그리스어로 모노케로스, 라틴어로 우니코르니스)에 대한 최초의 기술은 크테시아스(기원전 400경)에 의해 이루어졌다. 그는 유니콘을 "몸은 희고 머리는 자줏빛이며 푸른 눈을 가졌고, 이마에는 50㎝ 정도의 끝은 붉고 중간은 검고 밑 부분은 흰 뿔이 달려 있으며, 크기가 말만한 인도 야생 당나귀처럼 생긴 동물"이라고 기록하고 있다.

유니콘의 대표적인 특징은 그 이름에서 알 수 있듯이 한 개의 뿔이다. 이마의 중간에 돌출한 이 뿔은 아래는 흰색, 중간은 검은색, 끝은 진홍색으로 얼룩덜룩해 보인다. 유니콘의 뿔을 구성하는 물질에 대해서는 알려진 바가 없지만, 이 뿔에서 나오는 피를 마시는 사람은 위통과 간질을 치료하고 해독 기능이 아주 뛰어났다고 한다. 중세 유럽에서는 유니콘의 뿔을 물에 그저 담그기만 해도

---

4) 이인식, 위의 책, 26-29쪽 참고.

바다와 호수 전체를 깨끗이 할 수 있다고 믿었다고 한다. 이러한 특유의 해독 기능 때문에 유니콘의 뿔은 어마어마하게 비쌌던 것으로 보인다. 1641년 영국 왕실 재산으로 런던탑에 보관 중이던 유니콘의 뿔 한 개의 값이 4만 파운드로 책정되었다는 것만 보아도 짐작이 간다.

유니콘은 유라시아, 특히 인도에 많이 서식했는데 수풀에서 말처럼 풀을 뜯어 먹으며 살았다. 그러다 때로는 사자나 호랑이에게 잡아먹히기도 했다고 한다. 이들의 수명은 40~60년 정도로 알려졌다. 이 동물은 특히 발이 무척 빨라 잡기가 매우 어려웠다고 한다. 하지만 오늘날 크테시아스가 말한 동물은 아마도 실제로는 인도의 코뿔소였을 것으로 추측된다.

로마의 플리니우스는 『박물지』에서 유니콘에 대해 다음과 같이 기록해 놓았다. “인도에서 이상한 짐승을 잡았다. 몸통은 말과 비슷하고, 머리는 사슴과 비슷하며, 발은 코끼리를 닮고, 꼬리는 멧돼지를 닮은 일각수(一角獸)였다. 이 짐승이 우는소리는 매우 구슬펐다. 길고 검은 뿔이 이마 한가운데에 달려 있었으며, 산 채로 잡을 수 없었다.”라고 밝히고 있다.

유니콘은 본성이 사납고 길들여지지 않는 짐승이지만, 자신의 새끼에게는 아주 헌신적이며 젊은 처녀 앞에서는 유순하게 행동했다고 한다. 그 특징에 걸맞게 유니콘은 정결과 청순을 상징하는 동물이었다. 또한 유니콘은 힘이 세고 빨라서 정상적인 방법으로는 붙잡을 수 없었다고 한다. 유니콘의 모든 힘은 그 뿔 속에 있는데, 적을 만나면 뿔을 칼처럼 자유자재로 움직여서 갑옷과 방패를 뚫을 수 있었다. 때문에 아주 능숙한 사냥꾼일지라도 붙잡기가

처녀와 유니콘을 그린 프레스코화

쉽지 않았다. 그러나 뿔을 역이용하면 오히려 유니콘을 골탕 먹일 수도 있었다. 큰 나무 앞에 서 있다가 유니콘이 돌진해 오는 마지막 순간에 몸을 옆으로 비키면 뿔이 나무에 박혀서 유니콘은 꼼짝없이 잡히는 신세가 되었다.

유니콘을 붙잡을 수 있는 또 다른 방법이 있었는데 이 방법은 유니콘이 순결한 여자를 사랑하는 것을 이용하는 것이다. 먼저 젊은 처녀를 데리고 들로 나가서 유니콘이 지나가는 길목에 앉힌다. 그러면 처녀를 발견한 유니콘은 그녀 옆에 앉아 그녀의 무릎 위에 머리를 눕히고 곧 잠이 들었다고 한다. 그때 사냥꾼들이 달려가서 잠든 유니콘을 사로잡을 수 있었다. 그러나 이런 이야기들은 어디까지나 인간의 상상력에서 기인한 것이어서 증명할 수는 없다.

그리스도교에서는 유니콘이 예수의 생애를 상징적으로 보여준다고 생각했다. 하나의 뿔은 신의 독생자로서의 예수를 가리키며,

해독제로서의 뿔은 죄를 사한 예수의 힘을 상징하는 것으로 믿었다. 그리고 청순을 나타내는 유니콘은 성모 마리아를 통해 사람으로 태어난 예수를 지칭하는 의미로 통했다. 또 유니콘의 죽음은 예수의 성스러운 죽음을 상기시키는 구실을 했다. 그러나 1563년 로마 교황청에서는 예수를 유니콘에 비유하지 못하도록 했다고 전해진다.

북유럽 신화

북유럽 신화는 그리스 로마 신화, 켈트 신화와 더불어 유럽의 3대 신화를 이룬다. 켈트인을 밀어내고 로마를 무너뜨린 게르만인은 본래 북유럽에 살다가 중부 유럽으로 퍼져나간 것으로 알려져 있다. 그들도 영국의 베어울프 이야기나 독일의 지크프리트 이야기를 파생시킨 자기들의 신화를 가지고 있었다. 그러나 로마 문명의 유산과 접하면서 기독교로 개종했기 때문에 본래의 게르만 신화는 자취를 감추고 말았다.

게르만 신화가 유럽 문명사회에 다시 알려진 것은 9세기부터 시작된 바이킹의 활약 때문이었다. 바이킹은 게르만 대이동 때 북유럽에 남아 있던 게르만의 일파로 흔히 노르만인이라고도 한다. 이들은 기독교의 영향을 받지 않고 자기들 고유의 신화를 간직하고 있었기 때문에 원형 그대로 유럽 사회에 전해 주었다. 이렇게 바이킹이 간직하고 있던 게르만 신화를 북유럽 신화라고 한다. 또 이 신화를 기록한 문헌들이 대개 노르웨이어로 쓰여졌기 때문에 노르웨이 신화라고도 한다. 그러니까 북유럽 신화는 영국과 독일의 게르만인도 다 같이 공유하던 게르만 신화의 한 분파인 동시에 오늘날에는 온전하게 남아 있는 유일한 게르만 신화라고 할 수 있다.

게르만 신화의 내용을 우리에게 전해주는 가장 중요한 원전은 13세기에 아이슬란드에서 쓰여졌다. 『고(古) 에다』라 총칭되는 신화와 영웅 전설을 주제로 한 시는, 사본에 기록된 것은 13세기로 추측되지만 시가 만들어진 시기는 그보다 훨씬 앞선 800년경부터 1100년경이라고 추정할 수 있다. 이것과 견줄 만한 중요한 자료로는 아이슬란드의 학자이며 문인, 또 정치가였던 스놀리 스툴루손(1178~1241년)에 의해서 시학의 입문서로 쓰여진 『에다』가 있다.

현존하는 북유럽 신화의 문헌자료인 타키투스의 저서 『게르마니아』에 의하면, 북유럽 신화는 그리스로마신화처럼 세련된 맛보다는 꾸밈없고 직선적인 태도로 원시적인 생명력과 인간의 본능을 보여주는 것으로 드러난다.

북유럽 신화에서 '신과 거인의 대결'은 어느 한쪽의 승리가 아닌 신과 거인의 공멸, 그리고 이 세상의 완전무결한 파국 뒤에 새로운 세상이 오는 것으로 되어 있다. 그래서 북유럽 신화는 어둡고 비관적이며, 신화에서 인간의 수호자인 신은 불사의 신이 아니라 종종 허망하게 죽기도 한다. 또 북유럽 신화는 자연의 힘을 한없이 두려워하던 원시시대의 세계관을 간직하고 있어서 그리스 로마 신화에 비해 상대적으로 인간의 이야기가 그렇게 많지 않다.

슬레이프니르

오딘은 북유럽 신화에 나오는 주신(主神)이다. 북유럽 신화에 따르면 이 세상에 최초로 태어난 생명체는 거인 이미르였다. 이미르는 자신의 뒤를 이어 태어난 암소 아우둠라의 젖을 먹고 자랐다. 그 암소가 얼음을 핥자 그 속에서 어떤 사내가 태어났고, 그 사내는 아들 보르를 낳았다. 보르는 거인족의 여인과 결혼하여 오딘, 빌리, 베라는 세 아들을 두었다. 이렇게 해서 신들의 아버지로 불리게 되는 최고신 오딘이 탄생한 것이다.

그러나 오딘은 동생들과 합심하여 서리 거인족의 우두머리인 이미르를 죽였다. 이들은 이미르의 살로 육지를 만들고, 뼈로 산과 언덕, 돌과 바위를 만들었다. 그리고 피는 호수와 바다를 만들고, 두개골로 하늘을 만들었다. 또 그들은 물 위에 떠다니는 두 개의 통나무를 발견하고 남자와 여자를 창조하여 남자는 아스크(물푸레나무), 여자는 엠브라(느릅나무)라는 이름을 붙였다. 이렇게 세계를 창조한 오딘은 대지의 딸 프리그와 결혼하여 신족을 크게 번성시켰다.

슬레이프니르는 이 북유럽 신화의 주신 오딘이 탔던 발이 여덟 개 달린 마법의 말이다. 이 말은 변신의 능력을 지닌 악한 신 로키가 암말로 변한 다음, 스바질파리라고 하는 괴력의 수말과 교미하여 태어났다고 전해져 내려온다. 오딘은 늑대와 까마귀들을 데리고 전쟁터로 향할 때, 죽은 자들의 영혼에 둘러싸여 슬레이프니르를 타고 하늘을 가로질러 달려 나갔다고 한다.

슬레이프니르는 발이 매우 빨라서 거인 흐룽그니르의 말과 겨루었을 때, 상대편이 말에 올라타는 것보다 더 빠르게 멀리 있는 언덕을 넘어갔다고 한다. 슬레이프니르는 지상이나 신들이 사는 나라뿐 아니라, 죽은 자들이 사는 지옥까지 쉴 새 없이 달려가는 능력을 갖고 있었다. 또 신화에 따르면, 이 세상의 종말이 오면

슬레이프니르에 탄 오딘을 표현한 석화

슬레이프니르는 괴물들과 싸우기 위해서 주신인 오딘을 태우고 싸움터로 나간다고 한다.5)

페르시아 신화

페르시아 신화는 초자연적인 존재들이나 고대의 기원과 관련된 전통적인 이야기들로 이루어져 있다. 또 선과 악의 대결이나 신들의 행적, 그리고 영웅들과 전설적인 동물들의 공적 등을 통해 페르시아 사회의 태도를 반영하고 있다.

고대 이란인들의 신과 세계 창조에 관한 이야기들은 조로아스터교도의 종교적 구절들에서 많이 발견된다. 조로아스터교의 창시자인 조로아스터는 중앙아시아의 코레즈미아(Khorezmia), 또는 그보

---

5) 강응천, 『북유럽 신화』, 현대지성사, 2002 참고.

다 훨씬 더 멀리 떨어진 북동부 지역에서 살았던 것으로 추정된다. 조로아스터교의 경전인 『아베스타』가 기원전 1400년에서 1200년 사이에 쓰여진 것으로 보아 조로아스터는 기원전 1000년경에 생존하고 있었던 것으로 보인다. 일부 학자들은 기원전 7세기 말과 6세기 초를 조로아스터의 생존시기로 추정하지만, 그가 생존했을 가능성은 상대적으로 희박해 보인다.

조로아스터교의 경전은 조로아스터교 성직자들에 의해 기록되었으며 오랜 기간에 걸쳐 구전을 통해 전해졌다. 후기의 자료들에 따르면 『아베스타』는 원래 소가죽 위에 황금색으로 쓰여져 이스타크르(Istakhr)에 보관되었으며, 나중에 알렉산더에 의해 파괴되었다고 한다. 오늘날 남아 있는 『아베스타』는 13세기 또는 14세기의 것으로 추정되며, 『아베스타』 원전의 일부분만이 포함되어 있을 뿐이라고 한다. 『아베스타』의 한 부분을 이루고 있는 야시트 신화에서는 초자연적이면서 동시에 인간적인 적에 대항해서 신과 왕 그리고 전사들이 벌였던 영웅적인 행위들이 기록되어 있다.

이러한 많은 신화들은 시인 피르다우시(Firdausi)가 운문 형태의 서사시로 1010년에 완성한 『샤나메(왕들의 책)』에서 다시 등장한다. 초기 문헌에 대단히 정통했던 피르다우시 같은 작가들에 의해 초기 문헌의 잔존이 가능할 수 있었다. 그 덕분에 오늘날까지 페르시아의 신화와 이야기를 구전과 더불어 문헌 자료들로 보존해 올 수 있게 되었다.

대부분의 이란인들이 페르시아의 신화와 이야기를 어느 정도 알고 있다는 사실을 통해 페르시아 신화와 이야기의 중요성이 현대 페르시아 사회와 밀접한 관련성이 있다는 것을 알 수 있다.

특히 『샤나메』는 그것이 갖는 문학적 가치뿐만 아니라 과거의 신화와 역사를 페르시아어로 보존하고 있다는 점에서 페르시아인의 삶과 문화에서 결정적인 역할을 수행하고 있다고 한다.[6]

라크시[7]

페르시아의 신화에 등장하는 영웅 루스탐은 왕 중의 왕 카이쿠바드를 구출하기 위해서 원정길을 떠나게 된다. 루스탐은 떠나기 전에 그가 태어난 곳인 자불리스탄의 모든 짐승의 무리들 중에서 자신에게 적합한 말을 찾는다. 그러나 모든 말들이 루스탐이 누르는 무게를 견디어 내지 못하고 배가 땅바닥으로 축 늘어졌다. 때마침 루스탐은 두 개의 단검처럼 튀어나온 귀를 가진 사자와 닮은 암말 한 마리를 발견한다. 그 뒤를 골격이 어미를 닮은 새끼 한 마리가 짧고 빠른 발걸음으로 암말 뒤를 따라왔다. 그 말은 검은색 눈과 긴 꼬리, 강철과 같은 발굽을 가졌다. 새끼 말의 흰빛을 띤 몸에는 빨간색 반점들이 하늘의 태양처럼 빛나고 있었다. 비록 새끼에 불과했지만 그 말의 신장은 낙타와 같고 힘은 인도의 코끼리와 흡사했다.

루스탐이 올가미 밧줄을 새끼 말인 라크시의 머리 위로 던지자 어미 말이 루스탐을 향해 사납게 공격했다. 그러자 루스탐은 사자와 같은 포효로 어미 말을 겁주어 내쫓았다. 마침내 루스탐은 라크시를 붙잡아 한 손으로 라크시의 등을 누르면서 재빨리 올라탔다.

---

6) 하선미, 『세계의 신화 전설』, 혜원출판사, 1998, 73-75쪽 참고.

7) 베스타 S. 커티스, 임 웅 역, 『페르시아 신화』, 범우사, 2003, 96-100쪽 참고.

라크시를 탄 루스탐을 그린 그림

이렇게 해서 라크시는 루스탐과 함께 모험을 하게 된다. 그리고 라크시는 루스탐과 함께 루스탐의 이복동생에게 살해될 때까지, 루스탐의 충실한 종복이자 동료로서 자기의 임무를 끝까지 수행한다.

라크시의 비상한 지능과 루스탐에 대한 헌신은 루스탐의 일곱 번의 모험에서 나타나는 영웅적인 행위들을 통해 잘 입증된다. 피르다우시는 이 멋진 말을 '왕 중의 왕' 그리고 '영웅 중의 영웅'과 같은 타이틀을 모방해서 '모든 라크시 중의 라크시'라고 불렀다고 전해진다.

첫 번째 모험에서 루스탐은 사자가 다가오는 것도 모르고 갈대밭에서 휴식을 취하기 위해 칼을 내려놓고 쉬고 있었다. 그때 라크시가 사자를 발견하고 앞발로 공격하고 사자의 등을 물어뜯는다. 그러나 루스탐은 깨어나자마자 죽어 있는 사자를 보고 오히려 죽음을 무릅쓰고 사자와 싸운 라크시를 나무란다.

루스탐은 휴식을 취하기 전에 라크시에게 사자나 용과 싸우지 말도록 경고한다. 얼마 되지 않아 머리에서 꼬리까지 80미터에

용을 물리치는 루스탐을 그린 그림

이르는 거대한 용 한 마리가 나타난다. 고민에 빠진 라크시는 발굽으로 땅을 파면서 주인을 깨우려고 했다. 그러나 루스탐이 눈을 떴을 때는 용은 이미 사라지고 라크시는 수면을 방해했다는 이유로 루스탐에게 꾸지람을 듣는다. 용은 똑같은 행동을 반복했고 라크시가 루스탐을 깨울 때마다 같은 상황이 벌어졌다.

마침내 루스탐은 화를 참지 못하고 라크시의 목을 베어버리겠다고 위협했다. 또 다시 용이 불과 연기를 내뿜으면서 위협적인 모습으로 나타났다. 라크시는 루스탐의 위협을 무시해 버리고 흥분과 분노로 포효하면서 땅이 쪼개질 듯이 앞발로 찼다. 이때 잠에서 깨어난 루스탐은 드디어 용의 불꽃을 보게 되었다. 그때까지 마법에 걸린 것처럼 넋을 잃고 있던 라크시는 루스탐이 용을 칼로 내리치고 머리를 베는 동안에 용을 공격해서 어깨를 물어뜯었다.

이렇듯 죽음이 위대한 영웅 루스탐을 위협할 때조차도 라크시는 주인을 구하기 위해 목숨을 걸고 맞서 싸웠던 것이다.

세 다리 당나귀[8]

세 다리 당나귀에 관한 이야기는 『분다히시』에 실려 있다. 9세기경에 나온 『분다히시』는 조로아스터교의 경전을 해설한 주석서 가운데 하나로 알려져 있다. 이 백과사전에 특이한 당나귀 이야기가 있어 소개하고자 한다.

바다 한가운데에 살고 있는 이 당나귀는 발이 세 개에 눈은 여섯 개다. 그리고 입은 아홉 개 달렸으며, 귀는 두 개에다 뿔은 하나였다. 그런데 여섯 개의 눈 중에서 두 개는 원래 있어야 할 자리에 있지만 나머지는 전혀 다른 곳에 위치하고 있다. 두 개는 머리끝에, 또 다른 두 개는 목덜미에 달려 있다. 그래서 이 당나귀는 여섯 개의 눈을 가지고 관통력으로 모든 것을 굴복시키고 파괴할 수 있다고 전해진다. 아홉 개의 입들도 눈과 마찬가지로 위치가 제각각이다. 세 개는 머리에 달려 있고, 다른 세 개는 목덜미에 달려 있으며, 나머지 세 개는 옆구리 안쪽에 달려 있다. 또 이 당나귀가 땅을 내딛는 발굽의 크기는 1,000마리가 넘는 양떼들이 놀 수 있는 자리를 차지할 정도였다고 한다. 뒷발톱 아래에서만도 1,000명에 달하는 기병이 연습할 수 있을 정도였다고 전해지고 있다.

속이 텅 비었지만 금으로 만든 것처럼 생긴 이 동물의 뿔에는

---

8) 이인식, 위의 책, 18-20쪽 참고.

수천 개가 넘는 가지가 달려 있었다. 그리고 한 개의 뿔로 승리를 쟁취할 수 있었으며 더러운 부패를 일소할 수 있었다고 한다. 세 다리 당나귀의 털은 순백색이고, 항상 영적인 것만을 먹었으며, 언제나 당당하게 행동했다고 한다. 보석의 일종인 호박은 이 세 다리 당나귀의 배설물로 알려져 있다.

중국 신화

중국에서 신화와 전설이 기록되게 된 시대인 지금부터 대략 2천 수백 년 이전, 춘추전국 시대부터 한대(漢代)에 이르는 시기는 한민족이 주로 황하의 중하류 지역에서 활동하고 있었다. 북방의 몽고고원이나 동북지역(만주), 서쪽의 감숙(甘肅), 신강(新疆) 등의 서역, 그리고 양자강 유역 이남의 지방은 거의 소수 민족 선조들의 세계였다.

이 시기에 한민족과 그 주위에 살고 있는 다른 계통의 민족 사이에 교류가 성행하였기 때문에 문화적인 측면에서 서로 영향을 미쳤을 것으로 보인다. 그러나 서로 민족의 계통이 다르기 때문에 각 민족의 말로 전해져 온 신화와 전설에도 역시 차이가 있다고 보아야 한다.

대부분의 소수 민족은 예부터 자신들의 문자를 갖지 않았기 때문에 전승된 신화는 최근까지 기록되지 않았다. 이에 반해 한민족의 경우는 4천 년 전부터 문자를 가져 학술 문화가 오래 전부터 번창하였다. 게다가 그 민족성이나 당시의 시대사조는 현실주의, 공리주의의 성격이 강했기 때문에 신화와 전설을 허구로 여기고 경시하는 경향이 있어 구전되고 있던 신화를 기록한 일은 거의 없었다. 간혹 기록에 남긴 일이 있더라도 전승되고 있던 그대로가 아니라 어느 일부분만을 발췌하였고 거기에 나름대로 해석을 덧붙여서 우화(寓話)로 만들거나, 역사상의 이야기로 슬쩍 바꾸어서 신화 본래의 면모를 상당히 변질시켰다고 한다.[9]

이처럼 중국이 유구한 역사에 비해 상대적으로 신화적 유산이 빈약한 것에 대한 이유에 대해서 노신은 『중국소설사략』에서 다음과 같이 밝힌 바 있다.

자연의 혜택을 받기 어려운 황하유역에 살았던 한족들은 현실적인 사고를 가졌던 만큼 허황된 생각들은 멀리 하고 근면한 생활을 중요시했다. 그래서 전설을 집대성하는 것은 불가능했다는 것이다. 또 공자가 출현한 이후 수신(修身)・제가(齊家)・치국(治國)・평천하(平天下) 등의 실용주의적인 처신을 교훈삼아 귀신을 말하려고 하지 않았다. 유교적인 사상에 의해 아주 오랜 옛날의 황당한 이야기들은 함부로 입에 올리지 않았던 것이다. 이런 까닭에 신화는 특별히 발전하지 못했을 뿐 아니라 있었다고 해도 쉽게 흩어져 없어져 버리고 말았다.

목왕의 8준마[10]

주 목왕(周 穆王, 기원전 1001~957년)은 주나라의 5대째 천자로 55년간 재위하고 천수를 누리다 105세에 죽었다. 목왕은 목천자(穆

9) 하선미, 위의 책, 210-211쪽 참고.

10) 황룡강, 「생각하며 읽는 글」, 『월간 마장(馬場)』, 1991년 5월호, 마장사, 94쪽 참고.

天子)라고도 하는데 「목천자전」이라는 죽간문서가 후대에 발굴된 데서 연유한 것이다. 이 죽간문서에는 당시의 신화, 지리, 풍속, 천문, 역법, 예법 등 온갖 박물지적인 내용이 가득 차 있어서 중요한 문헌자료가 되었다.

「목천자전」은 목왕이 8준마를 타고 서쪽으로 여행하여 곤륜산에서 서왕모(하백, 여호와 삼신할머니)를 만나고 돌아오는 등 목왕이 서방(서역국)을 여행한 기록이 담겨 있다.

목왕이 천하를 순시할 때 수레를 이끄는 여덟 마리 준마 중에서 어떤 말은 너무 빨리 달려서 발에 흙이 묻지 않을 정도였고, 어떤 말은 새보다도 더 빨리 날아서 목적지에 도착했다고 한다. 또 하룻밤에 만 리를 달리는 천마도 있었고, 등에 날개가 돋아서 하늘을 자유자재로 날아다닐 수 있는 천마도 있었다고 한다. 이처럼 목왕의 여덟 마리 천마는 모두 신비로운 능력을 가지고 있었다.

『열자』 제3편에 주나라 목왕이 8준마를 타고 천하를 유람하던 이야기가 나온다. 당시 목왕의 마부는 조보로서 그는 오늘날까지도 수레몰이의 1인자로 명성을 남긴 사람이었다. 그 조보가 도림산 준마를 여러 마리 구해다 바쳤다. 왕은 기뻐하여 조보에게 자신의 수레를 끌게 했다. 이 말들의 이름은 이렇다. 복마(가운데 두 말) 중 오른쪽 말은 화류고 왼쪽 말은 녹이였다. 부마(바깥쪽 두 말) 중 오른 쪽 말은 적기고 왼쪽 말은 백의였다. 그리고 만약의 경우를 대비하여 예비용 수레를 따르게 했다. 이 부마의 오른 쪽 복마는 거황이고 왼쪽은 유수였다. 오른쪽 부마는 산자요 왼쪽은 도려였다. 이 수레는 참백이 몰았다.

목왕은 8준마를 타고 천하를 순시하면서 곤륜산을 찾아가 물의 신 하백을 만나고, 황제 헌원(여호와 삼신 상제의 둘째 아들)의 궁전을 구경하기도 했다. 곤륜산의 꼭대기에는 네모난 광장이 있고, 주위의 난간에는 경옥(硬玉)이 둘러져 있고, 사방의 구석마다 아홉 개의 우물과 아홉 개의 문이 있었다. 이 아홉 개의 문을 지나 들어가면 바로 천제가 계시는 궁전이 보이는데, 다섯 개의 성곽에 둘러싸여 있으며, 열두 개의 높은 누각으로 꾸며져 있었다.

누각의 오른쪽에는 새의 깃털도 가라앉지 않는다는 약수(弱水)가 있고, 그 왼쪽에는 요지(瑤池) 연못이 있었다. 누각의 동서남북에 주수(珠樹), 옥수(玉樹), 선수(璇樹)나무가 자라나 있고, 봉황새와 난조(鸞鳥)가 노닐고 있었다. 또, 사당수(沙棠樹)와 낭간수가 있었는데, 낭간수는 진주와 같은 예쁜 구슬을 열매로 맺는 귀중한 보배나무이다. 문옥수(文玉樹) 나무에는 오색이 영롱한 아름다운 구슬이 영글어 있었다. 또한 열매를 먹으면 장생불사한다는 불사수(不死樹)도 있었다.

예천(醴泉)에서 흐르는 맑은 찬물은 물맛이 감미로우며, 강물가에는 진기하고 묘한 화초들이 우거져 더없이 아름다웠다. 곤륜산 황제의 궁전 입구에는 문을 지키는 개명수(開明獸)라는 머리가 아홉 개나 있는 짐승이 있었는데, 이 개명수의 머리는 모두 사람의 얼굴을 하고 있었다. 또한 곤륜산의 옥이 자라나는 낭간수는 매우 귀한 보물이어서, 황제는 특별히 눈이 밝고 세 개의 머리가 달린 이주(離朱)라는 사신을 보내어 보물을 지키게 했다. 이주는 세 개의 머리로 돌아가며 잠을 자다 차례로 깨어나는데, 작은 먼지까지도 찾아낼 수 있는 밝은 눈으로 하루 종일 이 낭간수를 지켰다. 또한 약수(弱水)의 주위에는 불꽃이 이글거리는 큰 산이 있고, 그곳에 나무 한 그루가 있는데, 그 나무는 절대 꺼지지 않은 채 밤낮으로 계속 불타면서 항상 황제의 궁전을 비추어 주었다고 한다.

그 큰 불 속에는 소보다 더 큰 쥐가 살고 있었는데, 그 쥐는 무게가 천근이고, 털의 길이는 두 자나 되었는데, 그 털은 명주실만큼 가늘었다고 한다. 이 쥐는 불 속에서만 살아서 온 몸이 붉은색인데 일단 밖으로 나오면 곧 눈처럼 새하얀 빛으로 변하였다. 그 쥐가 밖으로 나왔을 때 얼른 물을 뿌리면 금방 죽었는데, 그 쥐의 털로 옷을 지어 입으면 영원히 세탁을 할 필요가 없었다고 한다. 또 더러워지면 불에 한 번 태우기만 하면 다시 하얗게 변했다고 한다. 그래서 사람들은 그 옷감은 화완포(火浣布)라 불렀다고 전해진다.

곤륜산을 구경하고 난 목왕은 다시 서쪽으로 가서 서왕모(여호와 성모)가 살고 있는 엄자산으로 갔다. 이 엄자산에는 말의 몸에 새의 날개를 하고 사람의 얼굴에 뱀의 꼬리를 한 숙호라는 짐승이 살고 있었다. 또한 생김새가 올빼미와 같고 사람의 얼굴을 하고 원숭이의 몸에 개의 꼬리를 한 새가 살고 있었다. 이곳에서 목왕은 서왕모에게서 갖가지 옥과 비단 등 귀한 선물을 받았다.

산해경(山海經)에 따르면 서왕모는 중국 서쪽의 옥산(玉山)이라는 산에 살며, 그 형상은 사람을 닮았고 표범의 꼬리에 호랑이의 이빨을 가졌다. 또 휘파람을 잘 불며 봉발(蓬髮)에 화승(華勝: 머리장식)을 달고 하늘의 재앙과 5형(五刑)을 주관하고 있다.

서왕모는 신비적이고 기품이 높은 여신이며, 동왕공(東王公)이라는 동방의 남신(男神)과 한 쌍의 여신이라고도 한다. 「목천자전(穆天子傳)」, 「한무내전(漢武內傳)」 등의 소설에는 주목왕(周穆王)이나 한(漢)의 무제(武帝)와 교섭을 가진 서방 나라의 실존적 여왕으로 묘사되고 있다, 후세에 도교(道敎)에서 숭배하는 신으로서 민중 신앙의 대상이 되기도 했다.

목왕은 그곳에서 서왕모(곤륜산의 선녀)의 손님이 되어 요지에서 연회를 벌이고 놀았다. 목왕은 탄식하여 말하기를, "아아! 짐은 덕을 쌓지도 못했는데 이런 큰 즐거움을 누렸으니 후세에 짐의 잘못을 책망하는 자 있을 것이다."라고 하였다. 그러나 목왕은 유람의 즐거움을 극진히 누리면서도 백 년이나 장수했으니 거의 신인이었다고 할 수 있다.

기린

기린은 중국 영수(靈獸)의 일종으로 중국 고대부터 내려오는 오행사상에서 동서남북의 중앙의 위치를 차지한다. 그리고 기린은 360종류의 털 있는 짐승의 우두머리로 간주되었다. 기린은 사슴과 소가 교미하여 생겨난 것으로 알려진다. 그 생김새를 보면 몸은 사슴, 꼬리는 소, 말의 발굽을 갖고 있으며 머리에는 한 개의 뿔이 달려 있다. 그리고 길이는 5m나 된다고 한다. 기린의 이마에 난 뿔은 각소(角素), 즉 케라틴이 자라난 유니콘의 뿔과 달리 살이 변해서 된 것이라고 한다. 이런 뿔의 길이는 약 30cm 정도라고 전해진다. 시간이 지나면서 기린의 몸에는 용의 비늘이 덮였고 용의 얼굴을 가진 것도 등장했다.[11]

기린은 중국의 가공동물로 일각수(一角獸)라고도 불린다. 남성으

11) 구사노 다쿠미, 『환상동물사전』, 들녘, 2002, 48쪽 참고.

로 양(陽)인 기(麒)와 여성으로 음(陰)인 린(麟)이 결합된 것이다. 음양의 결합인 기린은 은혜, 선의, 풍요를 상징하며 성인이나 명군의 탄생을 알려주는 기능도 갖고 있다. 그래서 '기린에 올라타는 것'은 명성을 떨침을 의미하였다. 중국 미술에서 성인이나 신선이 기린에 올라탄 모습으로 묘사되는 것은 그 탁월한 자질을 나타낸 것을 뜻한다. 남달리 총명한 아이는 '기린아'라고 불리는 이유가 여기에 있다. 또한 기린은 매우 온순한 성격의 동물로서 뿔로 사람을 공격하여 다치게 하는 일이 없다고 전해진다. 뿔은 부드러워 인애를 상징하며 뿔이 한 개밖에 없는 것은 한 사람의 위대한 군주 아래로 세계가 통일되는 것을 의미한다고 한다.

채옹(蔡邕, 133~192년)은 기린이 오행(五行)의 화신이라고 했는데, 이것은 기린이 5원소(세계를 구성하는 5행: 木, 火, 土, 金, 水)와 5덕의 구체적인 상징으로 5가지의 색(赤, 黃, 靑, 白, 黑)을 가지기 때문이었다. 일각수의 모습을 취하지 않았을 경우에 기린은 하나의

상상 속 동물인 기린이 그려진 천마총의 벽화

뿔을 가진 용의 머리에 사자의 갈기, 수사슴의 몸통, 황소의 꼬리를 가진 복합동물로서 묘사되었고 물 위에서도 걸을 수 있다고 전해진다.

용은 모든 동물을 상징하고, 봉황이 모든 조류를 상징하며, 거북이 모든 바다짐승을 나타내는 것과 같이 기린은 모든 네 발 달린 육지 짐승을 상징한다. 또한 기린은 살아 있는 모든 생물에 대한 완벽한 사랑, 친절, 자비심을 나타낸다고 한다.

기린은 1000년 동안 살지만 거의 눈에 띄지 않았으며 유니콘보다 힘이 세고 붙잡거나 죽일 수 없다고 한다. 그러나 매우 유순하여 다른 동물들에게 해로운 짓을 절대로 하지 않았다. 기린은 비록 곤충일지라도 밟아 죽이지 않았으며, 푸른 초원조차 결코 함부로 밟지 않는 것으로 묘사되어 있다. 기린은 오로지 죽어 있는 풀만을 먹었고, 죽은 고기나 남이 먹다 놓은 것, 더러운 일체의 것을 먹지 않았다고 한다. 또 다른 동물들도 기린의 성품을 알기에 결코 두려워하는 일은 없었다고 한다. 거기다 기린은 말을 할 줄 알아서 평화의 뜻을 전하고, 그의 울음소리는 음악의 음계와 일치하였고 발자국은 정확한 원을 이루며 꺾어질 때는 정각으로 꺾는다고 알려져 있다.

기린의 출현은 어진 임금이 나타날 것이라는 징조여서 사람들은 기린이 나타난 뒤에 공자가 탄생했다고 믿었다. 중국인들은 만일 기린을 다치게 하거나 기린의 시체를 발견하게 되면 나쁜 징조로 여겼다고 한다.[12)]

12) 이인식, 위의 책, 10-12쪽 참고.

몽골 신화

몽골 신화는 대부분 옛 시대의 문헌에 기록되어 남아 있는 것이 극히 적고 단편적인 전설의 형태나 이야기물, 설화화 된 영웅 서사시, 민화의 형태로 전해져 오고 있다. 이와 관련하여 『몽골비사』, 『황금사』 등 역사・문학의 주요 문헌에는 몽골족의 먼 조상들과 그들이 숭배하고 있었던 토템과 관계된 신화가 실려 있다. 여기에 나오는 이야기는 먼 옛날 몽골인들이 자기들의 기원과 토템에 대하여 입으로 전한 이야기를 문헌에 옮겨 놓은 것이다. 또 『십선법백사(十善法白史)』, 『시라토지(黃史)』, 『에르데니-인 톱치(蒙古原流)』를 비롯한 다른 연대기에도 어떤 식으로든 우주와 인간의 기원, 최초의 칸, 특정한 문화 현상의 기원에 관한 이야기가 실려 있다.

몽골 신화의 다른 특징은 불교문화의 영향으로 샤머니즘적인 세계관이 다양한 변화를 거듭해 왔다는 것이다. 많은 지역에서 샤머니즘과 불교의 혼교(混交)가 일어나 샤머니즘의 수호신이 불교의 수호신으로 바뀌기도 했다. 몽골계 민족 중에서 많은 양의 신화가 정리된 채 전승의 형태로 전해온 것은 바이칼 호의 주변에 사는 블리야트족뿐이었다. 고대 유라시아 유목민들에게 바이칼은 삶의 형이상학적 의미와 형이하학적 조건들 모두를 통틀어 아주 밀접한 연관을 지니던 곳이었다. 선사시대부터 역사시대의 중세까지 문명의 교류를 실현시켜 왔던 수많은 유목민족들의 정신적 지주가 바로 시베리아 샤머니즘이요, 이는 곧 바이칼 호 지역을 모태로 하여 형성되었다. 블리야트족에서도 18세기가 되자 승려의 포교 활동이 본격화하고 특히 바이칼 호의 동쪽 지역은 불교권

내에 들어갔다. 오늘날 몽골의 샤머니즘 연구나 신화 연구에 사용되는 대부분의 자료는 바이칼 호의 서쪽에서 채록된 것이다.[13)]

몽골의 창조신화를 살펴보면, 태초에 세상은 혼돈되어 있었고 그 어둠 속에서 에헤 보르한(창조 신)이 어렴풋이 떠올랐다. 에헤 보르한은 하늘과 땅을 분리하기 위해 야압(野鴨)을 만들었다. 야압은 물속으로 들어가서 입술에 진흙을 묻혀서 돌아왔다. 에헤 보르한은 이 진흙으로 어머니가 될 대지 우르겐을 창조하고 거기에 식물과 동물을 만들었다. 에헤 보르한은 태양으로부터 선량한 딸 망잔 그루메를 만들고 달로부터는 사악한 두 번째의 딸 마야스 할라(혹은 할라 망잔)를 만들었다. 선량한 딸 망잔 그루메로부터 서천(西天)의 신들이 태어나고 사악한 딸 마야스 할라로부터는 동천(東天)의 신들이 태어났다. 최초의 인간도 에헤 보르한에 의해서 창조되었는데, 해가 지는 땅에서 여자가, 해가 떠오르는 땅에서 남자가 창조되었다. 둘이 만나서 합치하여 최초의 남자 파한과 최초의 여자 토야가 태어났다고 한다.

천계(天界)는 동(東)과 서(西)로 나뉘고, 동에는 44명의 사신(邪神)이 있고, 서에는 55명의 선신(善神)이 있어 서로 대립하고 있었다고 한다. 애니미즘적 관념을 나타내는 이들 신격(神格)은 '텡그리'라고 한다. 동과 서를 합쳐 99명인 텡그리 외에 어느 쪽에도 속하지 않는 중간부에 또 텡그리가 있는데, 이들의 쟁탈을 둘러싸고 동과 서의 싸움이 벌어졌다. 이때 패배하여 지상에 떨어진 동천(東天) 수장(首長)의 시체 각 부분에서 쏟아져 나온 온갖 마물(魔物)들이

13) 하선미, 위의 책, 252-253쪽 참고.

인간에게 질병과 죽음 및 재앙을 가져다주었다. 한편 서천(西天)의 수장은 아들을 내려 보내 그 마물들과 싸우게 했다. 동과 서, 또는 선과 악의 2원론적 구성이나 신격의 이름 등을 보아 이란으로부터의 짙은 문화적 영향을 받은 것으로 추정된다.

말의 기원에 대한 이야기[14]

몽골 사람들은 말의 기원을 다음과 같이 설명한다.

먼 옛날 암말을 가진 사람이 있었다. 암말이 새끼를 낳았는데, 망아지가 죽고 말았다. 암말의 젖이 불어 통증이 심해지는 주인은 젖을 짜 모으고, 수도승을 찾아가 "암말의 젖을 짜 모았는데 이상하리만큼 맛이 좋습니다"고 말했다. 그러자 수도승은 그것이 '아이락'이라고 가르쳐 주며 "아무나 힘 있는 사람이 나서서 나무에 올무를 메고 있으라."고 일러 주었다. 사람들은 올무를 만들어 놓고 기다렸는데, 먼지가 피어올라 안개가 되는가 싶더니 수많은 말들이 하늘에서 내려왔다. 사람들은 힘닿는 대로 말들을 붙잡았다. 이렇게 해서 말들을 갖게 되었는데, 처음에 말들을 무서워했기 때문에 '아이닥(무서워하다)'이라 부르다가 나중에 '아도(馬)'라 부르게 되었다.

또 말이 탈 것이 된 사연을 다음과 같이 설명한다.

말이 아직 사람의 손에 길들여지지 않았던 시절에 말은 초원을 다니며 풀을 뜯고 있었다. 그러던 중 어느 날 사슴 떼가 말이 먹을

14) 체렝소드놈, 이평래 역, 『몽골민간신화』, 대원사, 2001 참고.

풀을 뜯어먹었다. 말은 화가 나서 사슴을 쫓았지만 놓치고 말았다. 사슴을 놓친 말은 어떻게 하면 복수할 수 있을지 사람에게 방법을 물었다. 사람은 "네가 재갈을 감당할 수 있다면 내가 너를 타고 가서 원수를 갚아 주겠다."고 하였다. 복수를 할 수만 있다면 어떤 것도 상관없다고 생각한 말은 앞뒤를 가리지 않고 안장과 굴레를 매었다. 말은 자기가 사람의 탈 것이 되었다는 사실을 깨달았고, 사람은 약속대로 사슴에게 복수하기 위해 사슴사냥을 하게 되었다.

마두금과 관련된 이야기[15]

몽골의 전통 악기 중에서 가장 으뜸가는 것이 '마두금(馬頭琴)'이다. 이것은 두 줄로 된 현악기인데, 말머리 조각장식을 달았다해서 '마두금'이라 부르고 있다. 마두금에 말머리 장식을 했다는 것은 유목민에게 있어서 말이 그만큼 중요한 동물이라는 것을 뜻한다. 마두금은 말머리 장식뿐만 아니라 재료 역시 말에서 가져왔다. 마두금에는 두 개의 현이 있는데, 하나는 수말의 말총(말꼬리털)에서 130개 가닥으로 만들고 다른 하나는 암말의 말총 105개로 만들었다. 현을 켜는 활 역시 백마의 말총이 재료이다. 또 소리를 공명시키는 본체는 말가죽으로 씌웠다. 그리고 마두금을 몽골어로는 '모린 호르(Morin Khuur)'라고 하는데 '모린'은 말을 '호르'는 음악을 뜻한다.

마두금의 애절하면서도 서정적이고 때로는 웅장하기까지 한 음색은 몽골 고유의 정서를 담고 있다. 마두금은 듣는 이에 따라 몽골의 초원에서 부는 바람 소리, 야생마가 우는소리, 말발굽이 지축을 울리는 소리처럼 들린다고 한다. 그래서 '초원의 바이올린'

15) 체렝소드놈, 이평래 역, 위의 책 참고.

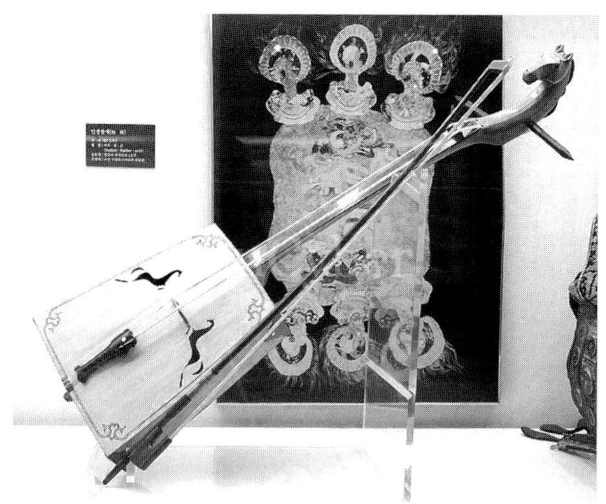

마두금 혹은 모린 호르

또는 '초원의 첼로'로 유네스코에서도 그 가치를 인정해 '인류 구전 및 무형유산 걸작'으로 선정되었다고 한다.

마두금은 말로 만든 악기답게 이와 관련된 전설이 많이 전해지고 있는데, 그 중 몇 가지만 살펴보기로 하겠다.

> 초원의 유목민 소년인 '수호(Suho)' 또는 '수케(Suhke)'는 초원에서 길을 잃은 하얀 망아지를 발견하고 정성껏 키운다. 수호는 자라서 늠름한 명마가 된 백마를 타고 경마대회에 출전해 우승을 차지하게 된다. 그러자 그 지역의 관리가 수호의 백마가 탐이 나 빼앗아 버린다. 그 뒤 백마는 수호를 잊지 못해 탈출을 하지만, 화살을 많이 맞아 수호가 지켜보는 앞에서 숨을 거두고 만다. 슬퍼하는 수호의 꿈속에 백마가 나타나 자신의 뼈와 말총, 가죽으로 악기를 만들고 자신의 머리모양을 새겨 달라고 부탁한다. 이 악기가 후에 마두금이 되었다

고 전해진다.

옛날 동쪽 지방에 살고 있던 나무지르라는 젊은이가 변경(邊境) 방비를 위해 서부 지방으로 갔다. 그는 그 지방에서 영주의 딸과 알게 되어 서로 사랑하게 되었다. 병사의 교체 시기가 되어 나무지르가 고향으로 돌아갈 때 왕녀는 그에게 하늘을 달리는 말을 선물로 주며 "이제부터는 이 말을 타고 천 리 길을 한걸음에 날아와서 만나 주세요."라고 부탁했다.

고향으로 돌아온 나무지르는 낮에는 말의 무리를 지키거나 부모님을 돌보았지만 밤이 되면 사랑하는 여인을 만나고 한걸음에 달려왔다. 어느 날 밤 나무지르는 여느 때와 마찬가지로 하늘을 달리는 말을 타고 서쪽의 왕녀에게 달려가서 새벽녘에 되돌아왔다. 그런데 그는 애마를 끌고 천막으로 들어갈 때 날개를 숨기는 것을 잊어버렸다. 평소 나무르의 행동을 수상히 여긴 시녀가 말이 있는 곳으로 가서 살펴보니 말에 날개가 붙어 있었다. 비밀을 안 시녀가 날개를 떼어버리자 말은 그만 죽고 말았다.

천막에서 나온 나무지르는 애마가 죽은 것을 보고 비탄에 빠졌다. 그는 매우 슬퍼하며 죽은 말의 길고 아름다운 갈기와 꼬리를 잘라냈다. 나무지르는 그 털로 현을 만들고 산에서 잘라 온 나무로 몸통과 작대기를 만들었다. 몸통에 애마의 가죽을 붙이고 작대기의 끝에는 애마의 머리와 비슷한 조각을 붙였다. 나무지르는 이렇게 하여 만든 악기를 켜며 애마의 울음소리를 재현하여 마음을 위로했다.

고비사막에 사는 목동 하나가 어느 날 밤 밖에서 이상한 소리를 듣고 잠에서 깨어났다. 게르 밖으로 나온 목동은 그 소리가 바로 말꼬리가 바람에 휘날릴 때 난다는 것을 깨닫고 악기를 만들었는데, 그 악기가 바로 마두금이라고 한다.

칭기즈칸의 네 번째 부인이 '홀롱'이라는 고려 여인이었는데, 칭기즈칸이 그녀와 사랑에 빠진 나머지 정사를 돌보지 않고 왕비와 함께 압록강 지역에서 지냈다. 왕실에서는 칭기즈칸을 궁궐로 돌아오게 하려고 마두금 연주의 명인인 아리그승이라는 사람을 보내 연주케 하고 칭기즈칸의 마음을 돌이켰다고 한다.

2. 영웅과 명마

알렉산더 대왕과 부세펄러스

부세펄러스(Bucephalus)는 알렉산더 대왕의 애마로서, 당시 비옥한 분지로 인해 말의 품종이 우수하기로 소문이 난 데살로니아에서 태어난 말이었다. 이렇게 알렉산더 대왕의 명마로 이름 높았던 부세펄러스는 고대 올림픽 경기에서 최고로 우수한 성과를 올린 말들만이 누릴 수 있었던 영예를 입는 특혜(?)를 받기도 하였다. 부세펄러스를 위한 노래가 지어졌다든가, 그의 형상이 그림과 조각들로 표현되는 등, 이 갈색 말에게 수여된 영예가 '특혜를 받았다'라는 말로 표현되는 이유는 그가 올림픽 경기에 전혀 참가한 적이 없었던 말이기 때문일 것이다. 이렇게 후대에도 길이 찬양받는 명마 부세펄러스가 알렉산더를 만나기 전에는 고약하기 그지없고 쓸모없는 말에 불과했다는 사실은 의외일지도 모르겠다. 이에 대해서는 다음과 같은 이야기가 전해온다.

마케도니아의 왕이자 알렉산더의 아버지인 필립 2세는 어느 날, 자신에게 금 열세 달란트라는 거금을 내고 말을 사 가라는 배짱 좋은 말 상인을 만나게 된다. 블랙 스탤리온종[16]으로 보이는 이 말의 앞이마에는 별무늬 흰 점이 그린 듯 박혀 있었다고 한다. 귀신에 홀린 듯 거금을 선뜻 내고 이 말을 산 필립 2세는 그러나 곧 후회하기 시작한다. 어떤 조련사도 이 말을 훈련시키지 못했으며, 어떠한 기수도 이 말에 올라탈 수 없었기 때문이었다. 자신의 과소비를 후회하던 왕은 결국 신하들에게 이 막무가내 고집불통 말을 풀어주라는 명령을 내리게 된다. 그러자 당시 열두 살이었던 꼬마 알렉산더는 아버지 앞에 나아가 그 말을 자신이 한 번 훈련해 보겠다고 나선 뒤 '이 말은 자신을 다룰 주인을 기다리고 있는 중'이라며 아버지를 설득한다.

다 큰 어른들인 조련사나 기수도 하지 못하는 일을 하겠다고 나서는 알렉산더의 용기가 가상했던 필립 2세는 마지못해 아들의 청을 허락한다. 아버지의 허락이 떨어지자마자 그 말의 곁에 선 알렉산더는 말에게 귓속말을 하는 듯싶더니 고삐를 잡아 말의 얼굴을 자신의 뒤에 있는 태양으로 돌렸고, 태양을 가리고 있는 알렉산더의 형체는 거대한 그림자가 되어 말의 눈에 비친다. 말이 자신의 그림자를 무서워하는 것을 이미 알고 있었던 알렉산더는 그 순간을 놓치지 않고 말등에 올라 바람처럼 달린 뒤 필립 2세 앞에 자랑스럽게 멈춰 선다.

아들의 이런 모습을 지켜본 필립 2세는 말에서 내리는 알렉산더를 끌어안고 이렇게 말했다고 한다. "오! 나의 아들아, 너에게 어울리고 너 만한 가치가 있는 왕국을 바라보아라. 너에게 마케도니아는 너무 작구나!"

이 일화에 등장하는 스탤리온종 말이 바로 후에 부세펄러스라는 이름을 가지게 된 그 말이다. 이후 알렉산더가 마케도니아 왕을

16) 부세펄러스의 몸 빛깔은 묘사되는 책이나 그림마다 회색이나 갈색 등으로 다르게 나타나기도 한다.

넘어 세계적인 대왕의 자리에 등극하기 위해 수많은 정복 전쟁을 치르는 내내 부세펄러스는 알렉산더와 한 몸이 되었고, 히다스페스 강변에서 벌어진 대전(기원전 326년)에서 부상을 입고 죽을 때까지 알렉산더를 보좌했다고 한다.

그래서였을까? 자신의 분신이었던 부세펄러스의 죽음으로 인해 큰 충격에 휩싸였던 알렉산더 역시 부세펄러스가 죽은 지 3년 뒤인 기원전 323년 6월 11일 저녁, 그의 나이 33세 때 말라리아에 감염되어 고열에 시달리다가 세계 제패의 꿈을 접고 죽고 만다.

알렉산더의 33년 생애 중 부세펄러스와 함께 한 18년이라는 기간, 즉 자신의 생애에서 반 이상을 부세펄러스와 함께 했던 알렉산더였던 만큼 자신의 분신과도 같았던 부세펄러스의 죽음은 이 위대한 왕의 갑작스런 죽음에 어느 정도 영향을 끼치지는 않았을까란 생각이 든다.

부세펄러스를 탄 알렉산더 대왕의 모자이크화

프리드리히 대왕과 말

프로이센의 대왕 프리드리히 2세(Frederick the Great)는 자신의 군대를 세계적인 수준의 기병대로 훈련시켜 전쟁을 승리로 이끌었던 제왕 중 하나였다. 그가 알렉산더 대왕처럼 특별하고 수준 높은 명마를 소유하고 있었던 것은 아니었지만 전투에서 말을 이용하는 기병대의 중요성을 인식하고, 그가 벌였던 대다수 전투들을 이 기병대를 통해 승리로 이끌었다는 점에서 그는 말과 상당히 관련이 깊은 왕 중 하나라는 데에는 무리가 없을 것 같다.

어렸을 때부터 프랑스 문학과 음악에 심취하는 등 감수성이 예민했던 프리드리히 2세는 철저히 군인정신을 강조했던 아버지 프리드리히 빌헬름 1세의 강압적인 교육방식을 견디다 못해, 18세 무렵에는 왕세자직을 버리고 외가인 영국 런던으로 도망가려다 붙잡혀 같이 도망쳤던 친구 중 한 장교는 참수형에 처해지고 자신 역시 참수형에 처했다가 가까스로 살아남았을 정도였다고 한다. 이렇게 유약하고 여성스러웠던 그가 그렇게 싫어하던 전쟁터에서 세계 최강의 기병대를 창설하고 전투를 지휘해 승리하며 자신의 아버지보다 더 유명한 대왕의 자리에 오를 수 있었다니 사람의 인생이란 참으로 아이러니하지 않은가?

베를린 린덴가에 위치한 프리드리히 대왕의 기마상

하여튼 혹독한 군인식 교육을 가

했던 아버지 빌헬름 1세가 죽은 직후인 1740년 프리드리히 2세는 아버지의 뒤를 이어 프로이센의 왕위에 오르게 된다. 즉위 직후, 프로이센의 기병대를 순시한 그는 엄격한 군인이었던 아버지가 만들어 놓은 기병대가 거친 땅은 고사하고 평지조차도 제대로 걷지 못하는 형편없는 모습에 실망하고 만다. 프리드리히 1세가 기병대를 위해 1732년에 만든 군사 종마 목장인 트라케넨(Trakehnen)에서 나오는 훌륭한 말들에 비해 말을 전투적으로 다루는 기술이라든가, 말을 조종하는 기병에 대한 훈련은 제대로 되어 있지 않았던 결과였다. 때문에 그 훌륭한 말들은 목을 활모양으로 굽히고 장엄하게 서서 기품 있게 걸을 수는 있었지만 적을 공격하는 법은 몰랐다고 한다.

이후 유능한 기병들을 배출하기 위한 말과 기병의 본격적인 훈련에 돌입한 그가 오스트리아와 왕위 계승문제를 놓고 1차 슐레지엔 전쟁을 일으킬 무렵인 1940년 12월에는 그의 기병대도 어느 정도 현대적인 기병의 모습을 갖출 수 있게 된다. 때문에 프리드리히 대왕은 이 전쟁에서 승리를 거둬 슐레지엔을 차지할 수는 있었으나 오스트리아 기병대에 비해 상대적으로 훈련이 덜 된 프로이센의 기병대는 '최강의 기병대'로 다시 태어나기 위한 전환점이 필요한 시점이었다. 그때 프리드리히 대왕에게 구세주와도 같은 인물이 등장한다. 기병장교인 자이들리츠(Friedrich Wilhelm von Seydlitz)가 바로 그 구세주였던 것이다.

자이들리츠는 1753년 프로이센의 프리드리히 2세의 위임을 받아 동맹군의 미비한 연대를 프로이센과 같은 완벽한 수준으로 끌어올리는 임무를 맡아 이 일을 훌륭히 완수하게 된다. 그리하여 프리드리히 대왕에게 인정을 받은 그는 오스트리아와 프로이센이 독일에서의 주도권을 놓고 벌인 7년 전쟁 때에야 비로소 그 진가를 유감없이 발휘할 수 있었고, 프로이센의 기병대는 영국과 프랑스의 어떠한 기병대보다 우수하다는 것을 인정받게 되었다고 한다.

자이들리츠의 초상화

나폴레옹과 말

프리드리히 대왕과 동시대를 살았던 나폴레옹(Napoleon) 역시 말과 기병대의 중요성을 제대로 인식하고 있었던 듯하다. 프랑스의 주변국들인 오스트리아나 프로이센, 영국, 러시아 등은 그들이 기존에 지니고 있었던 우수한 종마들로 인해 전쟁에서 뛰어난 기량을 발휘할 수 있는 말들을 많이 확보하고 있었던 터였으나, 전투용 말의 중요성을 뒤늦게 인식한 프랑스의 입장에서는 우수한 종마의 대량 확보가 시급한 문제였다.

자신의 야심을 위해 주변국들과의 전쟁을 피할 수 없었던 나폴레옹에게는 이러한 문제가 더욱 크게 와 닿을 수밖에 없었고, 이 점을 중시한 나폴레옹이 침략전쟁 초기에 펼친 정책들은 피정복국에서 '최후의 말까지'라는 슬로건을 내걸고 닥치는 대로 말을 사로잡아 전리품으로 취하는 것이었다고 한다. 때문에 스위스는 나폴레옹의 이러한 정책으로 인해 자국의 우수한 말 품종들을 프랑스에게 빼앗겼다고 한다.

또한 전략적으로 그렇게 큰 이익이 없었던 듯 보이는 나폴레옹의 이집트와 시리아 원정(1798~1799년) 역시 실상은 그가 특히 좋아했던 우수한 동양 말들을 빼앗기 위한 원정이라고도 할 수 있을 정도로, 이집트와 시리아에서 나폴레옹의 군대가 전리품으로 획득한 말의 수는 엄청났다고 한다. 때문에 그가 황제에 즉위한 2년 뒤에는 그의 종마목장(Haras Imperiaux)에 우수한 아랍종(Arabs) 말을 육성할 수 있는 1,500여 마리의 종마들이 가득할 수 있었던 것이다.

나폴레옹의 애마 마렝고(Marengo) 역시 이집트의 아부키르(Abukir)에서 빼앗은 전리품으로, 아랍종 말의 아름다움을 한 몸에 지니고 있었다고 한다. 나폴레옹은 이 말을 타고 오스트리아와의 전투에서 승리한 이후, 그의 모든 전투에서 마렝고를 탔다고 한다. 때문에 나폴레옹의 마렝고는 줄곧 알렉산더 대왕의 부세펄러스에 비유되기도 하였으며, 나폴레옹의 마지막 전투인 워털루 전투에서까지 그를 보좌했다. 말로서는 최고령에 속하는 32살의 나이에 죽은 마렝고의 골격은 현재 런던 국립군사박물관에 소장되어 있다.

야욕을 가지고 그가 최후에 벌였던 워털루 전투에서, 나폴레옹이 타고 있던 마렝고는 살아남을 수 있었지만 전쟁에 차출된 13,000여 마리의 말과 16,000여 명의 나폴레옹식 기병대 중 약 45,000여 명의 병사와 75%의 말들이 전쟁터에서 죽거나 부상당하고 이로 인해 나폴레옹은 헬레나 섬에 유배당하고 끝내는 독살로 추정되는 죽음을 맞이하게 된다.

애마 마렝고를 두었던 나폴레옹이었지만 앞에서 언급했던 수많

〈알프스를 넘는 나폴레옹〉(1800/1801)
마렝고를 탄 나폴레옹을 그린 유명한 초상화,
자끄 루이스 다비드(1748~1825)

은 말과 기병대들의 참담한 최후를 참고할 때, 그 자신이 말에 대한 각별한 애정을 지니고 있었던 것으로 보이지는 않는다. 다만 그가 유려한 아름다움이 돋보이는 아랍종 말들에 올랐던 이유에 대해서는 다음과 같은 추측이 있을 수 있다.

왕좌에 대한 야심과 권위욕이 높아 스스로 황제에 올랐던 유아독존의 나폴레옹에게 최대의 약점이란 혈통의 정당성 획득과 귀족과 국민의 신임을 제대로 얻지 못했다는 점이었다. 때문에 아름다운 말에 탄 나폴레옹의 권위와 기품 있는 모습을 본 프랑스 국민들이 자신을 정당한 왕으로 인정함으로써 그들에게 존경받을 수 있기를 그가 내심 기원했던 것이 아닌가 하는 추측이 그것이다.

항우와 오추마[17]

항우의 이름은 적(籍)이고 우(羽)는 자이다. 사마천(司馬遷)의 『사기(史記)』에 따르면, 항우는 젊은 시절 "문자는 제 이름을 쓸 줄 알면 충분하고, 검술이란 1인을 상대할 뿐인 하찮은 것"이라 하고, 회계산(會稽山)에 행차하는 시황제의 성대한 행렬을 보고 "저 녀석을 대신해 줄 테다."라고 호언하였다는 일화가 있다.

항우는 기원전 209년 진승(陳勝)·오광(吳廣)의 난으로 진나라가 혼란에 빠지자, 숙부 항량(項梁)과 함께 봉기하여 회계군 태수를 참살하고 인수(印綬)를 빼앗은 것을 비롯하여 진군을 도처에서 무찌르고, 드디어 함곡관(函谷關)을 넘어 관중(關中)으로 들어갔다. 여기서 항우는 앞서 들어와 있던 유방과 홍문(鴻門)에서 만나 이를 복속시켰다. 그리고 진왕 자영(子嬰)을 죽이고 도성 함양(咸陽)을 불사른 뒤에 팽성(彭城; 徐州)에 도읍하여 서초(西楚)의 패왕(霸王)이라 칭하였다. 그러나 항우는 각지에 봉한 제후를 통솔하지 못하여 해하(垓下)에서 한왕(漢王) 유방에게 포위되어 자살하였다.

위에서 살펴보았듯이 항우는 귀족출신의 숙부를 두고 있었으며, 항우는 그에게서 무예와 학문 그리고 병법을 연마하게 되었다. 항우는 역모를 일으킨 숙부인 항량을 따라다니며 리더로서의 훈련과 적지 않은 전투경험을 쌓았고 찬란한 전공도 세웠다. 그러나 항우는 기질에 있어 잔혹한 면이 있었다. 일찍이 항우가 진나라를 멸망시키기 위해 한 성을 공략할 때에도 그 성을 어렵게 함락하게

17) 황룡강, 「생각하며 읽는 글」, 『월간 마장(馬場)』, 1991년 7월호, 마장사, 98쪽 참고.

되자 그 성의 모든 남자를 학살한 일도 있었다고 한다. 그 외에도 진나라의 투항병 20만 명이 불손한 짓을 하자 모두 생매장 시키는 등 목숨을 귀하게 여기지 않았다. 그리고 항우는 성격이 급한 사람인 데다 오만해서 부하들을 잘 믿지 못했고, 그로 인해 모든 일을 다 스스로 처리하고 전투를 나설 때도 언제나 자기가 병사를 통솔해야만 직성이 풀렸다.

항우는 철저하게 자기 위주로 생각하는 사람이었지만 유리한 조건들을 많이 가지고 있었다. 그는 보통 사람들보다 월등하게 힘이 세고 무기 다루는 솜씨가 뛰어났다. 그렇기 때문에 진시황이 죽은 후, 초나라를 세워서 여러 제후 국가를 정복하고 패왕(覇王)이라는 명성까지 얻을 수 있었다. 그러나 이렇게 좋은 조건을 가진 항우가 한신의 출현(出現) 때문에 멸망하고 말았다.

오추마는 항우의 애마로서 검푸른 털에 흰 털이 섞인 말이다. 항우는 유방과 더불어 자웅을 결하기 위한 일척건곤의 혈투를 벌여 역사의 한 페이지를 화려하게 장식하였거니와 일세를 뒤흔들었던 영웅이었던 만큼 그 최후 또한 장렬하였다. 그의 최후의 심경은 비장한 〈해하가〉에 잘 나타나 있다.

역발산혜기개세　力拔山兮氣蓋世
시불리혜추불서　時不利兮騅不逝
추불서혜가내하　騅不逝兮可奈何
우혜우혜내약하　虞兮虞兮奈若何
힘은 산을 뽑을 것 같고 기운은 세상을 덮을 듯하더니,
때가 불리하니 오추마는 나가지 못하는구나.
오추마가 나가지 못하니 어쩌면 좋으냐?

우여! 우여! 너를 어찌할 것이냐?

우는 항우의 총애를 한 몸에 받아 언제나 곁에서 떨어질 줄 몰랐던 미희의 이름이고 해하는 항우가 최후로 버티었던 성의 이름이다. 한나라 군사들이 해하성을 포위하고 초나라 노래를 불러서 항우로 하여금 전의를 상실케 한 것은 유명한 이야기로 사면초가라는 고사성어의 출전이 되어 있다. 항우는 사면초가 속에서 자포자기의 심정이 되어 이 해하가를 부름으로써 유언시를 삼은 것이다.

항우는 그날 새벽 성을 탈출하여 오강에 이르렀다. 정장의 도움으로 강을 건널 수 있었으나 하늘의 버림을 받은 몸이고 부하를 다 죽인 마당에 홀로 돌아가 그들의 가족을 만나볼 면목이 없다고 하면서 정장의 호의를 거절하였다. 그리고는 정장에게 부탁하였다.

"나는 그대가 덕을 지닌 사람임을 알고 있다. 5년간 이 오추마를 타고 전쟁터를 누비는 동안 앞에는 거칠 것이 없었다. 하루에 능히 천 리를 달렸다. 차마 내 손으로 죽일 수가 없어 그대에게 주는 것이니 잘 돌보아 달라."

그런 다음 스무 명 정도밖에 남지 않은 부하들에게도 말에서 내리라고 명령했다. 스스로 칼을 뽑아 들고 한나라 추격병과 백병전을 벌였다. 문득 한나라 기병대장 여마동이와 마주쳤다. 항우는 반가워, "여보게 그대는 내 옛 친구가 아닌가? 듣건대 내 목에 막대한 상금이 걸려 있다는데 이왕 죽을 몸이니 그대에게 공을 세워 주겠네."하고는 자신의 목을 찔렀다.

과연 항우다운 최후였다고 할 수 있다. 그 후로 추불서라는 말은 세궁역진함을 뜻하는 고사성어가 되었다. 마지막으로 남아 항우를 호위하던 수장들은 그의 오추마를 데리고 강을 건너는데, 오추마는 한 번 구슬피 크게 울고 강물 속으로 빠져 들었다고 한다.

2장

한국의 말 이야기

한국 설화 속에 나타난 말에 관한 이야기들을 살펴보면 무엇보다도, 말을 운송수단의 도구로 생각하기보다는 인간과 교감을 나누거나 신비한 존재나 신성성의 대상으로 인식하는 우리 민족의 사고관이 부각되고 있다. 그러나 한편으론 백마의 피를 정력의 수단으로 생각하거나 폐백 선물용으로 사용하는 내용의 이야기들도 있어 말을 생명을 가진 존재 자체로 이해하는 것이 아니라 도구나 수단으로 사용하려는 대조적인 시각이 나타나기도 한다.

그러나 이러한 사고관은 모두 말을 신비로운 존재이자 동시에 힘의 상징으로 인식했던 옛 조상들의 인식에서 비롯된 것으로 생각해야 할 것이다.

이처럼 말과 관련된 우리 민족의 사고관이 드러나는 수많은 한국의 이야기들 중, 이 장에서는 말 관련 잡지나 각 고장의 전설들 중에서 이 책을 읽는 독자들의 흥미를 끌 만한 몇 가지 이야기들을 골라 소개해 보려고 한다.

1. 힘의 상징으로서의 말

신돈의 정력제로 쓰인 백마[18)]

고려 말에 국정을 크게 문란시킨 신돈은 어릴 때에 중이 되었으나 그의 어미가 비천한 출신이라 그는 항상 절에서 심부름이나 했으며, 신분만 중이었지 스님들을 모시는 종의 위치라 함이 맞을 것이다.

어느 날 공민왕이 꿈을 꾸는데 어떤 사람이 공민왕을 죽이려고 달려들자 어떤 중이 나타나 그를 가로막아 죽임을 면하게 되었다. 그래서 다음날 공민왕이 태후에게 이 이야기를 하였는데 이 소문은 금방 소문은 궐내에 나돌았고, 공민왕은 꿈에 나온 그 중을 찾도록 하였다. 마침 김원명이라는 신하가 신돈을 데려와서 보이므로 왕이 보니 꿈에 나타난 그 중과 닮은지라 신돈과 이야기를 하여 보니 무척 지혜로워 보였고 달변인 데다 스스로 도를 얻었다고 하여 왕이 신임하게 되었다.

왕은 평소에 불교에 깊이 빠져 있었고 또 꿈에 중이 도와준 것에 대해 감사하는 마음으로 비밀리에 신돈을 불러서 자주 불경에 대해 이야기를 나누었다. 이후 신돈은 눈으로는 글을 읽을 수 없는 까막눈이었으나 서울로 불법을 설파한다고 다니면서, 주로 과붓집

18) 이인부, 『월간 마사춘추』, 1992년 5월호, 21세기문화사, 82-83쪽.

만을 골라 다녔고 과부들을 꾀어 사통하는 것으로 세월을 보내다가 도 임금이 부른다고 하면 시치미를 떼고 얼굴을 꾀죄죄하게 하고, 무더운 여름이나 추운 겨울에도 항상 한 가지 찢어진 장삼을 걸치고 임금 앞에 나타나곤 하니 임금은 더욱 그를 중히 여겼다. 또한 신돈에게 모든 의복과 음식을 보내되 반드시 정결히 하였고, 버선까지도 반드시 이마에 받들어 공경스럽게 보내니 조정의 신하들이 심히 못마땅하게 생각하였다.

고려시대에는 불교가 국교인지라 중의 횡포가 상당하였다. 특히 공민왕은 어느 임금보다 불교에 심취한 터라 불승을 아주 정중히 모셨고 중이 무엇을 잘못하여도 용서해 주기까지 하였다. 그래서 중들은 하라는 염불은 하지 않고 법당에서나 사가에서나 여자와 간통하는 것이 비일비재하였다. 공민왕 원년에 왕이 신임하던 중 선근이 사대부의 부인과 정을 통하는 것을 들켜 사헌부에서 죄를 주고자 하였으나 왕이 묻지 말라 하여 중지하였으며, 영욱이라는 중이 역시 간통하다가 들켜 문제가 되니 "만약 나를 벌주고자 하거든 모름지기 불문을 파하여야 할 것이다. 지금 불가의 중 중에서 나와 같지 않은 자가 있겠는가?"라고 말할 정도로 불가의 중들은 여자 사냥에 더 미쳐 있었다고 한다. 영욱도 역시 임금이 죄를 묻지 말 것을 요구하여 흐지부지되었다. 이러한 상황이니 신돈으로서는 활개치고 마음대로 할 수 있었다.

이승경 같은 신하는 "앞으로 국가를 어지럽힐 자는 반드시 이 중이리라."하였고 정세운 같은 신하는 요승이라 하여 신돈을 죽이고자 하였으나, 공민왕이 이를 신돈에게 귀띔하여 죽임을 피하게도 하였다. 마침 이승경과 정세운이 죽고 난 후에 왕은 신돈을 청한

거사라는 호를 내리고 사부로 삼았으며 신돈의 말을 왕이 듣지 않은 것이 없을 정도로 모든 정사는 신돈의 말 한마디로 해결되었다. 그러니 많은 사대부들이 신돈의 편이 되었고, 사대부들의 부인들이 그를 신승이라 하여 설법을 듣고 복을 구하고자 오면 신돈은 능란한 화술로 부인들을 꾀어 사통하는 것이었다.

한편 신돈은 자기의 말을 고분고분 듣지 않는 대신들은 변방으로 내쫓든가 혹은 갖가지 죄를 뒤집어 씌워 죽여 버렸으니 사대부들은 입이 있어도 말을 하지 못하였다. 유명한 최영 장군 같은 이도 경주로 쫓겨났고, 이성계의 아버지나 혹은 이성계도 변방에서 지내야 했다. 궁궐에 있는 대신이나 신하들은 누구라 할 것 없이 모두가 신돈과 한 패거리였다. 지방에 있는 신하들이 서울에 오면 먼저 신돈의 집을 방문하였고, 신돈이 궁궐에 갈 때는 호화찬란한 안장을 지은 말들을 탔는데 공민왕이 신돈의 집을 방문할 때는 직접 걸어서 다니기도 하였다.

이렇게 권세가 높아지자 출세를 바라는 무리들은 신돈이 여자를 좋아한다는 소리를 듣고 일부러 자기의 부인이나 혹은 딸을 신돈에게 바쳤고, 신돈은 왕에게 이야기하여 그 부인의 남편으로 하여금 관직에 오르게까지 하였다. 이러하니 신돈의 처소에는 항상 여자들이 줄을 지어 대기하게 되었다. 기현이라는 신하는 일부러 신돈을 자기 집에 거처하도록 하였는데, 기현의 처는 이미 오래 전에 신돈에게 설법을 들으러 갔다가 사통해 기현을 관직에 오르게 하였던 것이다. 이제 기현의 집에서 거처하게 되었으니 기현의 처는 신돈의 정부가 된 것이며, 더욱이 사대부들이 바치는 부인이나 딸을 신돈과 동침하게 하려면 기현의 처에게 뇌물을 주어야 했다.

신돈의 여자 행각은 과부나 사대부집의 부인이나 딸만이 아니고 남의 집의 비천한 종이나 하인의 처까지도 해당되었다. 판사 장해의 하인이 어느 날 종의 신분을 벗어나 랑장이라는 벼슬을 하였다. 이는 그 하인이 신돈에게 그의 처를 동침하게 하여 얻은 결과였다.

하룻밤에도 두세 여자를 상대하려다 보니 신돈은 왕성한 정력을 유지하기 위하여 항상 사람을 시켜 백마를 잡아 그 피와 고기를 먹고 지냈다. 그래서 기현의 집에는 말고기가 떨어지려야 떨어질 수가 없었다. 신돈은 기현의 집뿐 아니라 궁궐에서 혹은 다른 사람의 집에 거처할 때도 비밀리에 사람을 시켜 흰 말고기를 먹게 하였다. 그가 먹는 음식은 양기를 돋운다는 것으로 알려진 백마고기와 오골계였다.

물론 그는 산사에 있을 때에 말 타는 기술을 배웠기에, 말을 타고 뽐내며 다니는 것을 좋아하였다. 그러나 그는 사냥개를 두려워했으므로 사냥을 즐기지 않았으나 격구장에 가서는 모든 신하들이 모두 하마(下馬)를 하는데도 임금 앞에서 채찍을 휘두르면서 만조백관을 호령하기도 하여 누가 왕인지 구분하기 힘들 정도가 되었다. 승려는 도성에서 말을 타는 것을 금했으나 임금의 명으로 신돈만은 예외였으니 한껏 뽐내고 위엄을 부릴 수가 있었다고 한다.

끝내 왕을 시해하고 왕권을 차지하려던 신돈은 일이 사전에 발각되어 죽임을 당하기는 하였지만, 그의 비첩 반야가 낳은 아들 모리노가 공민왕의 아들로 둔갑되어 공민왕의 후사를 이었으니 이는 곧 우왕으로, 잠시나마 신씨 왕조가 탄생되기도 하였다.

폐백용으로 쓰인 충선왕의 백마[19)]

충선왕은 고려 충렬왕의 장자로서 그의 어머니는 몽고 세조의 딸인 제국대장 공주이다. 그러므로 충렬왕은 원나라의 세조가 외할아버지가 되는 셈이다. 충렬왕이 몽고에 장가듦으로써 이때까지 우리나라에 강제로 주둔하고 있던 몽고군들이 물러남으로써 민생의 도탄은 어느 정도 가시고, 태평세월을 보내게 된다.

태평세월이라고 하지만 모든 권한은 몽고인 원나라의 조정에서 국사를 논하던 때이므로 정치적으로 상당히 불안하던 때이다. 원은 우리나라 각지에 총관부나 만호부를 두어 백성을 다스렸고, 중요한 국사는 원의 중서성에서 관장하였다. 그러므로 왕이라는 존재는 허수아비에 불과할 따름이나 그래도 백성을 편안하게 하기 위해서는 몽고가 시키는 대로 할 수밖에 없었다.

충선왕은 어릴 때부터 총명하기로 유명했다. 그의 나이 아홉 살에 부왕인 충렬왕이 충청도로 사냥을 떠나려고 하자 갑자기 눈물을 흘리면서 탄식하기에 유모가 왜 우느냐고 물으니 "지금 백성이 곤궁하고, 또 봄 농사철인데 아버지께서는 어찌하여 사냥을 떠나시는지 모르겠다."고 대답하였다. 그래서 신하인 조의순이 왕께 고하니 "충렬왕은 어린놈이 괴이한 소리를 하는구나, 사냥은 이미 계획되었으니 왕자의 이야기를 받아줄 수 없도다."라고 일축하였다고 한다.

이때에 왕들은 교외로 사냥을 자주 다녔는데 이런 사냥에서는 짐승 사냥과 여자 사냥 두 가지가 병행되었다. 한 번 사냥을 가자면

19) 이인부, 『월간 마사춘추』, 1992년 6월호, 21세기문화사, 82-83쪽.

모든 문무 관료들이 수행을 하고 사냥터에서 사용할 각종 장구들을 운반하는 사람들과 함께 움직이기에 그 인원이 수백 명 혹은 수천 명에 이르고 그에 따른 많은 말들이 동원되어 좁은 길로 가다보면 주위의 전답은 인마의 발굽에 밟혀 버리기가 일쑤였다. 그리고 수행한 하급군인들은 민가를 약탈하므로 백성들에게 크나큰 원성을 듣게 되었다.

충렬왕 때부터는 원나라의 공주를 왕후로 맞이하였기에 고려의 여자와 달라 왕이 다른 여자를 넘보면 대단한 투기를 하였다. 그래서 왕은 사냥터에서 오고 갈 적에 미리 점찍어둔 대신들의 딸을 간음하는 것으로 재미를 붙였고, 더욱 사냥을 자주 다니기도 하였다. 그러나 사냥터를 향해 떠나려고 모든 것을 준비했을 때, 갑자기 왕후인 제국대장 공주가 병이 나서 충렬왕은 결국 사냥을 취소할 수밖에 없었다. 충렬왕으로서는 세자의 간언을 들었다면 더욱 떳떳하였을 것이었다.

어릴 때부터 백성을 사랑하는 마음이 대단했던 충선왕과 관련된 일화는 더 있다. 하루는 어떤 사람이 남루한 베적삼을 입고 땔나무를 지게에 지고 궁중에 들어오는 것을 본 충선왕이 누구냐고 물으니 신하가 대답하기를 "궁중에서 잡일을 하는 사람이다."라고 하니 "나는 의복이 아름답고 따뜻한 비단 옷인데 백성의 옷이 저러니 내 마음이 편하지 않다."라고 하였다.

세자의 나이 스물두 살인 동짓달에 왕과 왕후 그리고 세자는 원나라에 들어갔다. 세자로서는 외가댁에 간 것이고 왕후는 친정에, 충렬왕은 처가에 들른 셈이다. 이때도 어느 때와 마찬가지로 일 년에 한 번씩 원나라의 조정에 문안을 드리러 간 것이 목적이었지만 다른 특별한 일을 하여야 할 것이 있었다. 이는 세자를 장가들게 하는 것이었다. 세자의 배필은 이미 정해져 있어 혼례에 따른 절차만이 남아 있었는데, 원나라의 직계 왕실에는 마땅한 혼처가 없어서 방계인 진왕 감마자의 딸과 정혼하기로 되어 있었다. 물론 세자빈을 국내에서 얼마든지 고를 수 있었으나 차기 왕이 될 사람이니 몽고 왕실의 사위가 되는 것이 민생을 위해서 좋은 일이었다. 원나라는 웬만한 것은 잘못되어도 사위 나라의 일로 덮어두었기 때문이었다.

혼례를 위해서는 폐백품이 있어야 했다. 그런데 몽고사람들이라 그들이 좋아하는 것을 가지고 가야 했다. 요즘도 여자가 시집을 갈 때에 시부모의 취향에 따라 혼례품이 달라지는 것과 마찬가지였다. 몽고족은 기마민족이기에 가장 좋아하는 것 역시 말이었고 말 중에서도 백마였다. 그래서 충선왕이 몽고에 가기 전에 온 나라 안을 뒤져서 우리나라의 백마란 백마는 모두 징발하였다. 마침 원이 고려를 속국으로 만든 후 원의 세조가 제주도에다 말 목장을 만들고 몽고의 말 160여 마리를 보낸 것이 그동안 번식이 잘 되어 백마를 고르기가 쉬웠다.

그러나 많은 말들을 몽고까지 몰고 가는데도 엄청난 인력과 수고가 필요하였다. 수송 도중에 죽을 것도 대비하여야 했고, 품질이 낮은 말을 폐백품으로 줄 수가 없었다. 그래서 300마리 이상을 멀고 먼 몽고의 서울 연경에까지 데리고 가야 하는 것도 그리 쉬운 일은 아니었다. 만약 일이 잘못되어 장가들지 못하게 되면 그때부터 겪어야 하는 고초가 이만저만한 일이 아니었다.

제일 먼저 원나라 황제에게 백마 81마리를 혼례물로 바치고 결혼을 승낙 받았다. 다음 날은 역시 81마리의 백마를 태후인 외조모에게 바치니 태후는 혼인을 축하하는 뜻으로 양 700마리와 술 500동이로서 잔치를 베풀 적에 온 원나라의 신하와 문중의 사람, 혹은 고려에서 따라간 사람들이 즐겁게 놀았다. 다음으로 진왕인 장인에게 역시 백마 81마리를 바치니 진왕도 양 400마리와 술 300동이로서 잔치하였다.

여기에서 백마를 81마리를 바치는 것은 온 정성으로 바친다는 뜻이 된다. 동양 사람들은 아홉이라는 숫자를 좋아한다. 때문에 아홉의 제곱수는 모든 마음을 바친다는 뜻이 있다. 아홉이라는 수는 불교에서 유래된 숫자라 할 수 있다. 불교에서 이야기하는 삼십삼천에서 삼의 제곱수인 것이다. 그러니 충선왕은 몽고 가문의 사위가 되기 위해서 온 몸과 정성을 다하겠다는 뜻으로 각각 81필의 백마를 결혼예물로 준 것이다.

말 중에서도 백마는 열 마리에 한두 마리 정도인데도 구하기 힘든 백마를 택한 것도 그만큼 신성했기 때문이었다. 거룩하고 엄숙한 혼인에 신성한 동물인 백마를 결혼 예물로 준다는 것과 온 몸과 정성으로 장가든다는 징표로서 81마리라는 어마어마한 말을 주고 원나라의 공주를 데려왔으나 왕위에 오른 첫 해에 왕이 후궁을 맞이하자 왕후는 왕이 후궁을 둔 것까지 원나라에 고해바칠 정도로 질투가 심했다고 한다.

그러나 충선왕은 나이 서른다섯에 왕위에 올랐다가 5년 만에 세자에게 왕위를 물려주고는 고려와 원나라를 배회하다가 마지막에는 원의 미움을 사서 포박을 당해 연경에 끌려가 삭발을 당하는 수모를 겪기도 하였다. 왕의 나이 쉰한 살에 이국땅이면서도 처가

이고, 외갓집인 연경에서 세상을 하직하니 243마리라는 많은 백마를 혼례품으로 주고 장가들어 백성을 평안하게 하려던 그의 마음이 얼마나 안타까웠을까!

2. 인간과 교감을 나누는 존재로서의 말

설 처녀의 사랑을 지켜준 말[20)]

이 이야기는 삼국사기에 등장한다. 설씨 처녀는 신라 율리에서 늙은 아버지와 둘이서 빈한하게 살아가는데도 모든 행동이나 말이 바르므로 모든 사람이 아름답다고 생각하면서도 감히 넘보지 못하였다.

진평왕 때에 국가가 외적의 침입이 잦으므로 병역 자원이 모자라 나이 많은 사람도 징병에 가게 되었다. 그래서 그녀의 늙은 아버지도 소집 영장이 나와서 정곡이라는 변방으로 가게 되었다. 설씨 처녀는 걱정이었다. 젊은 장정들도 해내기 어려운데 늙은 몸으로 변방에서 국방의 일을 한다는 것은 있을 수가 없는 일이었기 때문이다. 그러나 나라의 명령이니 피할 수 없어 혼자 고심하고 있었다. 그렇다고 여자의 몸으로 아버지를 모시고 갈 수도 없는 어려운 입장이었다.

그때 사량부에 사는 가실이란 소년 역시 집안 살림은 가난하였으나 마음 씀씀이는 사나이 중 사나이였다. 그도 오래전부터 설씨

20) 이인부, 『월간 마사춘추』, 1992년 4월호, 21세기문화사, 76-78쪽.

처녀의 용모나 언행을 들어 알고 속으로 좋아하고 있었으나 감히 입 밖에 말을 내지 못하였다. 그는 설씨 처녀가 늙은 아버지의 종군 때문에 걱정하고 있다는 소문을 듣고 용기를 내어 설씨 처녀를 찾아가게 되었다. 그래서 만나 자기가 찾아온 요지를 이야기하였다.

"나는 비록 약한 몸이나 용기만은 있다고 스스로 생각하는바 못난 몸이지만 그대 아버지를 대신하여 종군하겠으니 나의 청을 거절하지 말아 주십시오."

라고 일종의 간접 사랑 고백을 하였다.

설 처녀는 매우 기뻐하여 자기의 아버지에게 상의를 하니 아버지도 상당히 좋아하였고 그 사람을 만나보자고 하였다.

"그대가 이 늙은이의 일을 대신하겠다고 하니 기쁘고 놀라워, 어떻게 이 은혜를 보답할까 생각하던 중 나의 미천한 딸을 그대에게 맡기고자 하는데 비록 못나고 어리석긴 하여도 그대가 좋다면 그대의 아내로 천거코자 한다네, 어떤가?"

사실 가실 소년의 마음은 설 처녀를 바라는 마음에서 징병을 대신하겠다고 한 것이었으니 아주 일이 잘 풀리는 것이었다.

가실이 크게 절하고는

"감히 바랄 수 없는 일입니다만 소원입니다."

하고는 아버지의 앞을 나와서는 가실은 설 처녀와 혼인할 날을 잡고자 하였다. 이에 설 처녀는

"혼인은 인륜지대사임으로 서둘러서 하면 안 됩니다. 소녀가 이미 마음으로 허락하였으니 죽는 일이 있더라도 저의 마음은 변하지 않을 것입니다. 저의 생각으로는 그대가 나라를 지키러 나갔다가 교대되어 돌아와서 적당한 날을 받아 예를 올려도 늦지

않으리라 생각됩니다."

그리고 설 처녀는 자기가 가지고 있던 거울을 두 쪽으로 쪼개어 하나씩 가지기로 하였다.

"이것은 우리 혼약의 징표이니 후일에 다시 하나로 합칩시다."

가실은 그때 좋은 말 한 마리를 가지고 있었는데 변방으로 가게 되면 그 말을 누가 키워줄 사람도 없는 터이라 그 말을 혼약의 선물로 주기로 하였다.

"이 말은 천하에 좋은 말이요, 뒤에 반드시 쓸 일이 있을 터인즉 지금 내가 변방으로 간다면 기를 사람도 없소. 간수하였다가 요긴하게 쓰도록 하십시오."

하고 헤어졌다.

당초대로 한다면 가실은 3년이 지나면 고향으로 돌아와야 하는데 그때 나라 사정이 무척 어려워 돌아올 수가 없었다. 그렇다고 설 처녀에게 늦게 되겠다고 연락을 취할 수도 없었다. 가실은 굶주림 속에서 오직 적의 침입을 방어하는 데만 정신을 쏟아야 했다. 설 처녀의 아버지는 이제 상당히 늙어가는 자신의 몰골을 보니 돌아오지 않는 가실을 기다릴 수가 없었다. 죽기 전에 딸의 혼사를 시키고 죽어야 했고 역시 설 처녀 나이가 과년하여 혹시 가실이가 전쟁에서 죽게 된다면 다른 혼처가 나서지도 않을 판이었다. 그래서 아버지는 딸에게 이르기를

"3년 기한이 이미 넘었으니 다른 집안에 출가하는 것이 좋겠다."

고 하니 설 처녀가

"어버이를 편안히 모시기로 가실과 굳게 약속하였고 가실도 역시 그렇게 믿고 있습니다. 종군하기 수년 간 가실은 굶주림과 추위

와 어려움을 견디며, 적과 마주서서 병기를 놓지 않고 있습니다. 마치 범의 입 가까이 있는 듯하면서도 항상 남의 웃음거리나 되지 않나 하고 두려워하고 있는데, 신의를 저버리고 식언한다면 그것을 어찌 인정이라 하오리까? 아버지의 말씀을 따를 수 없사오니 앞으로는 이런 말을 다시는 하지 마시기 바랍니다."
라고 하였다.

세월이 자꾸 흐르니 아버지는 조급함을 느꼈다. 딸에게 이런 이야기를 다시 할 수 없으니 딱할 수밖에 없었다. 그래서 동네 사람들과 짜고 딸 몰래 정혼을 하고는 날까지 받아두었다. 설 처녀는 아무것도 모르고 오늘도 내일도 가실 소년만을 생각하고 빨리 돌아오기만을 기다리고 있었다. 오직 가실이가 떠날 때에 그녀에게 주고 간 말만을 위해 일하였다. 말을 가까이 대하면 가실 소년을 대하는 것과 같았다.

그런데 어느 날은 이상하였다. 많은 동네 사람들이 집안에 들락거리고 음식들이 준비되곤 하였다. 눈치 빠른 설 처녀가 그것을 모를 리 없었다. 그래서 일단 도망을 가기로 하였다. 마구간에 가니 말은 무엇을 아는지 휘잉하면서 빨리 타라는 시늉을 하였다. 얼른 말을 타고 동네 어귀를 향해 달리기 시작하였다. 곧 동네 사람들이 설 처녀를 붙들기 위해 말을 탄 자 혹은 뛰는 자들이 뒤따랐다.

설 처녀는 말을 타고 동네 어귀를 막 벗어나려는데 앞에서 어떤 남루한 사람이 길을 가로막는 것이었다. 그러면서

"낭자! 내가 돌아왔소. 이 가실이가 돌아왔소."

그러나 설 처녀의 눈에는 가실이가 아니었다. 의복도 남루하고

몰골은 앙상하여 꼭 해골을 보는 것과 같았다. 그런데 말이 가실을 아는 척하고 가실 소년의 몸을 혀로 핥으려고 하기도 하고 반가워하는 것이었다. 설 처녀는 믿을 수가 없었다. 혹시 나를 잡으려는 사람이 중간에 숨어 있다가 그럴 것이라고 생각하였다. 곧 가실은 품속에서 깨어진 거울을 내보였다. 설 처녀도 품속에 고이 간직한 거울을 내어 맞추어 보니 이미 6년 전에 서로가 사랑의 징표로 나누었던 거울이 아닌가. 분명 가실이었다. 그렇게도 기다리던 님이 돌아온 것이다. 그런데 얼마나 고생을 하였으면 얼굴을 알아볼 수 없단 말이냐 하고 서럽게 울면서 자초지종을 이야기하였다.

집으로 돌아오는 모든 사람이 의아해 했다. 도망가던 처녀가 어떤 해괴하게 생긴 젊은 남자와 같이 들어서는 것이다. 설 처녀로부터

"이 분이 6년 전에 아버님께서 저를 맡으라고 하신 바로 그 가실입니다. 변방에서 얼마나 고생을 하였으면 얼굴을 알아볼 수가 없게 되었습니다. 곧 날을 다시 받아 이 분과 혼인토록 허락하여 주십시오."

그 자리에 모인 동네 사람들도 서로 축하를 하고 심지어는 강제로 설 처녀와 결혼하려던 총각까지도 두 사람의 만남을 축하해 주었다.

얼마 후 가실 소년도 편안히 지나다보니 전의 얼굴로 다시 돌아왔고, 길일을 택하여 혼인을 하였다. 많은 사람들이 축하를 해 주었다. 그날 밤 설처녀는 가실의 품에 안기면서

"서방님! 서방님이 주고 가신 말이 아니었다면 나는 이미 남의 아내가 되어 있을 겁니다. 그때 서방님께서는 이 말을 긴요할 때에

쓰라고 말씀하셨는데 우리들의 사랑을 저 말이 지켜 주었습니다."
라고 하니 가실은

"그래요, 우리 저 말과 같이 오랫동안 행복하게 살도록 합시다."
하면서 둘은 기쁨의 눈물을 한없이 흘렸다.

말무덤 이야기[21]

전라북도 장수군 산서면 오산리의 암가마을(바우거리) 뒷동산에 나무와 잡초에 덮인 말무덤이 있는데 이 말무덤에는 다음과 같은 전설이 내려오고 있다

임진왜란 때, 이 장군이라는 분이 말을 타고 싸움터에 나가 풍진을 일으키며 좌충우돌 용맹스럽게 왜병을 무찌르다 부상을 당하여

진도에 있는 말무덤 우리나라에는 이러한 말무덤들이 전국에 산재해 있는 경우가 많다.

---

21) 자료출처: 장수군지, http://www.jangsu.go.kr

이곳 바우거리에 와서 상처를 치료하고 요양하는 도중 상처가 아물자 다시 출전하기 위해서 말타기와 활쏘기 칼쓰기와 창쓰기 등 용병술을 익히기에 게을리 하지 않았다.

그런데 요양을 더해야 한다는 주위의 만류에도 불구하고 출전할 하루 전날 싸움에 만반의 태세를 갖추기 위해서 아침부터 말을 타고 뒷동산으로 나갔다. 말을 달리며 칼과 창을 쓰는 법, 활을 쏘아서 적중시키는 법 등을 수천 번 연습한 뒤에 시위를 당김과 동시에 말을 달려 화살이 표적에 꽂힐 무렵이나 그 직전에 표적에 도착해 화살을 물고 용마(龍馬)로서의 기량을 닦는 연습을 수없이 되풀이했다.

석양이 되어 이 장군은 마지막으로 시위를 당겼다. 말도 번개 같이 바람을 가르며 달렸다. 시간이 조금 흐른 뒤에 저 쪽에서 말이 고개를 늘어뜨리고 땀을 흘리며 화살을 물지 않은 채 비틀거리며 오지 않는가! 순간 이 장군은 화가 머리끝까지 치밀었다.

"이처럼 빨리 지쳐서 화살을 놓쳐 버린 약하고 둔한 말을 과연 어디다 쓴단 말인가!"
하면서 허리에 차고 있던 장검에 손이 닿기가 무섭게 말의 목이 땅에 뒹굴었다. 아뿔사! 이게 웬일인가? 말의 목에 화살이 꽂혀 있지 않는가!

먼저 달려 간 말이 뒤에 오는 화살을 입에 문다는 게 입 속으로 들어간 것이다. 이 장군은 자기가 경솔하였음을 크게 뉘우치고 불쌍하게 간 명마의 무덤을 그 자리에 마련해 주었다.

지금도 말무덤 동쪽 칠령사 부근 바위와 말무덤 서쪽 2km쯤 떨어진 장군바위에는 말발굽 흔적이 있는데 이 용마의 말발굽

자국이라고 한다.

3. 신비로운 존재로서의 말

산유리 말무덤 이야기[22)]

근세조선의 역사 설화를 보면 대개가 인간을 신격화시키든가 아니면 신비적 우화로 기록된 것을 알 수 있다. 여기 소개하는 전설도 그 범주를 벗어나지는 못하겠으나 타 지역의 전설과 대동소이(大同小異)하면서도 그 위치와 지명이 뚜렷하고, 후손들까지도 이를 믿고 있는 실정이므로 조금은 신빙성이 있다고 보여진다.

이야기는 이조 말엽으로 거슬러 올라가는데 일찍이 전주 이씨 효령대군(孝寧大君)파 후손으로 벼슬길에 올랐던 분이 역적의 무리들과 반란을 모의했다는 누명을 입고 파직되어 벼슬을 포기하고 전국으로 살 곳으로 찾아다니다가, 현재의 퇴계원 지방에 머물러 있었는데 그곳 역시 피신처가 되지 못할 것을 알고 다시 북쪽으로 올라와 경기도 가평군 산유리에 정착하기에 이르렀다.

그러나 재산은 없고, 벼슬길은 막혔으며, 또 극심한 가뭄이 들어 가솔(家率)들의 끼니도 제대로 이어가지 못하는 어려운 형편에 놓이게 되었다. 때로는 남의 집에 들어가 품을 팔고, 산에 올라가 풀뿌리를 캐다가 연명해야 하는 딱한 실정이었지만 누구 하나 거들어 도와주는 이도 없었다.

22) 자료출처: http://gptour.go.kr

이렇게 모진 고생을 겪고 지내던 어느 해 가을이었다. 그날도 산으로 도토리를 주우러 올라갔다가 나무 밑에 앉아 쉬고 있는데 어디서 왔는지 웬 과객이 산허리를 돌아 내려오더니 무슨 책인 듯한 것을 펴놓고 앉아 있는 것이 보였다. 그리하여 호기심도 생기고 해서 그 과객 곁으로 다가가니, 그의 행동으로 보아 무슨 도사(道士)처럼 보였고 책은 풍수지리(風水地理) 서적이 분명했다.

얼마간을 아무 말도 없이 곁에 꾸부리고 있으려니 그 과객은 묻지도 않는 혼자 말을 중얼거리고 있었다.

"허, 필시(必是), 명장출현(名將出現)이로다. 삼추이전에 장수출현 지로다……."

그는 지지임에 틀림없고, 삼추 이전하면서 탄식하는 것이 아닌가.

"도사 어른 삼추이전이 무슨 말씀이십니까? 알려주십시요."

"3추라 함은 춘하추동(春夏秋冬) 네 절기 가운데 가을 세 번을 말하는 것이니 즉 3년을 지칭하는 거외다."

그렇게 말대로 라면 이곳에 산소를 쓴 지 3추(三秋) 즉 3년이 경과되기 이전에 장수가 출현한다는 말이 틀림없었다. 이 산의 형국은 칼(刀)처럼 생겨 있어서 옛날부터 칼봉이라 부르고 있으며, 이 도사가 탄식한 곳은 이 칼봉의 칼자루 부분으로 학곡형(鶴曲形)이 분명하고 칼을 들어 천하를 호령하는 기상의 형국이라고 생각되었다.

한참이나 앉아 있던 과객 도사는

"자, 나는 그만 가겠소이다. 그러나 이 자리는 집안이 놀랠 형국이라오."

무슨 말인지 알 듯 모를 듯한 말을 남기고 그 도사는 어디론가

가버리고 말았다. 그 후 이 사람은 병을 얻어 몸져눕게 되었는데 스스로 천명(天命)을 알았음인지 마지막 유언으로 자신이 죽게 되면 칼봉 뒤 등선 학곡형 어느 곳에 묻어 달라는 말을 남기고 눈을 감았다.

아들은 아버지의 유언대로 장례를 치루고 또 다시 그날그날을 품도 팔고, 산도 일궈 살아가고 있었다. 세월은 흘러 겨울이 가고 다시 이듬해 가을이 지나면서부터 시집온 지 몇 년이 지나도록 태기가 없던 며느리가 임신하여 10개월(十朔) 만에 아기를 분만하였는데 용모가 뛰어난 옥동자였다. 이때가 바로 시아버님이 돌아가신 후 3년이 되는 무렵이었다.

모처럼 보는 아들이요, 용모가 비범하여 두 부부는 마냥 즐겁고 고마워서 매사에 힘드는 줄도 몰랐다. 그러나 이 무슨 변고란 말인가? 아기가 태어난 지 사흘 만에 밖에 나가 빨래를 하고 돌아온 그의 어머니는 문을 열고 소스라쳐 놀래 버리고 만 것이다. 이제 겨우 낳은 지 사흘인데 이 아기가 방 윗목에 달아 놓은 선반 위에 올라가 있는 것이었다.

엉겁결에 아이를 내려놓고 보니 이 아이 겨드랑이에 조그만 날개가 달려 있었다. 두 내외 부부는 서로 앞으로 일을 궁리해 보았지만 별다른 묘책이 없었고, 그렇다고 이 사실이 이웃에 알려지면 큰 소문이 날 터인데 만일 나라 조정에서 알게 되면 장사가 났다고 하여 죽여 버리라는 어명이 내릴 것인지라 만 하루를 근심하던 끝에 아기 겨드랑이에 생겨난 날개를 인두로 지져 없애기로 하고 아기가 잠든 사이에 인두를 불에 달구어 지져 버리고 말았다.

두 날개를 잃은 아기는 그날 밤 큰 비명을 지르더니 이내 죽어

버리고 말았다. 아기가 죽은 그 이튿날부터 아랫마을에 있는 달맞이 봉 위에서 백마가 나타나 울기 시작하더니, 그로부터 사흘 만에 박달골 입구 뒤뜰(속칭 말무덤)에 내려와 죽어 버렸다. 동리 사람들은 그 백마를 날개 달린 아기가 앞으로 타고 다닐 말이었다고 애석해 하며 뒤뜰에 묻어 주었는데 그때부터 이 무덤을 말무덤으로 부르게 되었다고 전해 온다. 이 이야기는 가평군 가평읍 산유리 갈치부락 전주이씨 후손에게 전해 오는 이야기다.

단양군 영춘면에 전해지는 말 관련전설[23)]

용소물

용소에는 다음과 같은 이야기도 전한다. 이 마을이 처음 생겨날 무렵, 이곳에는 한 내외가 노부모를 모시고 살고 있었다. 내외의 금슬은 퍽 좋았으나 아들을 두지 못해 걱정이었다. 그래서 부인은 우물가에 정화수를 떠놓고 아들을 점지해 주십사 백일치성을 드렸다. 부인은 치성의 효험을 보았던지 태기가 있었고 몇 달 후에 옥동자를 분만하였다. 그런데 낳은 지 3일이 되던 날 산모가 잠시 자리를 비운 사이 아기는 방 네 귀에 명주실을 매어 놓고 재주를 넘으며 명주실 위를 다니는 것이었다. 그리고 아이의 겨드랑이 밑에 날개가 돋아 나와 있었다.

깜짝 놀란 어머니는 범상하지 않은 아이임을 알게 되고 이것을 남편에게 이야기했다. 아기 아버지는 만일 장수가 되면 역적으로 몰려 삼족이 멸망하게 되는 것이 겁이나 아기를 죽이기로 결심하였

---

23) 자료출처: http://www.danyang.chungbuk.kr

다. 아기를 엎어 놓고 등 위에 콩 한 가마니를 놓았으나 죽지 않아서 다시 한 가마니를 더 올려놓았더니 3일 만에야 죽고 말았다. 아이가 숨을 거두자 별안간 하늘에 먹구름이 일고 천둥이 요란하더니 동네 밖에 있는 늪〔沼〕에서 용마 한 마리가 뛰어나와 3일 동안 마을 안을 헤매다 신기터에 가서 죽고 말았다. 장수 나오기만 기다리던 용마가 장수가 죽자 같이 죽은 것이다. 그래서 용마가 나온 늪을 용소라고 하게 되었다는 것이다.

비마루 묘

영춘면 사지원리에는 비마루라는 동네가 있다. 조선시대 말엽 이 마을에는 남씨 일가가 살고 있었다. 남씨에게는 아들 삼형제가 있었는데 큰아들과 셋째 아들은 생활이 방탕하여 부친의 눈 밖에 났으며, 둘째 아들만이 효성이 지극하고 학업에도 힘을 써 부친의 총애를 받아 왔다. 남씨가 연로하여 노환으로 운명을 목전에 두자 세 아들을 불러놓고 유언을 하였다. 자기가 죽거든 이미 잡아 놓은 묘 자리에 묘를 쓰되 거꾸로 쓸 것이며, 묘 앞에 못을 파고 그 옆에 나무로 용마를 깎아 세워 놓았다가 후일에 이 용마를 타고 입궐하면 나라의 큰일을 이룰 수가 있다는 내용이었다. 남씨는 이 말을 되풀이하며 죽어갔다.

부친이 죽은 후 둘째 아들은 유언대로 하고자 했으나 첫째 아들은 아무리 유언이라 해도 묘를 거꾸로 쓸 수 없다 하며 우겼으므로 할 수 없이 둘째도 묘를 바로 쓰고 말았다. 그런데 얼마 후 서울에서 역적모의가 탄로 났는데 죽은 남씨도 이에 연루되었다 하여 조정에서 관원이 내려와 남씨의 묘를 파헤치고 부관참시의 형을 집행하게 되었다. 관원이 남씨의 묘를 파헤치자 묘 속에서 용과 학 두 마리가 나타나더니 용은 슬피 울며 산으로 달아나다 관원의 창에 찔려 죽었고 학 두 마리는 지금의 가마소로 날아가다 역시 사람들에게 잡혀 죽었다. 사람들은 남씨의 유언대로 묘를 거꾸로 썼으면 그때 세상이 달라졌을지도 모른다고 하였다.

의마총

영춘면 오사리는 조선시대 때에 역이 있던 곳이다. 옛날에 오사역에 김준남이라는 역노가 있었다. 어느 날 역노는 말을 끌고 청풍으로 가게 되었다. 청풍이 바라보이는 곳에 남한강이 있어 강을 건너게 되었다. 말을 끌고 강물 가운데까지 갔을 때 물살에 휘말린 역노는 그만 익사하고 말았으며 말은 간신히 강을 건너게 되었다. 주인을 잃은 말은 오사역에 돌아온 후에는 슬피 울기만 하고 먹이를 먹지 않았다. 밤낮을 울기만 하던 말은 그만 굶어죽고 말았다.

역졸들은 주인을 잊지 않고 순사한 말을 거적으로 싸서 장사지내 주었다. 그런데 동네에 행실이 좋지 않은 소년 서넛이 죽은 말의 고기를 몰래 먹어 버렸다. 그러나 말고기를 먹은 소년들은 며칠을 앓다가 모두 죽어버렸다. 동네 사람들은 충절스러운 말고기를 먹었으므로 천벌을 받았다고 믿었다. 물에 빠진 역노의 가족들은 남은 말의 시체를 거둬 무덤을 만들어 주었다. 사람들은 그 무덤을 말무덤 또는 의마총이라고 불렀다.

3장

우리 생활 속의 말 이야기

1. 말과 관련된 재미있는 말

말과 관련된 우리말

아득한 옛날부터 우리나라에는 현대를 사는 보통사람들이 생각하는 것보다 말이 많았다고 한다. 따라서 우리 민족의 생활은 말과 밀접한 관계를 맺어왔고, 말에 관한 어휘도 세계의 어느 나라 못지않게 많았다. 그러나 광복 후 본격적인 근대화 과정을 거치며 교통수단으로 남아 있었던 말의 숫자가 급격히 줄어들고, 말이 우리 생활과 멀어져 가면서 말에 관한 언어도 점점 사라지고 있다.

이렇게 묻혀 버린 우리 고유의 말을 몰랐거나, 찾아내지 못해서 안 쓰는 것이 많다. 특히 우리는 거의 모든 문화가 그러하듯이, 약 반세기에 걸친 일제의 침략으로 말에 관한 말까지 우리 것을 빼앗기고 일본의 용어를 그대로 받아서 쓴 것이 많았던 탓으로 해방 후 60년이 지난 지금까지 아직껏 왜색 짙은 용어들을 그대로 사용하고 있는 경우가 있다.

말에 관한 고유의 우리말을 체계적으로 정리하기에는 상당한 시간과 노력이 필요하겠으나 우선 국어사전에 묻혀 '사전 속의 말'로만 숨어 있는 낱말을 찾아보면 재미있고 고운 말 들이 숱하게 나타난다.

말의 종류를 나타낸 한자로는 구(駒), 래(騋), 융(駥), 총(驄), 노(駑), 태(駘) 등이 있다. 구(駒)는 2세마까지의 망아지 또는 5척 이하의 작은 말을, 래(騋)는 7척의 큰 말을 말하며 융(駥)은 8척의 초대형으로 크고 세찬 말을 말하며 총(驄)은 용마니 마용이니 해서 준마(駿馬)와 같은 뜻으로 쓰이며 노(駑), 태(駘)는 노둔한 말(駑駘最下乘)로서 최하위급 말을 가리킨다. 작은 말을 현구(玄駒)라고도 하며 특히 우리나라의 작은 말은 말을 탄 채 과일나무 밑을 지날 수 있다 해서 예로부터 과하마(果下馬)라 불렀다고 한다.

우수한 말을 용마(龍馬)라고도 하는데 용마는 본시 중국의 고대 복희씨(伏羲氏) 때 팔괘(八卦)를 등에 싣고 나왔다는 말을 가리키는 말이었으나 후세에 와서 용총(龍驄), 총마(驄馬), 준마(駿馬)가 모두 같은 뜻으로 쓰이게 되었으며, 관운장이 탔다는 적토마(赤土馬)나 천리마(千里馬), 천총마(千驄馬) 역시 모두 우수한 말을 가리키는 말이다.

이들 한자어를 토대로 해서 다시 우리나라 고유의 언어로 발전한 것으로 생각되는 단어들이 많다. 이들 말에 관한 언어에는 특히 털의 색에 따라 말을 부른 호칭이 많은데 총이(驄), 가라(加羅) 등 한자음이 남아 있는 것과 절따(赤多) 등 변음한 말이 있는가 하면 한자와는 전혀 관계가 없는 것 같은 순수 우리말도 있다. 이 언어들의 어원은 만주 또는 몽고계에서 온 것이 많은 것으로 알려져 있는데 자세한 것은 알 수 없으나 우리나라 말(馬)이 본래 만주나 몽고지방에서 들어온 곳이 많다는 점에서 수긍이 간다.

말의 모색별 호칭 중에서 주된 것들을 간추리면 다음과 같다.[24)]

총이, 청총이, 돗총이: 검푸른 말(靑馬)을 가리킨다.

먹총이: 검은 털과 흰털이 섞인 말을 말한다.

철총이: 몸에 검푸른 점이 박힌 말을 말한다.

연전총이: 털빛은 검푸르고 돈 모양의 잎 같은 무늬가 박힌 말을 가리킨다.

백설총: 몸은 희고 주둥이만 검은 말을 가리킨다.

부루: 흰 말(白馬)을 뜻하지만 일반적으로 백마가 사용되기에 잘 쓰이지 않는다.

적부루: 흰 털과 붉은 털이 섞인 말. 별칭은 홍사마(紅紗馬)라고 한다.

청부루: 푸른 털에 흰 점이 있는 말을 가리킨다.

황부루: 누런 바탕에 흰색이 섞인 말을 가리킴. 토황마(土黃馬)나 도화잠불이라고도 함.

공고라: 주둥이가 검은 황색말을 가리킨다.

굴헝말(구렁말): 일반적인 밤색 말을 뜻한다.

절따말: 붉은 말(赤多馬)을 가리킨다.

부절따말: 갈기가 검은 절따말을 말한다. 다시 말해 전체적으로는 붉은색이면서 갈기만 검은색인 말을 말한다.

표절따: 누런 바탕에 흰 털이 섞이고 갈기와 꼬리가 흰 말. 은종마(銀鬃馬), 표마(驃馬)라고도 한다.

---

24) 『굽소리』, 1985년 1월호, 한국마사회, 81쪽 참고.

가라말: 검은 말.(加羅馬)을 말한다.
청가라: 검붉은 색의 말로 털의 반짝이는 윤기가 돋보인다.
표가라: 몸은 검고 갈기가 흰 말을 말한다.
가리온: 털이 희고 갈기는 검은 말을 가리킨다. 다른 말로 해유마(海騮馬)라고도 한다.
간자말: 말의 이마와 뺨이 흰 말을 가리킨다.
찬간자: 말의 얼굴과 이마가 흰말들 중에서 몸의 색은 푸른 말을 가리킨다.
실간자: 말의 얼굴이나 이마에 실 같이 가는 흰 줄이 있는 말을 말한다.
별박이: 이마에 흰 점이 있는 말을 가리킨다. 소태성, 대성마(戴星馬), 백전(白顚), 적노마(馰盧馬), 적성마(馰顙馬)라고도 한다.
워라말(월아말): 털빛이 얼룩얼룩한 말. 화마(花馬), 유부루 말이라고도 한다.

말(馬)과 말(語)의 꽃피움-고사성어(故事成語)

食馬肉 不食酒 傷人 : **말고기를 먹고 술을 마시지 않으면 사람이 상한다.**

예부터 말고기에는 약간의 독소가 있어 그 해독제로서 술을 곁들여 마셔야 한다고 전해 온다. 그 독이 무슨 독인지는 알 수가 없으나 『사기(史記)』에서 나타나고 있는 이 문장은 벌써 3천여 년 전부터 전해져 오는 의미이다. 그 유래에 대한 이야기는 다음과 같다.

옛날 중국의 진(秦)나라 목공(穆公)은 도량이 크고 마음이 너그러운 임금이었는데 어느 때 사냥을 나갔다가 밤새 마구간에 매어둔 말 여러 마리를 도둑맞았다. 군대를 풀어 추적한 결과 산중에 사는 야인(野人)들이 훔쳐가 잡아먹고 있는 현장을 목격하게 되었다. 장수들은 이 말 도둑을 잡아 처형하려는데 목공은 이를 만류하고 놓아줄 뿐 아니라 술까지 나누어주었다. "내가 들으니 좋은 말고기를 먹고 술을 마시지 않으면 식중독을 일으킨다더라."

야인들은 술을 나누어 마시고 감격해서 돌아갔다.

수년이 흐른 후 진(秦)나라는 말 때문에 이웃 진(晋)나라와 싸우게 되었다. 진(晋)나라 임금 혜공(惠公)은 흉년이 들었을 때 진(秦)나라에 흉년이 들자 배은망덕하게 은혜를 갚기는커녕 이를 기회로 진나라를 공격하게 되었다. 양국의 군사가 싸우다가 서로 상대국의 임금을 포위하게 되었는데 목공이 위기일발에 처해 있을 때 난데없이 산위에서 수백 명의 야인들이 칼을 휘두르며 바람같이 적진으로 쳐들어가 목공을 구출해 내는 것이었다. 반대로 진나라 혜공은 포로가 되어 항복을 했는데 목공이 야인들을 물러 큰 상을 내리려 하자 그들은 상을 사양하면서 "우리는 이미 수년 전에 큰 상을 미리 받았습니다. 말에다 술까지 주셨습니다."라고 말했다고 한다.[25]

부마(駙馬): 임금의 사위를 부르는 단어

우리는 사극을 볼 때나 역사책을 보았을 때, 한번쯤은 부마라는 단어를 접했을지도 모른다. 일반적으로는 "임금님의 사위"를 부르는 단어로 쓰인다. 그런데 왜 임금님의 사위를 부마라고 부를까?

부마는 부마도위(駙馬都尉)라는 벼슬의 이름을 줄인 것으로 부마도위는 한무제(漢武帝) 때 처음으로 생긴 벼슬이다. 부마는 본시 임금이 타는 예비수레에 속한 말인데 이 말을 관리하는 벼슬이 부마도위였다. 과거제도가 생기기 전에는 일정한 정원이 없이 임금

25) 『굽소리』, 1985년 1월호, 한국마사회, 65쪽.

이 자기 마음에 드는 사람에게 이 벼슬을 주었는데 대신과 같은 높은 봉록을 받았다. 그러다가 위(魏)나라와 진(晋)나라 이후에는 공주의 남편 되는 사람에게 벼슬을 주게 되면서부터 임금의 사위를 부마라고 부르게 된 것이다. 부마에 대하여 진나라의 간보(干宝)라는 사람은 『수신기』란 책에 재미나는 이야기를 꾸며 넣었다고 한다. 그 이야기는 다음과 같다.

춘추전국시대에 신도도(辛道度)라는 사람이 공부하러 가는 길에 진(秦)나라의 수도였던 옹(雍)이란 도시를 지나다가 어느 날 낯선 집 앞에서 요기를 청하게 되었다. 시녀를 따라 안으로 들어가니 뜻밖에도 아름다운 여인이 나와서 인사를 하고 진수성찬을 차려 대접하며, 사흘만 자기와 부부가 되어 달라고 간청을 했다. 그녀는 자신이 얼마 전까지 진(晋)나라 민왕(閔王)의 딸이었는데 조(曹)나라로 시집을 가기로 약혼이 된 직후에 그만 병이 나서 죽고 말았다고 말한다. 도령을 만난 것도 인연이니 사흘만 묵어가 달라고 말했다.

사흘 밤이 지난 후 신도도가 떠나려 하자 침상 밑에 둔 상자에서 황금베개를 꺼내 이별의 선물로 주었다. 신도도는 얼마를 가다가 돌아보니 그 곳에는 집도 없어지고 무덤 하나만 있었다. 그러나 그가 품안에 가진 것은 황금 베개가 틀림없이 있었다. 후일 그는 옹(雍)으로 가서 길거리에서 황금베개를 살 사람을 구하고 있는데 마침 진나라 왕비가 지나가다가 이상하게 여기고 내력을 물었다. 왕비는 베개를 보고, 3년 전에 죽은 딸의 베개라는 생각이 들어서 의심을 품고는 딸의 묘를 파서 확인케 해보게 하였더니 무덤은 이상이 없고 베개만 없어졌을 뿐 아니라 시신에는 정을 나눈 흔적도 뚜렷하였다. 이를 확신한 왕비는 신도도를 자신의 사위가 된 것이라고 하면서 반가워했다. 그 후 그를 부마도위로 봉하고 후한 대접을 해주고서 고향으로 보냈다.[26)]

마이동풍(馬耳東風): 말귀에 듣는 춘풍

사람들이 일반적으로 흔히 쓰는 사자성어인 '마이동풍'은 '소귀에 경 읽기', '우이독경', '대운탄금'과 마찬가지로 남의 의견이나 비평, 또는 충고 따위에 전혀 귀 기울이지 않거나, 둔한 사람은 아무리 가르치고 일러주어도 알아듣지 못한다는 것을 이르는 사자성어이다. 이 뜻의 단어가 사용 된 유래에는 다음과 같은 이야기가 전한다.

마이동풍은 이백의 장시 왕십이 이백에게 '추운 밤에 혼자 술잔을 기울이며 감회에 서린다'는 시를 보낸 것에 대해서 이백이 회답으로 보낸 장시(長詩) 「왕십이의 추운 밤에 홀로 잔을 드는 심사에 답하노라」의 한 구절이다. 왕십이라는 친구는 자신의 불우한 심정을 이백에게 호소했다. 그래서 이백은 썰렁한 밤에 외로이 술을 마시고 있는 친구의 모습을 떠올리면서 '시를 지어 술을 마시고 만고의 수심을 씻어 버리게. 자네처럼 고결하고 출중한 인물은 지금의 세상에서는 어울릴 수 없음이 오히려 당연한 일이 아니겠는가?하고 위로를 했다고 한다. 그 내용을 살펴보면 아래와 같은 이유에서 "동풍이 말의 귀를 스치는 것과 같네."라고 말한 것에서 비롯되었다고 한다.

'요새 세상은 닭싸움[27]의 기술이 능한 자가 임금에게 귀여움을 받아 큰 길을 활개 치며 돌아다니거나 아니면 오랑캐의 침입을 막아서 서 푼어치 전공이나 세운 인간이 최고의 충신인 양 으스대는 세상일세. 자네나 나나 그러한 인간들의 흉내를 낼 수는 없지 않은가. 우리는 차라리 복장에 기대에 시를 읊고 노래나 지으세. 그러나

---

26) 『굽소리』, 1985년 5월호, 한국마사회, 35쪽.

27) 당나라 시대에는 왕족과 귀족들 사이에서 이 놀이를 무척 즐겼다고 한다.

우리의 작품이 아무리 훌륭하고 천만 마디에 달하는 걸작이라 하더라도 지금 세상에서는 한 잔의 맹물만큼도 값어치가 없네. 세상 사람은 이것을 듣고도 고개를 휘젓고 동풍(東風)이 마이(馬耳)를 스치는 것과 다름없네.[28)]

노마지지(老馬之智) : 늙은 말은 지혜가 있다. 즉, 사물은 각기 장점이 있다.

노마지지란 말은 늙은 말은 기운(힘)이 없어서 쓸모가 없는 것 같지만 지혜(연륜)가 있음을 강조하는 뜻으로, 하찮은 늙은 말같이 쓸모가 없어 보이는 생물이라도 나름대로 장점이 있다. 그러므로 세상에는 모든 생물이 장점과 의미가 있으며, 그 각자 생물체들을 무엇 하나 버릴 것 없이 적의적절하게 이용해야 된다는 뜻이다. 그 유래와 관련된 이야기는 다음과 같다.

관중(管中)은 춘추시대의 다섯 영웅 중의 한 사람인 제환공(齊桓公)을 도운 명재상이다. 그 관중의 병환이 중태에 빠졌을 때 자기 후임자에 대한 환공으로부터 질문을 받고, 소위 '관포지교(管鮑之交)'를 맺은 포숙아보다 습붕이 훨씬 나은 적임자라고 추천했다. 환공이 이 관중과 습붕들을 이끌고 소국인 고죽을 토벌하고자 군사를 일으켰을 때의 일이다.

공격을 시작했을 때는 봄이었으나 싸움이 끝나고 귀로에 오를 때는 계절도 어느덧 겨울이 되어 있었다. 살을 에는 찬바람과 악천후 속의 행군은 갈 때와는 전혀 달라 고생이 대단했다. 산을 넘고 골짜기를 넘어 고생고생하면서 병력을 진군시키고 있을 때 환공의 군사가 돌아가는 길을 잃은 적이 있었다. 혹독한 추위 속에 덜덜 떨면서도

28) 『월간 마장(馬場)』, 1987년 9월호, 마장사, 134쪽.

지휘관들은 이쪽이다, 저쪽이다 하면서 갈팡질팡 방향을 못 잡고 있을 때, 관중은 딱 잘라 "이런 때는 나이 많은 말이 본능적 감각으로 길을 찾아낸다."라고 말했다. 그래서 짐을 실은 말 중에서 한 마리의 노마(老馬)를 골라 수레에서 풀어 주었더니 말은 잠시 두리번거리며 코를 벌렁거리더니 곧 어느 방향으로 걷기 시작했다. 그것을 따라 눈으로 덮인 숲 속, 바위 사이를 헤치고 지나는 사이, 마침내 제 길을 찾아 병사들은 무사히 행군을 계속할 수 있었다. 또한 험한 산 속 길을 진군했을 때는 샘이나 냇물을 찾기가 어려워서 병사들 모두는 가지고 있던 물을 다 마셔 버렸다. 군사들은 목마름을 견디지 못하고, 더 이상 걸을 수가 없었다. 이때 습붕이 "개미라는 곤충은 겨울이면 산 남쪽에 집을 짓고, 여름이면 산 북쪽에 집을 지으니 개미집을 찾아 그 밑 8척까지 파면 물이 나온다."라고 말했다고 한다. 그래서 개미집을 발견해서 그 지하를 파니까 불과 몇 척 밑에서 샘이 솟았다고 한다.[29)]

지록위마(指鹿爲馬) : 윗사람을 농락하여 권세를 마음대로 휘두른다는 뜻이다.

지록위마라는 말이 탄생하게 된 연유에는 다음과 같은 이야기가 있다.

진시황(秦始皇)이 하북성 지방을 시찰하던 도중에 갑자기 병이 나서 앓게 되었다. 그리고 충직한 신하들의 조치에도 불구하고 숨을 거두었다. 이때 태자인 부소(扶蘇)는 부대를 거느리고 흉노의 침공을 막고 있었으므로 부왕의 임종 때 유언조차 받지 못했고, 어린 동생 호해(湖亥)가 부왕의 마지막을 지켜보았다. 이 기회를 이용해 재상 이사(李斯)와 환관 조고(趙高)가 서로 짜고 진시황이 큰아들 부소에

29) 『월간 마장(馬場)』, 1987년 12월호, 마장사, 131쪽.

게 내리는 유언을 가로채고는 거짓 유언 두 통을 만들었다. 그 내용 중에 하나는, "제왕은 둘째 아들 호해가 이어받는다."이고 다른 하나는 "부소는 사약을 내려 자결토록 한다."는 것이었다.

태자 부소는 이런 가짜 유서를 전해 받은 후 곧 자결하려 했으나 그의 심복 부하인 몽념(夢恬)이 거짓임을 의심하여 부소에게 자세히 조사해야 된다며 자결을 막았다. 그러나 부소는 "부왕께서 이미 사약을 내려 자결토록 명했는데 조사는 해 무슨 소용이 있겠는가?" 하고 자살하여 몽념 역시 그를 따라 죽었다.

둘째 호해는 나이도 어린 데다 경험도 하나도 없는 애송이니 그가 황제가 됐을망정 그저 자리에 앉아 있을 뿐이고 정치는 조고의 손에서 놀아났다. 조고의 권세가 날로 커져 갔지만 아무리 해도 같이 음모를 꾸며 성사시킨 이사가 그에게는 두려운 존재로 남아 그를 괴롭혔다. 마침내 조고는 어린 황제를 맞은 후 2년 뒤에 반역을 꾀하고 있다고 이사를 모함을 하고는 왕의 명령으로 그와 그의 가족과 친족들을 모두 목 자르게 했다.

어린 황제는 어리석어서 이따금씩 조고에게 "그대 조공이 아니었다면 이 몸은 이사의 손에 죽어 없어졌겠구료."했다고 한다. 그 황제 3년에 조고를 재상으로 승격시키니 그의 권력은 드디어 나라의 운명을 좌우하게 되었다. 그로부터 그는 그의 뜻에 어긋나는 사람이면 이것저것 따질 것 없이 죽이고 살리는 일이 하루가 멀다 하고 일어났다.

조고는 황제의 자리까지 넘보게 되었지만 귀족출신이 아니라서 대신들이 지지할지는 의심스러웠다. 그리하여 그는 우선 조정 대신들의 반응을 살펴서 자신의 지지도가 어느 정도인가를 알기로 했다. 며칠 후 조고는 사슴 한 마리를 황제 앞으로 끌고 왔다.

"폐하! 오늘 신이 혈통 좋은 망아지 한 마리를 구하여 여기 드리는 바이옵니다. 하루에 천 리를 달리고 밤에도 팔백 리를 달리는 천하의 준마이옵니다."

왕은 이 말을 듣자 두 사람 중 누군가 미친 게 아니면 사슴을 말이라고 하거나, 말인데 사슴으로 보이는 노릇이 아닐까 싶었다. 왕은 이리저리 훑어보다가 "재상! 재상은 미쳤소. 농담을 하는 것이오. 엄연한 사슴을 갖고 말이라니 대낮에 왜 이러시오?" 하고 물었다.

그러자 조고가 벌컥 몸을 돌리어 눈을 크게 뜨고는 좌우 측근들을 둘러보고는 다시 큰소리로 왕에게 말했다. "아니올시다. 폐하! 틀림없는 말이옵는데 어찌 사슴이라고 하십니까? 폐하!"

왕은 내심 어불성설인 줄 알면서도 요즘 내가 울적하니까 내 기분을 풀어준답시고 익살을 떠는 줄 알고 모르는 척 "좋소! 재상은 말이라고 하고 나는 사슴이라고 했으니 어디 이 자리에 있는 대신들에게 이것이 사슴인지 말인지 물어 봅시다."라고 제의했다. 백관들에게 공정한 판단을 얻겠다는 국왕의 제의에 신하들은 난색을 표명하면서도 둘 중 하나의 답을 해야만 했다. 사슴은 분명한 사슴인데 솔직히 그대로 말하면 재상의 미움을 살 것이고 말이라고 하면 왕을 속이는 것이 되고, 그렇다고 입을 다물어 대답을 피할 수도 없어서 모두들 난감해 하고 있었다. 이때 조고는 두 눈을 퍼렇게 치켜뜨고 주위를 둘러보았다.

얼마간 침묵이 지난 뒤 조고가 사슴을 앞으로 끌고 오게 하고는 더욱 큰 소리로, "폐하! 다시 한 번 잘 보십시오. 그리고 대신들도 똑똑히 잘 보시오. 이렇게 뿔이 나고 몸에 흰 무늬가 있는 사슴이 세상에 어디 있단 말이요!"하고 호령하듯 악을 썼다.

백관들은 하나같이 조고의 위협에 눌려 꼼짝을 못했고 앞 다투어 입을 열었다. "네, 옳습니다. 이것은 말입니다." 하고 대답했는데 그래도 차마 말이라고 할 수가 없었던 몇 사람이 머뭇거렸지만 조고의 오싹한 눈초리에 식은땀이 나서 "정말 사슴이 아닙니다."라고 얼떨결에 말했다. 이어서 득의만면한 조고가 미친 듯이 껄껄 웃었다. 그 순간 왕은 어이가 없어서 주위를 두리번거릴 뿐이었다.

그 후부터 왕은 나라의 정치 일체는 물론이고 어떤 일에도 함구무

언이었으며 얼마 후에는 결국 조고의 흉계에 살해되고 말았다.[30]

매사마골(買死馬骨) : 죽은 말의 뼈다귀를 산다. 즉, 소용없는 것을 기다린다는 뜻이다.

매사마골이라는 사자성어가 탄생하게 된 연유에는 다음과 같은 이야기가 있다.

연(燕)나라 후주(厚州)에 자은(子恩)이라는 처녀가 살고 있었다. 자은의 집안은 신분으로 보아 그다지 좋은 편이 못 되고 어머니가 포를 짜서 아버지가 팔러 다니니까 행상이나 마찬가지였으므로 천민이나 다름없었다. 그래도 어머니가 아침저녁으로 포를 짜면 보름에 두어 필씩은 짜냈으니까 먹고사는 데는 어려움이 없었다.

그런데 이웃 고을의 큰 사대부 집안에서 큰일이 있어 포를 많이 사야한다고 전갈이 왔다. 아버지는 그 사대부 댁이 언제나 포 값을 후하게 쳐주니까 신바람이 났고, 뭐 누고 뭐도 못 본다는 정도로 부인하고 부지런히 짜 댔다. 그리고는 간신히 기일에 맞춰 포 삼십 필을 챙기고는 사대부 댁으로 떠났다. 그런데 물량이 워낙 많아서 혼자 들고 가기가 어려워 딸 자은과 나누어 메고 가야만 했다. 사대부 댁에선 갖고 온 포를 살피고는 그 자리에서 합격이면 한 푼의 에누리도 없이 달라는 대로 포 값을 다 내주었다. 그런데 이때 자은을 유심히 바라보던 그 집의 아들 원지서(原之西)가 자은과 그의 아버지를 거실로 불러 들여 말을 걸었다.

"참 예쁜 딸을 두었소. 올해 몇이요?"

"열아홉입니다. 철부지여서 세상물정 아는 것이 없습니다. 도련님."

"아니요, 볼수록 슬기 있게 보이니 예쁨이 더욱 두드러지오." 하고

30) 『월간 마장(馬場)』, 1988년 5월호, 마장사, 105쪽.

는 딸 손에다 조그마한 은 장신구 하나를 쥐어 주었다. 그것은 사랑의 고백이었다. 딸은 그것이 무슨 뜻인지를 알고 있었다는 듯이 얼굴을 붉혔다.

이튿날 원지서는 자은을 찾아왔다. 자은의 아버지, 어머니는 다른 이도 아닌 웬만한 사람은 죽이고 살리는 사대부 댁 아들이니 이런 영광이 또 어디 있느냐 싶었고, 사랑의 고백인 은장신구까지 받았으니 일이 잘되어 정식부인은 아니더라도 둘째나 셋째, 아니면 여섯째 소실로 들어앉기만 해도 팔자를 고치게 된다면서 딸보다도 부모가 더 가슴 설레고 부푼 파국이었다. 그 날 원지서는 자은과 잠자리를 같이했다. 그 잠자리는 여러 번 계속되었다.

그런데 사대부 댁의 집안사정이 여의치 않고 정략상 불가피한 관계가 생겨서 사대부 집 딸과 결혼을 하게 되었다. 그리고는 원지서의 발길이 끊겼고, 땅 얼마를 주겠다는 하인의 기별이 왔다. 그것은 곧 소실로도 받아들이지 않고 보상을 해준다는 결정이었다.

자은의 심리적 타격은 컸다. 그렇다고 천민이 귀족에게 항의하기란 쉽지 않았으므로 그럴 경우 그저 눈물만 흘리며 돌아서야 했다. 자은의 마음에는 그까짓 몇 푼어치의 땅이 흐뭇하지 않았다. 이럴 수가…… 그렇다고 단단히 믿었던 것도 아니지만, 그는 몇 날을 고민했다.

딸의 딱한 모습을 보다 못한 어머니가 자은에게 다가 앉으며 "자은아, 매사마골이란다. 믿었던 너나 내가 잘못이었지. 쯧쯧…… 하여간 뭐라도 먹어야 되지 않겠니?"하며 어루만졌지만 자은의 귀에는 들어오지도 않았다.

그 시대의 보통 여자라면 그럴 경우 그런 숙명으로 체념하고 만족하기 마련인데 자은의 성격은 불같아서 점차 복수심에 불타기 시작했다. 그리고는 그의 총명한 눈동자가 뭔가를 결심한 듯 반짝 빛났다. 여자의 한에는 오뉴월에도 서리가 내린다는데, 허공을 응시하는 그녀의 얼굴에는 야릇한 미소까지 감돌았다.

자은은 어느 날 한밤중에 조용히 일어났다. 오늘도 뒷동산의 소쩍새가 누굴 부르는지 마냥 울어댄다. 그는 구석에 숨겨 놓았던 비수를 꺼내 가슴 속에 넣어 품고 살며시 집을 나섰다. 사대부 집에 도착한 자은은 어둠 속에서도 원지서가 달콤한 잠에 빠진 신혼 방이 어디에 있는지를 잘 알고 있었다. 으리으리한 궁전 같은 집이었지만 자은은 전에 와본 적이 있어서 위치를 찾는 데 당황하지 않았다. 뜰 옆에 하인인 듯한 사람 둘이 뭔가를 챙기고 있었지만 자은은 소리를 죽여 가며 그곳을 빠져 나갔다. 자은은 신혼부부 방으로 다가가 문을 열고 숨어 들어갔다. 어두컴컴한 속에서도 두 알몸이 희미하게 눈에 비쳤다.

자은이 빼든 비수가 번쩍이면서 번개같이 두 사람에게 내리 꽂혔다. 그리고는 휙 돌아 자신의 가슴에도 꽂았다. 순간 신혼부부의 방에서는 비명소리가 들렸다. 식구들은 자다말고 너나없이 후다닥 일어나서 불을 켜들고는 뛰어 왔다. 신혼 침실로 들어온 식구들은 놀랐다. 피투성이로 쓰러져 있는 세 사람 중에 신혼부부 이외에 한 사람은 자은이라는 것을 알았기 때문이다.[31]

죽마고우(竹馬故友) : 어릴 때부터 같이 놀며 자란 친구를 가리키는 말이다.

죽마는 대나무로 만든 말로, 아이들의 장난감이다. 죽마지우는 죽마를 타고 놀던 어릴 때의 친구, 즉 소꿉동무를 말한다. 다음의 이야기로 사정이나 위치가 변하는 성인이 되었음에도 변함없는 어릴 적 진정한 우정을 짐작할 수 있다.

중국 제(齊)나라 때, 덕취(德就)라는 곳에 한옥(寒玉)이라는 아이

31) 『월간 마장(馬場)』, 1988년 6월호, 마장사, 119쪽.

와 정대(精大)라는 아이가 같은 동네에서 살았다. 그 두 아이의 집안을 보면 정대의 집안은 하인을 십여 명이나 부리며 떵떵거리고 사는 반면에 한옥의 집안은 그 아버지와 어머니가 주막에 쭈그리고 앉아서 나그네들에게 노래를 들려주고는 몇 푼의 동냥을 받아 살아가는 거리의 음악가였다. 그래도 실력은 있어서인지 먹고살기에는 넉넉했던 모양이다.

그 무렵 계급의식으로 인해 상류층과 하류층은 철저하게 갈라져 있었고, 하류층 사람들이 상류층 사람들과 어울리면 하류층 사람들은 혹독한 형벌을 각오하지 않으면 안 되었다. 그런데 정대와 한옥은 어찌된 노릇인지 서로 아주 친했고, 그렇게 어울린다는 것을 알면서도 두 집안에서는 말리지 않고 그냥 두었다. 때문에 정대는 한옥을 자기 집에 데려다가 먹여 살리다시피 하면서 지냈다. 한옥은 옷차림도 변변하지 못했다. 그런 한옥에게 정대는 자기가 입던 비단옷을 꺼내서 입혀주곤 하였다. 그러나 운명은 두 아이를 갈라놓게 되었다. 얼마 후 정대의 아버지는 나라의 큰 벼슬을 받아 떠나게 되었고 집안 모두가 도읍으로 이사해야만 했다. 정대 집안이 도읍으로 이사가는 행렬이 닷새나 계속 되었고 여기 동원된 말과 마차만도 80대라고 하니까 그 물량이 얼마나 많았겠는가는 짐작이 가능하다. 이후 두 아이의 사이는 연락이 끊겼다.

그런데 도읍으로 간 정대의 아버지가 얼마 후 임금에 대한 불경죄에 몰려 멀리 귀양을 가게 되었고 결국에는 귀양지에서 죽고 말았다. 3대가는 부자는 없다고 하듯이 정대의 집안은 갑자기 망했고, 정대도 30이 넘은 나이에 떠돌이 신세로 변하였던 것이다. 죄인의 아들이라고 동네에서도 따돌림을 당했고 도저히 붙어 살아보려는 엄두가 나지 않게 되었다. 그런데 한옥은 그 후 무예에 능한 사람을 뽑는 시험에 합격해서 승승장구했고 지금의 부대장이 되는 군직까지 올라섰다. 한옥은 그 당시 정대의 집안사정에 대해 듣게 되었다.

어느 여름날 한옥은 아버지의 환갑을 축하하기 위해 돼지만 64마리를 잡는 큰 잔치를 열었다. 사흘째 되던 어느 날 이곳을 우연히 지나던 정대가 군직자리에 있는 사람의 아버지 환갑잔치라는 것을 알고 몇 끼 얻어먹으려 들르게 되었다. 정대는 많은 사람들 사이에 끼어서 마당에다 자리 위에 밥상을 받고 게걸스럽게 먹기 시작했다. 이때 마당 자리 위에서 음식을 먹는 사람들에게 인사를 하며 술을 권하기 위해서 한옥이 좋은 차림으로 나타나서 일일이 인사를 하며 술을 권했다. 그때 한옥과 정대가 마주쳤다. 정대는 순간 못 본 체 했다. 행여 친구까지도 불경죄에 연루되어 추궁을 당할까 두려웠기도 했고 또한 창피하기도 했기 때문이었다. 그러나 한옥은 그게 아니었다. "아니, 자네는 정대가 아닌가? 소식은 듣고 있었네만 오늘 같은 날 만나니 더더욱 반갑고 기쁘구려." 하며 정대의 두 손을 움켜잡았다. 손님들의 시선이 둘에게로 쏠렸다.

"정대? 정대라면 불경죄로 귀양 가 죽은 죄인의 아들이 아니오?"

"감히 어디라고 겁도 없이 나타났단 말이요. 냉큼 저 놈을 곤장을 쳐서 내쫓아 보내시오. 혹시 알려져서 군직님에게 누가 되지 않을까 염려되오."

하면서 야단들이었다. 하지만 한옥은 손님들을 모아놓고 이렇게 말했다.

"나하고 이 사람은 죽마고우외다. 비록 서로간의 처지가 어울리기 어렵게 되었을망정 어려서 끔찍했던 사이였고 내가 이 사람에게서 입은 은혜가 적지 않으니 사람으로서 그것을 갚아야 할 도리이거늘 어찌 저버릴 수 있겠소."

하며 정대를 환대했다. 이 일이 임금의 귀에 들어갔다. 임금은 가만히 그리고 조용히 말했다. "한옥에게 그런 죽마고우가 있었다니 부럽도다."[32)]

---

32) 『월간 마장(馬場)』, 1989년 6월호, 마장사, 130쪽.

이와 비슷한 말로 기죽지교(騎竹之交), 죽마지호(竹馬之好) 등이 있다.

마혁과시(馬革裹屍) : 말가죽으로 시체를 싼다는 뜻이다.

마혁과시는 전쟁터에 나가 싸우다가 죽겠다는 용맹한 장군의 각오나 전사했음을 일컫는데 이와 관련된 이야기는 다음과 같다.

> 『후한서(後漢書)』의 「마원전(馬援傳)」에 수록된 이야기다. 마원은 후한 시대 장군으로서 지금의 월남을 정복하고 돌아와서 3천호의 영지를 받고 벼슬에 올랐고, 계속해서 남방을 평정하면서 수도 낙양으로 개선해 올라오게 되었다. 많은 사람들이 이를 환영했는데 그 군중들 속에 그의 친구 맹익도 끼어 있었다. 그러나 친구인 맹익도 다른 사람들처럼 형식적인 인사만 하였다. 마원이 맹익에게 이야기하기를 자기는 공이 얼마 되지 않는데 큰 상을 받고는 이대로 오래 영광을 누리기는 어려우므로 무슨 생각이 없느냐고 물었다. 그러나 맹익은 별로 좋은 생각이 나지 않는다고 말했고 이에
>
> "지금 흉노와 오한이 북쪽 변경을 시끄럽게 하고 있다. 이들을 정벌할 것을 청하리라. 사나이는 마땅히 변경 싸움터에서 죽어야만 한다. 말가죽으로 시체를 싸서 돌아와 장사를 지낼 뿐이다. 어찌 침대 위에 누워 있는 여자의 시중을 받으며 죽을 수 있겠는가?" 라고 말했다. 그 후 흉노가 침범하였으므로 마원은 싸움터로 나가게 되었는데 이때 임금은 백관들에게 조서를 내려 마원을 다같이 환송하도록 명했다고 한다.[33]

---

33) 『월간 마장(馬場)』, 1990년 5월호, 마장사, 52쪽.

새옹지마(塞翁之馬) : 변방에 사는 늙은이의 말이라는 뜻으로, 노인의 인생에서 말과 관련된 사건을 통해 인생에서 길흉화복에 대한 특징과 마음가짐을 상징적으로 나타낸다.

인생에서 모든 순간에서 일어날 수 있는 일들은 기쁜 일이나 슬픈 일로 나뉜 것이 아니라 연관되어 있으며, 오르막길을 지나면, 내리막길이 있고 내리막길을 지나면 또 오르막길이 나타나게 마련인 것처럼 인생에서 한 번의 일에 일희일비하지 말고 전체를 바라보며 희망을 잃지 말고 미래를 준비하라는 뜻이다.

이 말은 원(元)나라의 승려 희회기(熙晦機)의 시에 "인간만사는 새옹의 말이다. 추침헌 가운데서 빗소리를 들으며 누워 있다(인간만사새옹지마; 人間萬事塞翁馬推枕軒中聽雨眠)"라고 한 데서 비롯되었다고 한다. 다른 말로, 새옹득실(塞翁得失) · 새옹화복(塞翁禍福) 또는 단순히 새옹마(塞翁馬)라고도 한다. 새옹이란 새상(塞上: 북쪽 국경)에 사는 늙은이란 뜻인데, 그에 관해서 다음과 같은 이야기가 전한다.

중국의 북쪽 국경지방에 점을 잘 치는 늙은이가 살고 있었다. 당시에는 흉노족 등, 오랑캐가 중국을 침입하여 식품을 약탈하는 등 폐해가 많던 시기였다. 하루는 노인이 기르던 수말이 국경 너머로 도망쳐 버렸다. 마을사람들이 안됐다며 위로하자 "꼭 나쁜 일만은 아니라, 좋은 일이 되어 어떤 영향을 줄지 모른다."고 하면서 크게 실망하지 않았다.

몇 달 후 반갑게도 도망갔던 말이 적국의 훌륭한 암말을 한 마리 끌고 돌아오자 마을사람들이 좋겠다면서 축하해 주었다. 그러자 노인은 너무 크게 기뻐하지 않으면서 "그것이 또 무슨 화가 될는지도

모를 일이요."라며 단순하게 큰 목소리로 기뻐하지만은 않았다.

그런데 노인의 아들이 말을 좋아하던 늙은이의 아들이 그 말을 타고 달리다가 말에서 떨어져 다리가 부러졌다. 마을사람들이 아들이 다친데 대하여 위로하자 늙은이는 "그것이 혹시 복이 될는지 누가 알겠소."하고 희망을 가지며 태연한 표정을 지었다.

그런 지 1년이 지난 후 오랑캐들이 대거하여 쳐들어 왔다. 장정들이 활을 들고 싸움터에 나가 모두 전사하였는데 늙은이의 아들만은 다리가 부러져서 무사할 수 있었다.

말에 관한 속담과 격언 34)

과부가 말 혼례하는 것을 보면 수절을 못한다.

말의 교미(交尾)는 과부가 수절을 못할 정도로 눈에 띄어서 성적 자극을 일으킨다는 뜻

말굽이 묻혀야 잘산다.

결혼하는 날, 땅에 눈이 쌓여서 신랑이 탄 말의 굽이 땅에 묻혀야 부부간에 잘살게 된다는 뜻이다. 그만큼 부부의 앞날이 거칠지 않고 평안하라는 기원의 마음을 땅을 앞날로 비유해서 거칠지 않고 푹신했으면 좋겠다고 말한 뜻이다.

말의 발이 젖어야 잘산다.

혼인날 신랑이 탄 말이 발이 약간 젖을 정도로 비가 와야 신랑신부가 잘살게 된다는 뜻이다.

34) 김문철, 『말과 여가 생활』, 제주대학교출판부, 2003, 247-250쪽 참고.

늙은 말도 콩은 마다 않는다.

말이 나이에 상관없이 좋아하는 것을 여전히 좋아하듯이, 늙은 사람도 젊어서부터 좋아하던 것은 여전히 좋아한다는 뜻이다.

말도 사촌까지는 상피를 본다.

짐승도 근친상간은 하지 않는데, 더욱이 사람은 근친상간을 하면 되겠느냐는 뜻이다.

말도 용마(龍馬)라고 하면 좋아한다.

말도 말 중에서 가장 좋은 말이라고 하면 좋아한다. 즉, 사람도 부추기면 기뻐한다는 뜻.

말 많은 데서 말을 못 고른다.

좋은 말을 고를 때 말이 많은 곳에서는 도리어 좋은 말을 고르기 어렵지만, 몇 마리 안 되는 데서는 고르기가 쉽다는 뜻이다.

말이 가는 데는 소도 간다.

말이든 소든 하고 싶은 것이나 좋은 것, 즉 남이 하는 일은 나도 노력하면 할 수 있다는 뜻이다.

말고기를 먹으면 경기(驚氣)가 없어진다.

말고기가 경기, 경풍에는 좋은 약이 된다는 뜻이다.

말고기 먹고 말 똥내 난다고 한다.

자기가 말고기 먹고도 똥냄새가 난다고 불평하는 인간의 변하는 간사함을 일컬은 말이다. 자기의 욕망만 차면 불평을 늘어놓는다는 뜻이다. 결국 화장실 가기 전과 나올 때가 다르다고 할 수 있다.

말 귀가 위로 쫑긋하면 성미가 급하다.

말의 귀가 V자형이 아니고 위로 쫑긋하게 생긴 말은 성미가 사납다는 뜻이다.

말도 부끄러우면 땀을 흘린다.

짐승도 부끄러운 짓을 하면 땀 흘리듯이 사람도 나쁜 일을 저지르면 양심에 가책을 느껴 괴롭다는 뜻이다.

말 병 예방에는 마구간에 여호여룡(如虎如龍)이라는 부적을 써 붙인다.

말의 병을 예방하려면 입춘 날 마구간 기둥에 여호여룡이라고 부적을 써 붙이라는 뜻이다.

말은 끌어야 잘 가고, 소는 몰아야 잘 간다.

말이나 소도 각각의 성질을 잘 이용해서 부리듯이, 사람도 그 개성을 살려서 일을 시켜야 성과가 있다는 뜻이다.

말을 낳으면 제주도로 보내고 사람을 낳으면 서울로 보내라.

말은 제주도에 제일 많고 사람은 서울에 가장 많이 모여 있다.

따라서 말에게는 환경이 제주도가 좋고 사람은 서울로 가야 출세할 수 있다는 뜻이다.

말은 달려 봐야 알고 사람은 친해 봐야 안다.

말이 좋고 나쁜 것은 타 보아야 알 수 있고, 사람은 직접 겪어 보아야 한다는 뜻이다.

말은 좋은 말을 타고 하인은 못난 놈을 써야 한다.

각각의 종류와 역할에 따라 적절한 상황의 인물을 써야 제 역할을 잘하고 효과를 높일 수 있다는 뜻이다.

말을 살 때는 어미 말을 보고 사야 한다.

자식을 알려면 그 부모를 보아야 한다는 뜻이다. 즉 유전적 환경을 중요시 하는 풍토를 말한다.

말을 잘 타는 놈은 떨어져 죽고, 헤엄 잘 치는 놈은 빠져 죽는다.

무슨 일을 잘한다고 생각하게 되면 흔히 방심하다가 실수를 한다는 뜻이다.

말 죽은 밭에 까마귀 모이듯 한다.

이권이 있는 곳에 모리배들이 모여 든다는 뜻이다.

아이 밴 여자가 말고삐를 넘으면 아이를 열두 달 만에 낳는다.

손에 들고 다니는 말고삐를 여자가 발로 넘는 것을 삼가라는 뜻이다.

아침에 흰 말을 보면 그 날은 돈이 생긴다.

흰색 말을 귀하게 여기고 있으며, 특히 아침에 보는 것은 재복이 있을 징조라는 뜻이다.

2. 말과 관련된 놀이 문화

말은 오랜 옛날부터 인류에게 아주 익숙하고 고마운 동물이었다. 그 중에서 말의 외형은 소와 가장 비슷했는데, 소는 논밭을 갈고 고기를 얻을 수 있는 재산의 상징이었다면, 말은 먼 곳을 갈 때 타고 다니는 교통수단이자, 빠른 달리기 실력으로 파발이나 서신을 전하는 통신의 역할은 물론, 나라가 위급한 전쟁 때마다 기동성과 병력을 상징하여 전쟁의 승패를 판가름하는 잣대가 되기도 하였다.

세계 역사에서 가장 넓은 나라를 만들었던 중국의 원나라도 말의 기동력과 말을 타는 실력에 의해 영향 받은 바가 크다고 하겠다. 그래서 옛날부터 국가는 병력(국력)을 키우기 위해 명마와 기마병의 훈련을 중요시 하였으며, 축제나 무술대회 형식으로 잔치를 열기도 했다. 또한 역사 속에서도 말과 관련된 '천리마'니 '적토마'니 하는 말에 관한 이름과 전설, 위인들과 관련된 일화가 많았던 것이다. 이는 명마와 말의 수는 권위의 상징이자 부국강병의 척도였다는 사실을 알게 한다. 게다가 고구려 고분벽화나, 천마총 무덤에서처럼 왕이나 귀족의 신분을 나타내거나 사냥(수렵)하는 장면들을 그림으로 나타내어 기록한 것들도 볼 수 있다.

일반인들이 즐겨 그리고 보았던 '민화'에서도 말을 그린 그림은 부귀와 영화를 기원하며 권위의 상징으로서 좋은 일을 기원하는 의미로 일상에서도 쓰였다. 민화에 그려진 동물들을 보면서 어린이들을 위해 그 의미를 쉽게 설명하며 생각해 본 책[35]에 의하면, 말을 그릴 때는 순간적인 동작을 그려야 하기 때문에 빠른 붓놀림과 고도의 솜씨가 요구되며 말의 기상과 특성을 잘 살리는 것이 그림의 성공 여부와 직결된다고 한다. 따라서 곤충이나 동물을 그린 민화들 중에서도 말 그림은 웅장한 자태와 달리는 생동감 등으로 인해 남아 있는 그림은 명장이 명마를 그린 명화인 경우가 크다고 할 수도 있다.

위의 같은 책에서 제시한 대표적인 그림으로는 〈태조의 팔준도〉가 있는데, 그 중에 〈유린청(遊麟靑)〉은 1447년 안견의 작품을 1705년에 비단에 채색으로 베껴 그린 그림이 국립중앙박물관에 있다. 태조 이성계는 장군으로서 조선을 건국할 때 즐겨 타던 준마 여덟 마리가 있었다고 한다. 이를 팔준마(八駿馬)라고 하는데, 말마다 이름을 붙이고 애지중지했었다고 한다. 태조는 왕조가 세워지던 실제 모습을 그림으로 남겨서 후세에 전하려 했었기에, 세종 때 안견에게 그림을 그리게 하고, 정인지와 성삼문 같은 학자들에게 팔준마를 칭송하는 글을 써넣게 했다. 조선 말기의 대화가 장승업

35) 이원복, 「말—신사이자 멋쟁이」, 『다정한 벗, 든든한 수호신』, 보림출판사, 2007년, 보림미술관시리즈 07, 40-43쪽 참고.

도 여러 폭의 말 그림을 남겼는데 그 중에서 〈삼준도〉는 오래된 버드나무 주변에 모여 휴식을 취하는 양 각기 다른 자세를 취하고 있는 세 필의 말을 그렸는데, 온 몸이 하얀 백마, 갈색에 검은 점이 있는 말, 배는 희고 등판에서 가슴까지 검은 말 등 외형은 다르지만 하나같이 엉덩이와 다리가 잘 발달한 명마를 그렸다. 현재는 그림 말고도 영화나 사극 같은 드라마에서 빠질 수 없는 동물로 함께 하고 있으며, 승마나 경마로도 인기가 많다.

또한 일상생활에서 말과 관련된 것들을 생각해 보면 생각지도 않았던 곳에서 말과 관련된 친근함이 생각난다. 예를 들어 아직도 흔히들 '백마 탄 왕자'라는 말을 비유나 상징으로 즐겨 사용하고 있는데, 물론 전래되어온 동화의 속성이 크기는 하지만 하얀 말인 '백마'가 주는 상징적 의미가 크다고 할 수 있으며, 21세기 현재에도 문화코드로서 살아있다. '발 없는 말 천리 간다.'는 속담 또한 '소문'이나 '루머'를 의미하기는 하지만 그 숨은 뜻에는 바로 빠르게 달리는 말(馬)과 사람의 언어인 말(言)의 뜻을 비교하고 동음을 활용하여 위트를 더해서 뜻을 살린 사례라고 하겠다. 우리가 알고 있는 전통놀이인 '윷놀이'[36]에서도 동물들의 상징이 있음을 알 수 있는데, 가장 멀리 가는 '모'는 말의 상징을 포함하고 있다.

게다가 어린이들이 좋아하는 놀이 중에는 말타기나 목마타기 같은 신체놀이도 즐기고 있고, 십여 년 전에는 골목골목 마다 말타

36) 윷가락 호칭은 일반적으로 하나를 도, 둘을 개, 셋을 걸, 넷을 윷, 다섯을 모라 부르며, 차례대로 한 칸, 두 칸, 세 칸, 네 칸, 다섯 칸을 이동할 수 있으며, 윷과 모가 나오면 한 번 더 던질 수 있다. 일반적으로 도, 개, 걸, 윷, 모는 각각 돼지, 개, 양, 소, 그리고 말을 가리킨 말이다.

기 놀이기구를 끌고 다니며 돈을 받고 몇 분씩 태워주던 아저씨들도 많았을 정도로 산업화된 도심 속에서도 꾸준히 사랑을 받아 왔다. 이와 같이 장난감 중에서도 '호피티'나 '말타기' 같은 말모양 장난감이나 말타기와 관련된 상품들은 꾸준히 인기를 끌며, 놀이동산에서도 회전목마는 아이들뿐 아니라 여인들이나 가족의 즐거움과 동화적 환상을 증폭시키는 코드로 사랑받고 있다.

비록 지금은 주거환경이 변하여 말은 가축이나 동물의 개념으로서 인간의 옆에 머물지 못하고, 또 교통수단도 변하여 더 이상 말과 함께 생활하지는 않지만 아직까지도 사람들은 말을 보면 일반적으로 타보고 싶고, 바라만 보아도 기분 좋게 느낄 수 있는 친근한 느낌을 주는 동물로 생각한다. 그렇기에 제주도 관광지에서 토종 조랑말을 타보는 경험은 빼놓을 수 없는 코스이며, 말을 타고 하는 몽골인의 서커스도 좋아하는 볼거리이다. 또한 최근 몇 년 전부터는 청계천 앞에서는 마차를 탈 수 있는 기회도 생겼는데,

서울 도심 속을 가르는 마차

제주도에서 볼 수 있는 몽골인들의 말 공연

도심 한복판에서도 마차를 보며 탈 수 있는 유익한 볼거리가 되어 사랑받고 있다. 이와 같은 말과 관련된 체험 또는 말과 관련된 많은 볼거리를 제공하는 관광 상품을 각국의 유명 관광지에서는 더 많이 제공하면서 활성화 하고 있다.

이렇게 볼 때 우리나라도 역사 속에서 말과 관련된 문화가 생활로 이어져서 오늘에 이르고 있다고 하겠다. 아울러 말과 관련된 승마나 경마를 21세기 미래형 산업인 관광과 레저로서 바라보면서, 관광이나 체험 상품을 개발하는 노력도 더욱 활기차게 해야 할 것이다.

3부

치유와 웰빙으로서의 승마

1장

웰빙이란?

60~70년대에 히피문화의 일환으로 처음 등장했던 웰빙은 현대에 이르러 그 의미가 확장되고 다양화되었다. 현대 도시인들은 스트레스와 바쁜 일상생활에서 벗어나 여유롭고 풍요로운 생활을 추구하면서 건강한 신체와 정신을 유지하는 균형 있는 삶을 행복의 기준으로 삼았다. 다시 말해 웰빙은 경제력으로 단순히 잘 먹고 잘사는 인생을 뜻하는 것이 아니라 육체적으로나 정신적으로나 풍요롭고 건전하게 문화적인 삶을 영위하는 의미로 확장된 것이다.

산업과 과학의 발달로 생활이 풍요로워지면서 현대인들의 건강한 삶에 대한 욕구는 커져만 갔다. 때문에 웰빙을 추구하려는 현대인들은 텔레비전 방송프로그램인 '생로병사의 비밀'이나 '비타민' 등과 같은 건강프로그램과 먹을거리 · 여행지 소개를 통해 다양한 정보를 얻고 있으며, 이에 발맞추어 방송 관계자들 역시 현대인들의 이러한 웰빙에 대한 관심과 욕구를 채워주기 위해 노력하고 있다. 이렇게 육체적뿐만 아니라 정신적으로도 웰빙을 추구하는 우리 시대 현대인들에게 가장 올바른 대안이 될 수 있는 웰빙 문화는 어떠해야 할까?

웰빙에 대한 여러 가지 방안과 방법들이 있겠지만, 우리는 그중에서도 '승마'를 우리 시대의 웰빙 대안으로 추천하고자 한다. 승마는 사실 우리에게 잘 알려지지 않은 스포츠이며, 과거 승마가 가지고 있는 고급스런 이미지로 인해 일반인이 다가가기 어려운 스포츠라는 인식이 강했다. 그러나 자연 속에서 정신적이고 육체적인 건강을 찾으려 노력하는 현대인에게 승마는 최고의 웰빙 효과를 가져다 줄 수 있는 가능성을 무궁무진하게 지니고 있는 보물창고임에 틀림없다.

따라서 이 장에서는 웰빙의 의미와 그 유래에 대해 밝힌 뒤, 나만의 웰빙을 위한 특색 있고 효과적인 방안이 될 수 있으며, 현대인에게 존재하는 육체적 · 정신적 상처까지 치유해 줄 수 있는 승마에 대해서 자세히 알아보고자 한다.

1. 웰빙의 유래

웰빙이란 말의 유래는 정확하지 않지만 근원은 6~70년대 미국 히피이즘과 관련이 있다는 분석이 지배적이다. 6~70년대 미국 히피이즘들은 물질적 가치에만 매달리던 이전 세대와는 달리 개인주의적 가치관을 바탕으로 정신적 · 육체적으로 건강하고 안락한 삶을 추구했기 때문이다. 이후 웰빙은 미국에서 반전운동과 민권운동 정신을 계승한 중산층 이상 시민들이 고도화된 첨단문명에 대항해 자연주의, 뉴에이지(New Age) 문화 등을 받아들이면서 건강한 삶의 방식으로 부각되었다.

1970년대 중반 미국에서 트래비스(Travis)란 의사가 웰니스(Wellness) 서비스를 제공하기 위하여 웰니스 센터를 설립하고 웰니스 운동을 전개한다. 당시 웰니스의 관심과 목표는 '행복감을 느끼며 살아가는 건강한 삶'을 추구하는 것이었다.

국내에 웰빙 개념이 도입된 것은 2002년 말부터이지만, 2004년 주 5일 근무제가 실시되면서 비로소 활성화되기 시작했다고 볼 수 있다. 우리나라에 제일 처음 웰빙을 소개하기 시작한 매체는 여성잡지였다. 여성잡지사 기자들은 외국 라이선스 계열 여성 잡지들을 통해 미국 등지에서 불고 있는 라이프스타일을 소개하게 되었고, 이후 이러한 반응이 국내의 독자들에게 호평을 받자 다른 언론매체들에게까지 웰빙을 소개하기 시작한 것이다.

그러나 몇 년 전만 해도 우리나라에서 '웰빙' 열풍은 강남의 부유층을 대상으로 스피룰리나, 콜라겐, 클로렐라와 같은 건강식품들이 유통되는 차원에서 그쳤다고 볼 수 있었다. 하지만 최근 2006년 즈음부터 확대되고 다양화된 우리나라의 웰빙 열풍은 사치스럽고 고풍스러운 삶보다는 여유롭고, 조화로운 삶의 방향으로 자리 잡고 있는 추세이다.

2. 오늘날의 다양한 웰빙 문화

일상생활과 밀접한 웰빙은 점점 다양하게 확대되고 있다. 즉 웰빙 식품, 웰빙 주택, 웰빙 여행, 웰빙 화장품, 웰빙 가구 등 생활의 모든 영역에서 적용되고 있을 만큼 웰빙은 21세기를 바쁘게 살아가는 현대인들에게 널리 이용되고 있다.

① 웰빙 음식: 물질이 아닌 정신적으로 풍요롭고 육체적으로 건강한 삶의 방식으로 인스턴트 음식과 패스트푸드를 피하고 슬로우 푸드나 허브차, 생식, 유기농 등의 자연식을 추구한다.

② 웰빙 스포츠: 시간에 쫓긴 생활방식에서 벗어나기 위해 요가, 명상, 스파, 헬스, 승마 등으로 정신적 · 육체적 건강을 위해 시간을 투자하거나 산림욕을 한다. 특히 승마는 재활치료에 도움이 된다는 인식과 더불어 하루 종일 컴퓨터 앞에 앉아서 생활하는 현대인이나 장애우에게 인기가 있다.

③ 웰빙 주택 : 도심 속에 건설된 아파트로 인해 아토피와 같은 피부병이 확대되면서 자연친화적인 생활을 생각하게 된다. 그래서 아파트 주변에 산책길을 조성하거나 자동차의 배기가스를 줄이기 위해 차가 주차된 공간에 나무를 심거나 화단을 꾸민다. 그리고 옥외 휴식 공간을 만들기도 한다. 또는 도시와 가까운 지역에 황토 흙으로 전원주택을 꾸미기도 한다.

④ 웰빙 여행: 산업화로 인해 시골사람들이 도시로 옮겨오게 되면서 시골은 빈집이 생겨나게 되면서 지역경제가 어려워지고 있다. 그래서 각각의 지역에서는 지역경제를 활성화하기 위해 먹을거리(맛있는 음식), 볼거리(체험, 답사), 자연 휴양림 등의 지역축제

를 활성화 하여 도시에 사는 사람들을 지역으로 끌어들여 문화생활과 자연친화적 생활을 하도록 한다.

⑤ 웰빙 화장품: 주로 여자들이 사용하던 화장품들은 자연친화적인 것을 강조하면서 기능성 화장품이 인기를 얻기도 하지만 소비자가 직접 만들어서 화장품을 사용하기도 한다.

21세기를 살아가는 현대인들에게 제시되고 있는 웰빙은 다양하지만 웰빙이 추구하는 공통적인 목표의 특징은 다음과 같다.

첫째, 체력을 발달시켜 신체적 건강을 유지한다.

둘째, 정서적으로 건강하여 감정을 효과적으로 표현한다.

셋째, 사회적 건강으로 주위 사람들과 좋은 관계를 유지한다.

넷째, 정신적 건강으로 올바른 사고와 판단을 한다.

다섯째, 영적 건강으로 우리들의 삶의 기본이 되는 윤리, 도덕, 가치 등을 최고 수준으로 유지한다.[1)]

21세기 웰빙이 추구하는 목표는 신체 건강뿐 아니라 정서적 · 정신적 · 사회적 · 영적 건강까지도 포함된 삶의 질이 최고가 되도록 하는 데 있다. 즉 '건강을 최우선으로 하여 삶의 질을 높이는 것'이 웰빙의 목표이다. 많은 사람들이 현대사회의 특징을 과학기술의 시대, 대중소비 시대, 정보화 시대, 고속화 시대, 도시화 시대, 여가 시대라고 말한다. 과학기술의 발달은 고도의 경제 성장을

1) 이동옥 · 김원중 · 이창진, 『웰빙을 위한 생활 건강』, 건국대학교출판부, 2005.

웰빙으로 각광받고 있는 요가

이루게 하였으며 그 결과 조직의 대규모화·자동화·정보화 시대를 열었다. 또 기계·기술의 발달은 대량생산을 가능하게 하였으며 교통·통신을 발달시켜 시간과 거리를 대폭 축소시킴으로써 현대인의 여가시간을 크게 늘어나게 했다.

그러나 자동화와 기계화로 인해서 나타난 운동 부족 현상은 비만이나 성인병 등을 야기해 인간의 체력을 저하시키고 많은 산업시설에서 배출되는 공해물질은 환경을 파괴할 뿐만 아니라 건강상의 많은 문제를 일으켰다. 따라서 현대 산업사회에서 건강하게 살아가기 위해서는 웰빙 생활양식(Well-being life-style)을 이해하고 실천하는 것이 무엇보다 중요하게 부각되고 있다. 특히 생활양식이란 '자신의 습관과 행동을 스스로 판단하고 결정하는 방식'이라고 할 수 있는데, 이처럼 웰빙 문화에서 인간의 생활양식에 주목하는 이유는 웰빙의 기초가 올바른 생활양식에서 비롯되었기 때문이라고 볼 수 있다.

2장

웰빙과 치료로서의 말 문화

앞 장에서 우리는 웰빙의 개념과 다양한 형식을 살펴볼 수 있었다. 비록 그것들이 다양한 방법과 기능을 가지고 있지만, 역사의 연속성 아래 지속되어 온 문화의 이면을 새롭게 발전시켰다는 공통성을 지니고 있다. 따라서 21세기의 다문화 속에서 살아가는 우리들에게 웰빙으로 개발될 수 있는 가능성을 지닌 사회적・문화적 양식들이 참으로 많다는 것을 짐작할 수 있을 것이다. 이 장에서는 그 많은 갈래 중 웰빙으로 활용될 수 있는 말 문화, 그 중에서도 승마에 대해 알아보고자 한다.

말 문화는 우리의 역사와 문화 속에서 생활이라 할 만큼 친숙한 문화였지만, 사회 대다수가 아닌 소수의 사람들만이 누리고 향유할 수 있었던 문화라는 인식이 강했던 것이 사실이다. 하지만 이런 말 문화가 우리의 고대 사회부터 지금까지 하나의 문화로 존속되고 있는 이유에는 당연한 이야기일지도 모르겠지만 말 문화가 성립될 수 있었던 그 문화만의 특수성과 함께 말 문화가 우리 사회나 문화에 긍정적인 영향을 끼쳤기 때문으로 생각할 수 있을 것이다.

우리는 이미 앞 장에서 인간과 함께 살아온 동물인 말이 주는 힘을 지켜보았다. 그 속에서 말은 때로는 육체적인 강인함을 더하거나 기르기 위한 도구가 되었으며, 때로는 인간과 함께 교감하며 인간의 희로애락을 이해하고 치유해 주는 친구가 되기도 하였다. 오랜 세월 동안 인간의 곁에서 인간과 함께 정신적 · 육체적 교류와 교감을 나누었던 말이 있었기에 인간은 그 발전의 역사를 좀 더 빠르고 깊이 있게 할 수 있었던 것이다. 이런 점에서 보았을 때, 말은 인간에게 이로운 동물이면 동물이지 결코 해를 준다고 볼 수 없는 '긍정적인' 동물임에 틀림없을 것이다.

따라서 우리는 이러한 말 문화와 말 자체의 긍정적인 특질들에 주목해 보았을 때, 웰빙으로서의 말 문화에 대해서 고려해 볼 수 있는 것이다. 특히 웰빙의 관점에서 승마는 말에게 우리가 다가갈 수 있는 가장 쉽고도 직접적인 체험이며, 이를 통해 치유와 웰빙을 동시에 달성할 수 있는 일석이조의 방법이기도 한 것이다.

1. 승마의 개념

우선 '승마(乘馬)'의 어원을 살펴보자. 말은 그리스어로 'hippds'이다. 라틴어로는 'equue'이며, 이것은 'equine'에서 그 뿌리를 찾을 수 있다. 비록 이 단어들의 기표는 다를지라도 공통적으로 '말과 함께 무엇을 하는', '말에 관하여', '말에 의한'이라는 기의를 분모로 삼고 있다. 이후 이러한 용어들은 흔히 우리가 말하는 'Equestian'로 계승된다. 또한 이보다 진보한 표현으로 '말을 사랑하는 사람'이라는 의미의 'Hippophile'가 있다.

승마는 다른 스포츠와는 달리 살아 있는 생명체인 말을 이용해야만 한다. 이는 말과 사람이 일체가 되어야 하는 것을 전제로 하며, 말을 통해 자신을 단련시켜 신체의 평형성과 유연성을 길러 올바른 신체 발달을 돕는 전신운동을 뜻하기도 한다. 또한 승마는 평형성과 유연성 등 육체적인 측면뿐만 아니라, 대담성과 심리적 안정을 도모하는 정신적인 운동이기도 하다. 더불어 승마는 동물을 애호하는 마음을 통해 인간애를 함양할 수 있는 운동인 것이다.

이러한 승마를 '마술'이라고도 하는데 말을 타기 위해서는 그에 걸맞는 기술이 필요하기 때문이다. 말을 탄 사람은 기좌, 다리, 손 등의 신체부위를 활용하여 자신의 의사를 말에게 전달한다.

마장에서 승마를 즐기는 사람들

말은 이를 알아차리고 그에 상응하는 동작을 취한다. 예컨대, 기좌와 다리의 조작은 말의 추진을 담당하고, 손은 고삐를 통해 말의 입에 물린 재갈을 자극하여 말의 방향전환을 지시한다. 더불어 기승자는 이러한 기술들을 통해 무게중심의 이동을 통하여 변속, 회전 등의 다양한 운동을 할 수 있다.

2. 승마의 종류

승마는 수행하는 사람의 목적에 따라 아래와 같이 경기 승마, 레저 승마, 경마의 세 가지로 분류된다.

경기 승마

경기 승마는 시합이나 대회에 참가하기 위하여 실행하는 전문적인 형태의 승마이다.

승마의 경기 종목은 크게 분류하면 말을 다루는 기승자의 실력 정도와 승마의 기술 내용을 심사하는 '마장마술', 말이 가지고 있는 능력을 측정하고 기승자가 함께 일체되어 장애물을 뛰어넘는 '장애물비월', 그리고 마장마술과 장애물비월을 합쳐서 실행하는 '종합마술'의 3가지 종목이 있다.

마장마술

마장마술 경기는 원래 군사적인 훈련의 목적으로 16세기 초에 시작되었다. 60×20m 넓이의 장방형으로 표면이 잔디 또는 모래로 이루어져 있으며, 주위 목체와의 사이는 20m 이상의 거리를 둔다.

평탄한 마장에서 규정된 코스와 연기력으로 정해진 경로를 따라 말을 다루면서 말과 인간의 호흡과 조화로움, 일체감 등을 채점하는 경기인 마장마술 경기의 종목으로는 보통 '초보마술'과 그보다 훨씬 높은 수준의 '고등마술'로 구분된다.

'초보마술'에서는 어린 말에게 복종, 균형, 휴식 등을 가르쳐 주고, 안장을 깔고 기본적이고 자연스러운 움직임을 배우게 한다. '고등마술'은 마장마술에서 가장 정교하고 전문화된 형태의 훈련을 통해 말이 균형 있고 정확하게 움직일 수 있도록 숙달시킨다. 또한 말은 기수의 손과 다리, 그리고 기수의 신체체중의 움직임에 따라 평보, 구보, 속보를 멋지게 표현한다. 그와 더불어 발진, 정지, 후퇴, 회전 등을 실시하기도 한다. 습득항목 과목으로 어깨를 안으로 하는 '하프페이스', 4~5걸음 안에 엉덩이로 1바퀴 도는 '피루엣', 윤승, 답보변환 등이 있다.

'고등마술'에서는 '피어패(Piafter: 단축속보로 하는 제자리걸음)'를 비롯하여 매우 정교하게 가다듬어져 율동적으로 높이 뛰는 속보인 '패시지(Passage)', 앞다리를 모아 구부려 올린 뒷다리로 균형을 잡아 설 수 있는 '레바드', 레바드 상태에서 앞으로 뛰어오르는 '커벳' 등이 포함된다.

이 운동은 부드러운 템포로 리듬감 있게 실시되는 것을 요구하며 정확성, 유연성, 활달성 등이 심사의 기초가 된다. 경로 위반이나 운동과목의 불실시 등은 감점된다.

심사는 심판장을 포함하여 5명의 심판으로 구성되며, 경기에 따라 3명의 심판으로도 실시되는 때도 있다. 경기자는 운동과목을 전부 기억하고 규정된 순서로 실시하여야 하며, 경기규정 시간은 12분 30초 이내에 종료하여야 하며 시간을 초과될 경우에는 벌점을 받게 된다.

장애물비월

장애물비월 경기는 마장에 배치된 대소, 고저 등의 장애물을 출발선부터 도착선까지 번호순으로 정해진 평균속도로 뛰어넘는 경기이다.

장애물경기장의 코스는 전장은 장애물 수의 60배를 초과해서는 안 되며 마장 내에서 경기가 시행될 때는 100m를 초과하지 못한다. 장애물 수는 경기에 따라 조금씩 달라지나 일반적으로 통상 13~15개이며, 장애물의 높이는 1~1.6m(소장애물은 60~1.2m), 수호의 너비는 보통 4m이다. 장애물의 종류로는 2종류의 장애물을 배합해서 만든 '복합 장애물'과 3개의 장애물을 배합해서 만든 '트리플 장애물'이 있다.

심사는 말을 다루는 기술이나 자세는 채점의 대상이 되지 않으며, 말의 불복종, 장애물의 낙하, 거부, 정해진 시간 초과 등이 감점사항에 적용하여 총 감점이 적은 사람이 우승하게 된다. 이 경기는 기수와 말의 일체감, 즉 기수와 말의 호흡이 매우 중요하므로 철저한 훈련이 필요하다.

종합마술

승마의 종합마술 경기는 한 사람의 경기자가 동일한 말로 제

1일 '마장마술', 제2일 '지구력 경기', 제3일 '장애물비월 경기' 등의 3종목을 실시하는 경기이다.

그러므로 '3일 경기'또는 '군대 경기'라고도 불리며, 성적 순위는 3개의 종목의 득점을 합산하여 정한다. 개인순위는 각 경기의 감점의 합계로 정하고 단체순위는 4명 중 상위 3명의 득점을 합산하여 그 순위를 정한다. 그러므로 한 종목의 실격 또는 실권은 종합순위에서도 실격 또는 실권으로 이어지게 된다. 3종목 중 제2일째 '지구력 경기'가 가장 어려우며 대로 및 소로, 야외장애물 경기장, 야외 부정지 장애물 비월코스 등 약 30km 이상의 거리를 정해진 속도에 따라 주파하여야 한다. 일반 장애물비월 경기에서처럼 비월자세나 지구력을 다루는 경기가 아니라, 지구력 경기 다음 날에도 말이 운동을 계속하는 데 필요한 여력 및 순종성을 보존하고 있는지를 보이는 데 목적이 있다.

경로의 특성, 길이, 지정속도, 장애물의 규격은 경기 전체의 난이도와 선수의 능력 및 준비 상태뿐만 아니라 전 경기에서의 장애물비월경기의 상대적 비중에 의해서 결정된다. 제2일째의 지구력 경기장이 없을 때에는 2가지 경기만 실시하는 복합경기 종목을 실시하기도 한다.

레저승마

레저승마는 전문적인 승마를 최근 일반인들이 취미나 여가선용으로서 말타기를 배우고 즐기는 것으로, 국외는 물론 국내에서도 점차 높은 인기를 끌고 있다. 또한 이제는 단지 승마장에서 말을 타는 것 말고도 외승(트레킹)을 즐기기도 하는데, 외승은 우리나라에서 주로 이루어지는 몇 시간 정도의 야외승마가 아니라 짐과 텐트 등을 싣고 며칠 동안 산과 들을 누비는 승마여행을 말한다. 해외의 경우 레저승마는 가족과 어울리는 대중적인 레저로 자리를 잡고 있다.

레저승마의 경우, 초보자가 승마의 기초부터 평보, 속보, 구보 등을 제대로 익히는 데에도 적어도 3개월[1] 가량의 시간이 소요되지만, '외승'은 3~4번 교육을 받은 뒤에 평보만 익혀도 말과 함께 산책하는 정도의 외출은 할 수 있다. 그러나 진정한 외승의 묘미를 만끽하려면 말을 어느 정도 제어할 수 있는 수준까지 승마 기술을 습득한 후 야외로 나가는 것이 좋을 것으로 생각된다.

외승은 어느 코스나 가능하며, 말의 훈련과 승마자의 능력에 대한 테스트를 할 수 있는 좋은 계기가 되기도 한다. 많은 승마인들은 레저승마의 매력을 이야기할 때, 제대로 준비된 야외승마를 통해서 맛볼 수 있을 것이라고 말한다. 이렇게 외승을 나갈 때 초보자들이 명심해야 될 것은 마장 안에서와는 달리 야외에서는 돌발적인 상황이 발생할 가능성이 높다는 점이다. 때문에 초보자는 이에 대비해 항상 긴장을 늦추지 말아야 할 것이다.

말은 사람이 느낄 수 없는 소리나 냄새, 그리고 다른 동물이나 말의 움직임에 대단히 민감하게 반응하는 동물이다. 산길에서 뱀이 지나간다든지 아니면 주위상황으로 인하여 말이 놀랄 경우 기승자가 덩달아 소리를 지르거나 당황하게 되면 말이 더욱 흥분하게

---

1) 이 3개월이라는 기간은 1주일에 2회의 교육을 받는다고 가정했을 때이다.

외 승

되므로 주의가 필요하다. 더욱이 사람이 흥분할 때 사람의 몸에서 분비되는 흥분물질인 아드레날린을 맡아도 말이 흥분할 수 있기 때문에 기승자는 항시 침착해야 한다. 그러므로 돌발 상황에서 말이 놀라더라도 기승자는 당황하거나 긴장하지 말고 침착하게 말을 안정시키도록 노력해야 한다. 이때 말의 목 부분을 쓰다듬으면서 부드러운 대화를 나누면 말은 곧 안정을 찾게 될 것이다. 때문에 레저승마나 외승이나 말에 오르게 되면 말이 기승자를 신뢰할 수 있도록 항상 세심하게 신경을 쓰는 것이 중요하다.

경 마

경마 경기는 말과 기수가 일체가 되어 최선을 다해 우승을 가리는 스피드 스포츠로, 다른 스포츠 종목들과는 달리 보는 것만으로 그치지 않고 경마 팬들로 하여금 각자 선택한 말에 일정한 금액을 걸게 하여, 경기 결과에 따라 독특한 스릴과 묘미를 느끼도록 하고 있다.

선택한 말이 적중되었을 경우 쾌감과 투자한 금액의 수배에서 수십 배 이상의 배당금을 받게 되기도 하지만 적중하지 못했을 때는 투자한 금액을 잃게 되어 아쉬움을 주기도 한다. 또한 본인이 지목한 말이 적중한 사람에게는 최대한의 만족감을 주지만 그렇지 못한 사람에게는 보상심리를 각각 제공하여 승자와 패자, 장점과 단점이 모두 어우러져 있다.

3. 승마의 자세

스포츠는 여러 종류가 있으며 각각의 스포츠마다 가장 적당한 자세나 형태가 있게 마련이다. 이러한 가장 적당한 자세나 형태를 습득하기 위해서는 이론적으로 설명이 뒤따라야 하며, 그래야 비로소 실제로 행할 경우 신체의 기능에 맞추어 신체를 자유로이 움직여 최대한으로 힘을 발휘할 수 있게 해주는 것이다. 이것이 승마의 바른 자세에 대해 우리가 지녀야 하는 기본적인 생각이어야 할 것이다.

아무리 가벼운 기승자라도 말 등에 타면 말에게는 커다란 부담이 된다. 더구나 기승자가 말 등에서 동요하거나 고삐를 당기거나 할 경우 말은 기승자가 부담이 되고, 마체를 자유로이 움직일 수 없게 된다. 즉, 이와 같은 상태에서는 기승자가 말을 아무리 자유롭게 다루려 해도 기승자 자신이 말의 움직임을 막고 있는 격이 되므로 말이 기승자의 지시대로 움직일 리가 없다.

기승자가 말을 탔을 때, 우선적으로 고려해야 할 것은 말의 움직임을 방해하지 않는 것이다. 여기서 말의 움직임을 방해하지 않는다는 것은 아무것도 하지 않고 말 위에서 가만히 있으라는 의미가 아니라, 말의 운동에 맞추어 기승자 역시 말의 움직임에 따라가는 것을 뜻한다. 때문에 기승자는 이러한 기본자세를 제대로 익혀야 말의 움직임에 잘 따를 수가 있을 것이다.

기본자세

기본자세는 머리, 어깨, 허리, 발, 뒤꿈치를 연결한 선이 수직이 되는 자연스럽고 유연한 자세이다. 이 자세는 말을 조종하는 데 최소의 노력으로 최대의 효과를 얻을 수 있는 가장 기본이 되는 자세이다.

머리: 머리는 똑바로 하고 거북하지 않을 정도로 턱을 당긴다.

눈: 눈은 항상 앞쪽을 주시하고 다른 말의 상황 등 주위 상태를

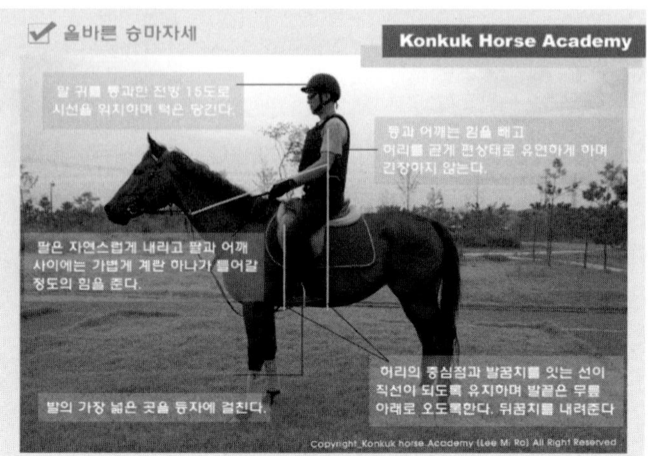

올바른 승마 자세

관찰해야 한다.

귀: 귀는 자세와는 직접 관계가 없으나 뒤쪽으로 접근하는 상대를 알기 위해서는 귀로 들어오는 모든 소리에 주의를 기울여야 한다.

어깨: 어깨는 힘을 빼고, 자연스럽게 내린다.

팔과 손: 팔은 힘을 뺀 상태에서 자연스럽게 내리고, 팔꿈치를 상체에 가볍게 접촉시키며 팔꿈치와 말 입은 직선이 되도록 유지하는 것이 좋다. 이때 좌우 주먹의 간격은 15cm 정도가 적당하다. 이 자세는 조작범위가 가장 크게 잡히고, 가장 아름답게 보인다.

상체: 상체는 힘을 넣지 말고, 가슴과 등을 똑바로 편다.

기좌: 기좌란 기승자가 말을 탔을 때 마체에 닿는 부위인 좌골,

무릎, 다리 등을 총칭해서 쓰는 말이다. 기승자는 허리를 펴고 안장에 깊게 앉고 체중을 양 좌골에 동일하게 얹고 무릎을 죄지 말고 내린 뒤 그 안쪽을 마체에 밀착한다.

다리(무릎 아래 부위): 다리는 자연스럽게 내리고 그 뒷부분(종아리)을 마체에 가볍게 접촉시킨다. 등자는 말의 1/3 정도만 집어넣어 밟아 뒤꿈치를 가볍게 내린다. 등자를 뺀 경우도 같은 자세를 유지하도록 한다.

승마에서는 기마 자세를 유지하기 위해서 허리나 등줄기를 사용하게 된다. 때문에 승마인들은 말을 웬만큼 탄 사람이라면 평소 생활에서도 자세가 좋기 때문에 금방 알아 볼 수 있다고 입을 모은다.

4. 승마의 운동 원리

유 연

정지해 있는 말에 아무리 훌륭한 자세로 올라타도, 일단 말이 운동을 시작했을 때 기승자가 말의 움직임에 따라가지 못하면 그것은 무의미한 일이다. 말의 움직임에 늦지 않게 따라가는 것은 말을 타기 위한 기본 동작이지만, 이를 위해서는 유연한 신체를 만드는 방법밖에 없다. 말이 어떠한 운동을 실시해도 기승자의 신체는 마체에 밀착해 인마일체가 되는 것이 이상적이다. 기승자의 신체가 굳어지는 것은 마치 안장 위에 커다란 돌을 놓은 것과 같아서 말이 멈추어 있을 때에는 올려놓은 돌이 떨어지지 않으나, 말이 움직이기 시작하면 돌은 튕겨져서 떨어져 버리는 것과 같은 원리이다. 마체 위에서 기승자의 신체가 굳어지게 되면 같은 상태가 되어 말의 움직임에 따라갈 수가 없는 것이다.

기승자의 신체가 굳어지는 원인은 기승자의 근육이나 관절 자체가 굳어지는 것보다 과도한 긴장이나 공포심 등 정신적인 영향이 더욱 크다고 볼 수 있다. 때문에 승마에 있어서 유연한 신체란 전신의 힘을 뺀 축 늘어진 상태와는 다른 것으로, 바른 자세를 유지하면서도 힘을 주는 일이 없기 때문에 만일의 경우에 재빨리 대처할 수 있는 상태를 말한다.

신체 각 부위의 독립

기승자가 말에게 운동을 요구하는 경우, 좌우의 손발을 사용하거나 체중을 이동을 통해 표현되지만 이때 신체의 각 부분은 관련을 가지면서도 따로따로 움직여 조작하여야 한다는 점이 중요하다. 그러나 인간의 본능은 발을 사용하면 무심결에 손도 동조해 같이 움직이도록 훈련되어 있다. 따라서 기승자의 행동이 이와 같이 되면 기승자의 요구를 말에게 바르게 전달할 수가 없게 된다. 이러한 일이 없도록 움직이려고 하는 부분을 필요한 때, 필요한 만큼 움직이는 것을 신체 각 부위의 독립이라고 한다.

허리 펴기

기승자가 말의 움직임에 일치하여 바르게 운동하기 위한 첫째 조건은 '허리 펴기'이다. 이것은 말을 전진시키거나 정지시킬 때 매우 중요한 작용을 하므로 기승자는 운동 목적을 바르게 달성하고 불안감과 신체의 굳어짐을 극복하기 위해 필시 이 방법을 익혀야 한다.

정상 자세: 척추는 여러 단계로 구부러져 있다.

허리를 편 자세: 척추 하단이 앞으로 밀려나와 골반 뒷부분이 내려가며 앞부분이 위로 밀려 올라간다.

오목한 허리: 골반이 앞으로 기울어진다.

이 방법은 마치 그네를 탈 때 허리를 펴는 것과 같은 방법으로 실시하며, 이렇게 함으로써 허리를 펴서 말에게 전진의 기회를 주고 기승자는 말의 전진 운동에 늦지 않게 따라갈 수가 있다. 이것을 인마일체의 운동 또는 동반 운동이라고 한다. 허리를 펴는 방법을 터득하기 위해서는 잘 조교된 말을 기승하는 것이 좋다. 조교가 잘된 말은 허리를 펴는 일에 대해 명확히 반응을 하기 때문이다.

운동 중에는 평보에서 정지, 속보에서 평보, 또는 속보에서 정지 등의 보도 변환을 자주 하여 허리를 펴는 일을 기승자가 스스로 터득해야 한다. 그러나 허리를 펴기 위해 상체를 뒤로 눕히거나 말의 운동에 따라 허리를 함께 움직이는 것은 잘못된 방법이다.

위의 연습들과 함께 중요한 것은 '허리의 한쪽만 펴기'이다. 내방 자세, 각종 방향 변환, 구보 자세에서 안쪽 좌골과 안쪽 허리를 앞으로 미는 일은 매우 중요한 역할을 한다. 이것도 충분한 연습으로 그 감각을 터득할 수 있다.

허리의 작용은 마술의 전 교육을 통해 시종일관 변하지 않는 것이다. 허리는 늘 다리, 고삐와 서로 연관을 가지므로 허리를 펴지 않으면 전진할 때는 다리를 더욱 세게 조여야 되고, 정지할 때는 고삐를 세게 당겨야 한다. 그러므로 기승자의 부조는 더욱 난폭해진다.

감 각

감각이란 기승자의 자세와 부조, 말의 움직임 등을 끊임없이 느낌으로 판단하는 것을 말한다. 말의 걸음걸이는 어떤가, 어떤 작용, 어떤 부조가 필요한가, 어떤 강도로 말에게 지시할 것인가, 또 운동 목적은 달성되었는가 등의 여러 가지 일을 기승자가 느끼도록 하는 것이다. 이러한 감각들은 기승자 스스로가 터득해야 하며 다른 사람들은 감각의 터득을 도와주는 일밖에 하지 못한다.

감각이란 쉬운 과목에서부터 익히기 시작하여 이것을 스스로 판단할 수 있게 되면 점차 어려운 과목으로 실시해 나가게 된다. 기승자에게 감각을 느끼게 해주는 유일한 방법은 말이다. 기승자는 자신의 감각 상태를 다음과 같은 말 위에서 검토·판단할 수 있다. 등이 부드러운 말을 통하여 인마인체 운동을, 입이 예민한 말을 통하여 주먹의 부드러움을, 간지러움을 쉽게 느끼는 말을 통하여 다리가 안정되어 있음을 느끼고 이것을 스스로 판단할 수 있게 된다. 기승자의 행동이 그렇지 않을 경우에는 말들은 대개 반항적인 행동을 하며 예민한 말일수록 이러한 현상은 더욱 명백히 나타난다.

부 조

마술은 말의 심리를 지배하고 표현하는 예술적인 기술로서, 말의 심리를 지배하는 방법을 '부조'라 한다. 즉 기승자의 의사를 말에게 전달하여 말을 기승자의 생각대로 움직이는 수단을 부조라 하는 것이다. 부조에는 체중 · 다리 · 주먹 등 3가지가 있고, 이를 '주부조'라 하며, 이 주부조의 보조로 사용하는 것에는 채찍 · 박차 · 음성(혀 차는 소리) 등이 있는데, 이를 '부부조'라 한다.

이들 부조는 말의 성질 · 조교 정도 혹은 요구하는 운동에 의해 그 방법이나 강도를 달리 사용해야 하며, 더욱 중요한 것은 말이 부조의 의미를 알고 있는가 하는 점이다. 아무리 정교한 부조 조작을 해도 말이 그 부조를 이해하지 못하면 움직이지 않기 때문이다. 또 그 반대로 아무리 잘 조교시킨 말이라도 기승자가 부조 조작 능력이 없으면 말을 잘 움직일 수 없게 된다.

이러한 점으로 볼 때 부조란 신호(기승자의 조작)에 의한 기승자와 말 사이에 교환된 약속이라 할 수 있다. 그리고 이 약속을 서로 충분히 이해하고 있으면 적은 힘, 작은 동작이라도 말을 자유자재로 움직일 수 있게 될 것이다.

운동 효과

승마는 살아 있는 말과 사람이 일체가 되어 함께 하는 운동으로 기승자는 10분간 약 500~1,000회의 신체적 움직임을 경험하게 된다. 이러한 운동을 통해 기승자는 3차원적 운동(전후, 좌우, 상하)을 체험하게 되며, 신체의 자세(좌우 기울기, 전후 기울기), 체형(후면 체형)의 측만과 만곡에 영향을 받는다. 또한 승마를 하는 동안 상체와 요추부에 전달되는 물리적 자극이 직접적으로 작용하여 요추부 근력 발달은 물론 골밀도의 증가와 더불어 말과의 물리적인 접촉 및 자극은 말초감각의 전달속도를 증가시키고, 수의운동회로를 활성화시킨다. 이처럼 승마는 신체의 평형과 유연성을 기르고 올바른 신체를 구성할 수 있도록 돕는 전신 운동의 측면이 있다. 이러한 전신 운동인 승마 운동은 혈액순환이 증가시키며, 신경자극을 통한 기능 회복뿐만 아니라 만성적인 운동 부족을 해소할 수 있도록 도움을 준다.[2)]

이에 대하여 이하윤은 비만 여고생을 대상으로 12주간의 승마운동을 수행한 결과, 체지방 감소 및 순발력, 유연성, 근지구력, 전신지구력이 증가함을 밝혔다. 즉, 승마운동은 비만 여고생에게 정신적 육체적 건강증진을 도모하는 데 효과가 있음을 입증하였다.[3)]

또한 김광배는 40~50세 중년 남성을 대상으로 30분간의 승마 운동 시 에너지 기질과 호르몬의 반응을 규명하였는데, 운동 직후의 Total Cholesterol이 승마 전과 비교하여 승마 후 유의하게 증가하였다. 즉, HDL-Cholesterol(Hidh Density Lipoprotein Cholesterol)과 LDL-Cholesterol(Low Density Lipoprotein Cholesterol)이 모두 운동전에 비해 유의하게 증가되었는데, 이는 단시간의 운동이 Total Cholesterol의 변화에 긍정적인 영향을 주지 못한다는 것과 일치한다. 하지만 이 연구는 운동직후에 검사한 혈액을 채취하여 분석한 결과로

2) RDA-Samsung, *Riding for the disabled*, 2002.

3) 이하윤, 「승마운동이 비만 여고생의 체지방 및 체력에 미치는 영향」, 전주대학교, 2004.

완전한 휴식에 혈액을 채취하여 검사한다면 다른 결과가 보일 것이다. 인슐린(Insulin)은 운동전에 비교하여 운동 후 유의하게 감소하였고, 글루카곤(Glucagon)은 별다른 변화가 없다. 이를 통해서 승마 운동이 중년 남성들의 에너지 기질과 호르몬에 긍정적인 영향을 미칠 것이라는 것을 알 수 있다.4)

이러한 신체적 균형의 발달과 함께 승마 운동은 소화기 계통과 심폐기능 증진에 효과가 있음이 보고되고 있다.5)

이상기는 실제 승마와 비슷한 동작을 수행하도록 고안된 실내 승마훈련 기구를 사용하여 여대생을 대상으로 매주 3회, 1시간씩의 12주간의 승마운동을 실시하여 건강관련 체력요소와 혈중 지질농도, 배변만족도를 조사하였다. 건강 관련 체력인 전신지구력, 근력, 근지구력, 평형성, 유연성이 개선되었고, 혈중 지질농도의 감소를 가져왔다. 또한 배변시간의 단축, 배변 시의 통증 및 출혈의 감소, 변의 부드러움, 숙변의 감소 등과 같은 배변활동이 원활해진 것으로 나타나 실내 승마운동이 성인의 건강 개선 및 체력 증진에 효과적인 운동의 수단이 될 수 있다는 결론을 내렸다.6)

백진호는 승마를 가상공간에 재현하여 일반인이 승마의 정신적・신체적 효과를 누릴 수 있도록 제작된 승마 시뮬레이터와

---

4) 김광배, 「승마운동이 기승자의 에너지 기질 및 호르몬의 변화에 관한 분석」, 단국대학교, 2005.

5) 이은정, 「승마선수의 경기력 향상을 위한 프로그램 개발연구」, 한국체육과학연구원, 1996.

6) 이상기, 「실내 승마운동이 여대생의 건강관련 체력요소, 혈중지질농도 및 배변만족도에 미치는 효과」, 충남대학교, 2000.

트레이드 밀에서의 조깅운동과 비교·분석을 통한 연구에서 승마 시뮬레이터 운동은 전신근육의 발달과 동시에 트레이드 밀 조깅 시에 사용되는 근육과도 비슷한 정도의 활동성을 나타내었으며, 승마에서만 발달될 수 있는 특수한 부위에도 자극을 줄 수 있는 것으로 규명하였다.[7)]

이렇게 승마를 통해 얻을 수 있는 운동의 효과는 생체 운동기구(말)의 이용을 통해 얻어진 물리적인 접촉 및 자극이 말초감각의 전달속도를 증가시키고, 기수의 운동신경회로를 활성화 시킨다. 또한 소화기관의 자극, 통풍의 완화, 결핵의 회복, 신진대사의 활성화, 허약한 체질의 강화, 심리적인 문제의 해소, 육체와 정신의 전반적인 기능 향상으로 정리할 수 있을 것이다.[8)]

이러한 승마 운동의 실질적인 효과는 치료의 한 방법으로도 관심을 모으고 있다. 김갑수는 승마운동 연구를 통해 승마가 뇌성마비 아동들의 평형성을 형성하는 동시에 자신의 커다란 에너지의 손실이 없이 무한히 많은 동작과 운동효과를 성취할 수 있다는 결과를 보고하고 있다. 더불어 한상철은 뇌성마비 아동에게 승마운동을 주 2회씩 1개월 간 실시한 후의 수치와 1개월 동안의 휴승기간 후의 측정결과를 비교해, 지속적으로 승마를 한 뒤 측정한 수치가 대다수의 측정항목에서 높게 나타남으로써 반복적인 승마 운동실시가 뇌성마비 아동의 평형성 향상에 효과적으로 작용한다

7) 백진호 외, 「승마 시뮬레이터 운동 시 근전도 분석」, 한국사회체육학회, 2005.

8) 한상철 외, 「승마운동이 뇌성마비 아동의 평형성 향상에 미치는 효과」, 한국체육학회, 2004.

고 보고했다. 이를 통해서 승마운동은 장애아동들의 보행에 도움을 줄 수 있는 평형성 향상으로 치료적 효과가 있음을 밝혔다.[9)]

때문에 이미 1670년 영국에서는 승마를 치료적인 목적으로 활용하기 시작하였으며, 20세기 초부터 승마운동이 장애인에 대한 치료요법임을 인식하였다. 그 후 1950년대에 들어 영국의 심리치료사들은 모든 유형의 장애인에 대한 승마 치료법의 가능성을 실험하기 시작하였으며, 영국 왕실의 적극적인 후원 아래 1969년 장애인을 위한 영국승마협회가 설립되었다. 이에 힘입어 미국을 비롯한 세계의 여러 나라에서 승마치료가 도입되고 있다고 한다.

5. 재활로서의 승마

재활승마란?

재활치료 승마(Hippotherapy)는 인간이 극복하기 힘겨운 정신적 · 육체적 장애를 말과 함께 극복하고 풍요로운 삶을 영위하는 것을 핵심으로 한다. 말과 함께 호흡하는 승마는 비장애인뿐만 아니라 정신적 혹은 육체적으로 장애를 느끼는 이에게 실질적인 도움을 주는 운동으로 신체장애, 발육장애, 정신장애와 더불어 학습장애의 치료에 큰 효과를 준다.

이러한 재활 승마는 제1차 세계대전 중 영국에서 전쟁 부상자들

9) 김갑수, 「승마치료에서의 말의 특이한 역할 및 작용기전」, 한국재활 승마협회 교육 자료집, 2002.

을 대상으로 소규모로 진행되었으며, 노르웨이의 엘라벳 보트카는 소아마비 환자를 대상으로 승마를 치료로 활용한 것과 1953년 포니 마장이 재활치료 승마장을 만든 것이 그 기원이 되었다.

이후 재활 승마는 1960년대부터 전 세계적으로 확산되어 현재는 30여 개국에서 약 15만 명의 장애인들이 말과 함께 장애를 극복하고 있다. 또한 미국과 캐나다에서는 600여 개의 전문 치료 승마 센터가 등장하였으며, 학술적으로 세계 치료 승마 학회가 만들어져 많은 연구가 진행되고 있다.

재활 승마의 효과는 신체적인 측면과 정신적인 측면, 교육 및 사회적인 측면 등으로 크게 나눌 수 있다.[10]

첫째, 신체적인 측면에서, 말의 운동 기능학적 움직임과 평보, 속보, 경속보 등의 다양한 보법에 의한 기승자의 근육 및 인대의

미국의 MSB테라피 센터에서 히포테라피를 받고 있는 어린이

10) 김갑수, 위의 책 참고.

강화와 유연성 증가, 자세교정, 경련 및 경직된 근육 조직의 이완작용, 심폐기능 촉진 등이 지적된다.

둘째, 장애인들은 살아 있는 동물과 신체적으로 접촉하게 되는 승마를 통해 자아에 대한 자신감과 신뢰감의 회복, 우울증 해소 및 집중력 증가 등의 효과를 얻을 수 있다. 이러한 재활 승마는 정신적 상호작용을 통하여 기존의 운동심리치료와는 차원이 다른 대체요법으로 대두되고 있다. 한편 치료의 중심인 말 외에도 말을 조련하는 이, 신체치료사, 언어치료사, 보조요원 및 가족과의 집단적인 환경이 자폐아의 언어와 사회성 개발에 큰 효과가 있는 것으로 보고되고 있다.

마지막으로 말 위에 올라 평소보다 높은 눈높이에서 말과 함께 움직이고, 이를 느끼는 동안 기승자는 세계에 대한 관점과 자아 영역의 확대 등 사회적 · 교육적인 치료 효과를 얻을 수 있다고 한다. 이러한 사회적 · 교육적인 치료 효과는 바로 재활 승마의

한국의 '찾아가는 승마교실'

궁극적인 목표라고도 볼 수 있다.

아직까지 생소한 재활 승마는 세계적으로 장애인의 사회복귀를 위한 심리적·정서적·사회적 훈련이라는 개념으로 정착되어 가고 있다. 그러나 우리나라에서는 아직까지 재활 승마가 보편화되지 못하고 있는 것이 현실이며, 이에 대한 다양한 프로그램의 개발과 보급에 힘써야 할 것으로 생각된다.

재활 승마의 효과

발달 장애인

자신보다 큰 동물과의 소통을 통해 대인 기피라는 성향을 가진 사람들의 사회적 동참을 유도하고, 생활 방식이나 활동 범위가 한정되기 쉬운 환자들에게 큰 효과가 있다. 특히 엉덩이와 골반의 안정성을 유지하여 바른 자세로 교정되는 효과가 있다.

삼성서울병원 김현숙 교수팀의 임상실험 결과에서 승마치료가 뇌성마비에 효과가 있다고 밝혔다. 우선 재활치료를 받고 있는 뇌성마비 어린이 29명을 대상으로 30분씩 주 1회 10주간 단기 승마치료를 실시한 결과 무릎과 발목 등 관절운동과 대근육 운동 능력이 향상된 것으로 보고되었다. 이와 더불어 10명을 대상으로 30분씩 주 2회 24주간 총 38회의 장기 승마치료를 시행한 결과 걷기, 뛰기, 도약 등에 운동기능 평가지수가 향상되는 효과가 보고되었다. 그러나 이러한 치료는 재활승마를 실시할 수 있는 승마시설과 전문 인력 및 자원봉사자의 부족으로 보다 많은 환자에게 해택을 주지

못하고 있는 실정이다.11)

신체장애인

승마는 평소에 잘 사용하지 않는 근육을 활용하므로 전신 운동이 가능하다. 또한 척추·관절 운동으로 손상된 부위에 기능 회복을 기대할 수 있으며 신체균형과 속도변화의 적응을 통해 평형감각이 향상되고 운동부족을 해소시켜 준다. 따라서 승마는 신체장애인의 시각, 청각과 전방감각 등의 감각을 자극하고 운동 강도를 포함시키지 않지만 유산소 운동으로 심폐기능을 높일 수 있는 운동으로도 이용할 수 있다.

6. 국내의 승마관련 시설

경마공원

한국마사회(KRA)는 경마의 공정한 시행과 원활한 보급을 통하여 마사의 진흥과 축산발전에 기여하고 국민 여가선용을 도모함을 그 설립 목적으로 하고 있으며, 축산 발전기금, 농어민 자녀 장학사업, 각종 공익단체 기부금 지원, 승마 보급, 시민 문화 공간 개방 등 경마 수익금의 사회 환원과 공익에 기여하고 있다.

경기도 과천에는 서울경마공원, 승마교육원, 마사박물관 등이 있으며, 2005년에는 부산경남 경마공원이 경남 김해시와 부산광역

11) 김운영, 「한국 승마의 발전방향에 관한 연구」, 경희대학교, 2006.

시 범방동 경계에 완공되었다.

제주에는 조랑말 보호 육성을 위한 제주경마공원, 말의 생산과 번식, 육성을 위한 경주마 육성목장(65만 평)과 경기도 원당(11만 평)에 종마목장이 있으며, 전북 익산에 경주마 목장(46만 평)이 건설 중에 있다. 그리고 경마공원의 경마를 실황으로 중계하는 장외발매소를 서울 2개소, 경기도 일원에 12개소, 지방(광주, 대전, 대구, 부산, 천안, 창원 등)에 7개소를 개설하여 운영 중에 있다.

서울 경마공원

서울 경마공원은 35만 평의 부지에 2만 5천 명을 수용할 수 있는 관람대와 마문화 유물을 소장・전시하는 마사박물관, 승마경기장 및 승마 연습장 등이 있다

방문고객의 편의를 위하여 어린이 자전거, 유모차, 돗자리, 인라인스케이트 대여, 경마승마체험관(시뮬레이터), 인터넷 검색실, 어린이 휴게실, 어린이 승마장, 조류장, 국제 규격을 갖춘 잔디 축구장, 그네, 미끄럼틀 등을 갖춘 놀이터, 의무실, 야외 공연장, 원두막(10여 동), 인공폭포, 분수대, 경마공원을 처음 방문한 고객을 위한 초보경마교실 등이 있으며 승마강습과 전통혼례 등 모든 시설은 무료로 이용할 수 있다.

매 주말에는 관광마차와 다양한 놀이시설과 각종 공연 등을 실시하여 서울 경마공원을 찾는 시민들을 맞이하고 있다.

부산 경남 경마공원

부산 경남 경마공원은 800만 부산 경남 경제권과 남해안 관광벨

트의 중심에 위치해 있으며, 도로, 철도, 공항 등 교통망 개선으로 남해 관광레저산업의 중심지로 정착하고 있다. 또한 뛰어난 경주마를 키워내고 선진 경마시스템을 완성하여 한국 경마를 선진 경마 수준으로 가꾸어 나가는 데 앞장서고 있다. 또한 부산 경남경마공원은 2002년 아시안게임 승마경기대회 개최를 지원하였으며, 부산 경남의 새로운 가족공원, 레저공간으로 경마를 아끼고 사랑하는 경마 팬들의 휴식공간으로서 누구나 자유롭게 즐길 수 있는 공간으로 자리매김하고 있는 중이다.

경주마들이 경주에 출전하기 전 관람객들에게 보여지는 장소로서 털의 윤기, 몸놀림, 마체 상태 등 경주마의 컨디션을 꼼꼼히 체크하여 행운에 좀 더 가까워 질 수 있는 예시장은 지상1층, 건축면적 713.44㎡, 총 마방 30개소의 규모로서 마사동과 전용통로를 통하여 연결되며 경주로와는 관람대를 관통하는 지하층의 마도를 통하여 직접 연결된다. 또한 중문광장, 만남의 광장, 승리의 광장, 환호의 광장, 천마광장 등의 5개의 광장을 구비하고 있고, 야외 소규모 공연 및 모임 장소로 쓰이는 야외공연장과 어린이 전용 축구장, 플레이네트, 조합놀이대, 흔들놀이, 인공암벽 등을 설치한 복합어린이 공원이 조성되어 주말 가족 나들이에 적합하다. 이 외에 어린이승마장과 유아용 자전거 광장, 파빌리온, 인공연못, 인라인 스케이트 코스 등의 시설을 구비하고 있다.

제주 경마공원

아시아의 하와이로 불리며 태고의 신비를 그대로 간직한 제주도에 경마가 시행되고 있어 제주도를 찾는 이들의 또 다른 볼거리로 각광받고 있다. 한국의 경마 시행체인 한국마사회가 지난 2년 6개월간의 공사 기간을 거쳐 완공한 제주 경마장(Cheju Racecourse)은 지난 1990년 10월 28일 개장하여 현재에 이르기까지 제주관광의 독특한 명소로 자리 잡고 있다. 특히 제주 경마는 제주도 토종의 조랑말(pony)을 이용한 세계 유일의 경마로서 이국적 색체가 강하며, 보는 이로 하여금 환상의 세계로 빠져들게 한다. 웅장함과 완만한 곡선미를 겸비한 한라산의 중턱에서 시행되는 제주 경마는 분명 제주도를 찾는 데 색다른 제주의 멋을 느끼게 할 것이다. 특히, 한여름 밤의 무더위를 식혀주는 제주 야간관광의 백미인 야간 경마는 조명탑에서 뿜어져 나오는 은회색의 불빛과 인공폭포, 군마상, 경마공원의 낭만적이고 환상적인 분위기는 가족 고객은 물론 관광객들에게 이색적인 볼거리로 각광받고 있다.

제주 경마공원의 설립 목적은 천연기념물 제347호로 지정되어 있는 제주도의 고유토종말인 제주마를 보호·육성하고 제주도의 축산산업 및 관광 진흥을 통해 지역사회 발전에 기여하기 위해서이다.

부대시설로는 어린이 승마장 1동, 어린이 자전거 및 유모차 무료대여소 1개소, 매점 및 식당 6개소, 조류장 1개소, 야외원형무대 1개소, 축구장, 배구장, 농구장 각 1개소, 어린이놀이터 1개소 등이 있다.

대한승마협회

승마운동을 널리 보급하고 아마추어 승마인 및 단체를 지도하며 우수한 경기자를 양성하는 것을 목적으로 한다. 1945년 10월 15일 창설하여 1946년 7월 15일 대한체육회에 가입하였다. 1952년 7월

FEI(ation questre Internationale, 국제승마연맹)에 가입하고 같은 해 8월 유럽에서 개최된 국제승마대회 장애물비월 경기에 참가하고, 10월에는 제15회 헬싱키올림픽경기대회 장애물비월 경기에 참가하였다. 1962년 6월 일본 교토에서 열린 제1회 한일친선승마대회에 참가하고, 1978년 12월 AEF(Asia Equestrian Federation, 아시아승마연맹)에 가입하였다.

주요 활동은 다음과 같다.

① 승마 보급 및 마필의 이용지도에 관한 기본방침 심의 결정
② 경기기술 연구 및 개발
③ 우수선수 양성 및 승마인구 저변확대
④ 마필의 위생관리 및 기술에 관한 연구개발
⑤ 승마운동에 관한 자문 및 협조
⑥ 승마단체와 지부 관리 감독
⑦ 국내승마경기대회 개최
⑧ 국제승마경기대회 개최 및 참가
⑨ 승마운동시설 설치 및 관리
⑩ 마필 및 승마운동 용구 도입
⑪ 승마에 관한 각종 간행물 발간 등이다.

각 시·도 승마협회 및 전국규모 승마연맹체를 회원단체로 조직하며, 기구로 이사회·대의원총회·사무국·분과위원회를 두고 있다. 이 중 이사회는 최고집행기관으로 회장·부회장·전무이사·사무국장·이사로 구성된다. 선임위원에는 회장 1명, 부회장

3명, 전무이사 1명, 이사 20명, 감사 2명을 둔다. 대의원총회는 최고 의결기관으로 각 회원단체에서 뽑힌 대의원 20명(시 · 도 15명, 산하연맹 1명, 중앙 4명)으로 구성된다. 협회의 사무집행을 위하여 사무국을 두며, 사무국장은 이사회의 동의를 얻어 회장이 임명한다. 위촉위원은 명예회장 2명, 고문 5명이다. 산하연맹체에는 한국학생승마연맹이 있다.

건국대학교 평생교육원 승마아카데미

건국대학교 평생교육원의 승마아카데미는 취미생활 도모와 마필전문가 육성까지 기초부터 체계적인 교육으로 기승은 물론 보건, 사양, 관리, 장제 등 다양하고 세분화된 분야의 실습과 이론 병행으로 이루어진 전문가 양성 프로그램이다. 또한 마필 기승 시 두 명 이상의 강사진과 현장코치의 지도로 개인별 특성과 능력에 맞춰 다각도에서 실력 향상의 극대화를 추구한다.

건국대학교가 평생교육원에 승마아카데미 과정을 개설하였다. 마장마술학, 사양학 등 승마에 관한 이론과 실습을 체계적으로 공부할 수 있으며 실습과정도 있다. 초 · 중 · 고급 전문가 과정은 한 학기씩으로 구성되어 있으며 각 과정별 수강료는 70만원이다. 승마에 관심 있는 사람은 누구나 수강할 수 있으며 직장인을 위한 야간반도 개설되어 있다.

4부

올바른 말 문화를 위한 대안

석유와 엔진이라는 무기체 동력을 사용한 자동차가 나타나기 이전, 인간의 역사에서 말은 가축으로서의 여러 가지 임무와 중요한 역할을 수행해 왔음을 우리는 앞서의 여러 설명들을 통해 확인할 수 있었다.

그렇기에 6천만 년 전 선사시대부터 시작된 말의 오랜 역사에서 우리에게 가장 중요한 지점은 말이 인간에 의해 가축화되는 순간이라고 할 수 있을 것이다. 인간에 의해 가축화된 말은, 기차나 자동차의 발명 이전까지 가장 빠른 이동수단으로 사용되어 인간의 생활과 활동 영역을 비약적으로 넓혔으며, 전쟁의 중요한 수단으로 사용되어 전력 향상에 직접적인 영향을 미침으로써 전쟁의 승패를 갈라 일국의 흥망을 좌우하였다. 또한 말과 관련된 수많은 문화를 발생시켰으며, 사람의 말을 알아듣는 영리한 말과의 교감을 통해 인간의 정신적 친구로서의 기능을 하기도 하였다.

이런 점에서 말이라는 동물은 예로부터 동서양을 막론하고 인간에게 돼지, 닭, 소 등과 같은 가축과는 구분되는 친근하면서도 우호적인 감정대를 형성하기에 이르렀다. 물론 자동차와 같은 기계적 이동수단이 발명된 이후 인간 역사에서 말의 효용성은 많이 저하될 수밖에 없었음을 부인할 수는 없다. 더구나 아스팔트과 시멘트로 도배된 도시 생활이 익숙해진 현대인에겐 푸른 초원을 마음껏 달리는 말은 동물원이나 경마장에서 특별히 구경할 수 있는 박제화된 동물로 전락해 버리고 만 것이 사실이다.

오늘날 우리가 말이라는 동물과, 그것과 관련된 문화를 재조명해 보는 작업이 갖는 의미는, 말 문화가 점점 사라지고 있는 현시점에서 우리에게 잊혀진 과거의 역사를 다시 되돌아보게 해주는 계기가 됨은 물론, 도시생활의 폐쇄성과 독성으로 인해 지친 몸과 마음의 병을 야생의 탁 트인 들판의 자유로움과 자연의 해독작용으로 치유할 수 있는 기회를 제시해 준다는 점에서 커다란 효용가치를 지니게 되는 것이다.

나아가 승마는 바른 자세와 육체적 운동효과는 물론이고 자연 속에서 이루어지는 말과의 교감을 통해 현대인에게 말 그대로 웰빙 즉 잘 먹고 잘사는 하나의 대안을 새롭게 제공할 수 있을 것으로 생각된다. 또한 정상인뿐만 아니라 다양한 유형의 신체적·정신적 장애인들에게도 승마는 치료와 재활적 활용을 통해 우리에게 보다 많은 긍정적 효과를 가져올 수 있을 것으로 보인다.

따라서 21세기를 살고 있는 우리는 무엇보다 승마라는 스포츠와 말에 대해 갖고 있던 편견과 고정관념을 깨고 이들을 올바로 인식하는 것이 중요하다. 그런 뒤, 이를 우리에게 좀 더 유익하고 이로운 방향으로 발전시켜야 할 것이다.

맺음말

말 문화 산업 연구의 필요성

최승철*

우리나라 역사와 영토에 대한 관심이 급증하고 있다. 막강한 국력을 과시했던 과거 우리의 역사는 말과 밀접했지만, 현재 기마 민족으로서의 자부심과 말에 대한 관심은 그리 크지 않은 편이다. 유럽이나 가까운 일본의 경우만 해도 승마에 대한 관심과 관련 산업의 규모는 지대하다.

인간은 사회적 동물이다. 사회적으로 고립된 사람들은 사회적으로 강한 유대관계를 유지하는 사람들보다 2~5배나 높은 사망률을 보인다고 한다. 주 5일제 근무와 경제성장 등으로 우리의 여가 폭은 대폭적으로 늘어나고 있지만, 다른 한편 우리나라의 미래를 이끌어 갈 청소년의 여가문화에 대한 우려도 적지 않다. 승마는 특히 청소년 비만, 체력 저하, 고립적인 생활태도에 효과적인 대안이 될 수 있다. 웰빙으로서의 승마는 사회적으로 교류하는 공간개념과 동시에 동물과의 온정적인 유대관계를 맺고 체력을 증진하는 시간개념으로서 가치가 있다.

*건국대학교 동물생명과학대학 축산경영·유통경제학과 부교수
건국대학교 문화컨텐츠 R&D센터 산하 한국말문화산업연구회 회장

현재 우리나라에서의 말에 대한 인식은 경마와 도박을 연상시키는 사행산업으로서 상당히 부정적이다. 승마문화가 정착되기 위해서는 승마에 대한 지식과 올바른 이해가 요구된다. 급변하는 사회경제적 · 문화적 환경 변화에 따라 여가생활 기회 확대와 IT기술 발달에 따른 청소년의 의식 및 행동 변화, 무역시장 변화에 따른 농업농촌의 비교열위 등의 문제가 지적된다. 이러한 문제를 해결해야 하는 책임 소재를 스스로 반문하면서 적극적으로 해결하려는 자세가 필요하다.

과거 기마민족으로서 호연지기가 고취되어 왔던 우리나라 청소년의 의식이 많이 희석되고 있지 않나 염려된다. 향후 무한경쟁시대에 호연지기로 무장된 인재를 육성하고 승마로부터 정신적 · 육체적인 건강을 지킬 수 있는 기회가 마련되어야 한다. 동시에 농업농촌의 개발과 소득수준 증대를 위해서라도 먼저 말과 관련된 역사와 문화에 대한 이해가 요구되고, 이를 토대로 말 전문 인력에 대한 육성과 교육이 필요하며, 승마에 적합한 승용마 생산기반 조성과 안전한 승마장 설치 등 적절한 하부구조(하드웨어)를 구축하는 것이 필요하다.

현재 농림수산식품부는 시민의 여가생활 수요를 충족하면서 농촌지역에 활력을 불어넣기 위해 말 산업 육성대책을 마련, 앞에서 열거한 필요 사업들을 추진하고 있다. 사업지원 대상으로 비농업인도 가능하기 때문에 이는 귀촌프로그램의 일환으로서도 그 의미가 있다. 사업기반 조성에 있어 하드웨어뿐만 아니라, 소프트웨어 개발이 중요하다. 소기의 사업성과를 얻기 위해서는 말 산업 육성의 필요성을 충분히 인지하면서 다양한 학문 영역 간, 기관간의 통합적인 연구노력이 필요하다(2008년 1월 한국농수축산신문 시론 내용 중 일부 재인용).

또한 한국국토대장정기마단 사무국장 김명기 씨에 의해 청량초등학교에서 초등학생을 대상으로 시작하고 있는 '찾아가는 승마교실' 사업은 승마 대중화의 초석이라고 볼 수 있다. 또한 매년 광복절을 기념해서 2002년 서울과 제주를 잇는 1차 국토장정을 시작한 한국국토대장정기마단의 행사도 주목된다. 이는 미래의 지도자가 될 대학생들에게 야영과 조직생활을 통하여 호연지기를 길러주고, 동물과 함께 하는 건전한 학창생활을 경험하게 한다. 2007년에는 독립기념관에서 포항, 울릉도, 독도를 잇는 제6차 장정이 있었다. 올해는 216.9Km의 대장정이 또 이어진다.

건국대학교 문화컨텐츠 R&D 센터(센터장: 김진기 교수) 산하에 '한국말문화산업연구회'가 2007년도에 설치되었다. 여기엔 건국대학교 국문과 김진기 교수, 한국국토대장정기마단 김명기 사무국장, 건국대학교 교육공학과 박성열 교수, 그리고 건국대학교 축산경영유통경제학 전공 최승철 교수(연구회 회장)가 연구진으로 참여하고 있다.

아직도 열악한 우리나라 말 문화 개발과 말 관련 산업 발전을 위해 말 문화 산업에 대한 연구는 통합적이면서도 지속적으로 이루어져야 할 것이다. 따라서 이번 말 문화 관련 집필은 그 시도 자체부터 큰 가치가 있고 찬사를 받을 만하다.

마필 산업의 육성과 한국의 미래

김 명 기*

근대 산업화 시대 이전 마필은 파발 등을 통한 정보 통신, 주요 교통수단, 국방에 이르기까지 국가 발전과 안보에 막대한 영향력을 가지고 있었다. 우리나라의 경우 한때 5만 마리에 이르는 마필을 관리하였고, 마필은 국가에서 관리하는 기간산업이었으며, 중국 등의 주요 수출 품목이었다. 나아가 마필이 없었더라면 국방의 수단이 사라져 중국이나 일본 등 주변 국가의 속국으로 전락했을 것이다.

하지만 오늘날 한국의 마필 산업은 5조 2천억 규모의 경마를 제외하고는 연간 800억 원 정도의 미미한 상태에 머물고 있다. 마필에 대한 충분한 이해와 문화적인 배경이 없는 상태에서, 경마는 지금까지 국내 마필 생산과 축산발전 기금 등의 후원, 마문화 명맥 유지의 막중한 책임을 지면서도 대표적인 사행산업으로만 인식되고 있고, 승마는 일부특권층의 놀이로만 인식되어 국내 마필 산업 전체가 국민들의 호응을 받지 못한 채 표류하고 있다.

---

*한국국토대장정기마단 사무국장
건국대학교 문화컨텐츠 R&D센터 산하 한국말문화산업연구회 전문연구위원

서구의 예를 들자면 기병대는 대개 부유한 귀족의 몫이었으며, 자비로 말을 사고 기르며 훈련할 수 있었던 가문에게만 주어지는 일종의 영예였다. 제정 러시아의 코사크 족은 중간 계급의 대표적인 기마 특수병들로 러시아의 국가 체제를 떠받는 기반이 되었으며, 세계적인 명성을 떨쳤다. 대개 그 나라의 마필 산업이 융성할 때, 그 나라는 세계열강이 되었으며, 단시간에 동유럽과 극동 아시아에 이르는 대 제국을 이루었던 칭기즈 칸의 몽골은 그 대표적인 예다.

현대에 이르러 비록 마필이 국방, 정보통신, 교통, 모든 분야에서 산업 기기들로 대치되었지만, 현재도 레저, 스포츠 방면으로 마필 산업이 융성한 나라들은 대개 선진국들이다. 승용마와 국제 경기용 마필 생산으로 유명한 독일은 더 말할 것도 없지만, 몇 해 전 우리나라 대통령의 영국 방문 때 국빈을 대접하는 영국 여왕의 근위 기마단과 마차 퍼레이드를 기억할 것이다.

승마는 프랑스에서는 국민생활체육 선호도 3위의 국민 스포츠로 사랑받고 있으며, 승마교관 가능 인구만도 50만 명 이상으로 추정된다. 독일에서는 승마인구 170여 만 명, 총 사육두수 150만 마리로 50억 유로(약 8조원) 이상의 산업규모를 유지하고 있다. 연간 1,300여 권 이상의 승마 관련 책자가 발간되고, 승마 경기가 440시간 이상 텔레비전에서 방송되고 있다.

IT 시대의 한국은 기계 산업의 고도화된 발달로 노동시간이 감축되고, 학교 및 직장에서 사용되는 컴퓨터는 연구와 업무 시간의 감축을 가져왔다. 가사 노동 역시 문명의 혜택으로 단축되어 자연스럽게 많은 여가시간이 남게 되었다. 이렇게 여가의 홍수시대를 맞이하여 개인, 조직, 사회구성원, 국가 차원에서 아무런 대책 없이 오락적이고 향락적인 단순한 쾌락을 즐기기 위한 무방비 상태로 여가 자유 시대를 맞이한다는 것은 타락의 지름길이 될 수도 있는 위험천만한 일이 아닐 수 없다.

교육학자인 그라지아(Grazia)는 "여가를 제대로 사용할 줄 모르면 한 국가의 평화나 번영도 위험하다."고 했고, 코신스(Norman Cousins)는 현대인에게 여가의 증대는, 예전의 빈곤이나 기근보다 더 무서운 저주가 될 수 있다' 고 지적했다. 과거 번영했던 고대제국들의 몰락도 여가의 향락과 쾌락 추구를 현명하게 대처하지 못한 데서 비롯되었다.

정보통신시대의 선두 국가인 이 나라의 미래를 책임질 모든 젊은이들은 인터넷 게임 등에 빠져 점점 더 개인적 · 이기적 · 공격적으로 변화되고 있다. 가상공간의 폭력적인 게임에서 적을 죽이고, 아이템을 팔고 사고, 현실에서는 목적을 위해선 수단을 가리지 않는 경향이 뚜렷해지고 있다. 또한 급증하는 사행산업도 한탕주의의 증가에 일조하고 있으며, 근간에 급증하고 있는 용돈 마련을 위한 강도 살해 사건, 초등학생 폭행 사건, 원조교제, 각종 성폭행 등의 사회적 문제들도 이 맥락에서 바라보아야 할 것이다. 이 나라의 미래를 책임져야 할 젊은이들이, 용돈벌이 좀도둑이나 강간범, 섹스산업의 도구로 전락하고 있는 것이다. 그러므로 마필산업과 승마의 육성은 우리나라가 진정한 자격을 지닌 지도자들을 배출하고, 진정한 선진국이 될 수 있는 조건과 중요한 연관이 있다고 할 것이다. 어쩌면 유일한 대안일지도 모른다.

승마는 대자연 속에서 동물과 교감을 나누는 몇 가지의 스포츠 종목 중에서 가장 직접적인 것이다. 군중 속의 고독이 만연한 이 불특정 다수의 시대에, 온순한 말을 돌보고 말과 함께 땀 흘리며 생각하고 운동하는 젊은이들의 노력과 기상은 찌들어 가는 산업 사회의 비상구다. 개인적인 의견으로는 우리나라의 젊은이들이 인터넷 게임 중독을 벗어나 대자연으로 향하게 하는 유일한 대안은 승마라고 개인적으로 확신한다. 마필 산업은 교육, 레저, 축산, 건설 부문까지를 아우르는 종합적인 산업이고, 이에 따른 새로운 일자리 창출과 21세기 인재 양성이라는 중대한 의미를 띠고 있는 것이다.

이제 전 세계로부터 각종 축산 가공품이 밀려들어 오고 쌀 시장까지 개방된 이때, 마필 산업은 축산과 레저의 두 가지 토끼를 잡을 수 있는 효과를 가진 새로운 대체 산업이 될 수 있다. 그 결과 청소년 여가 선용까지 된다면 승마산업의 육성은 더 이상 지체할 수 없는 현안인 것이다. 더 나아가 국가의 미래를 가늠하는 교육적인 측면까지 고려한다면 더 늦기 전에 승용마 생산과 마필산업은 다른 어떤 산업보다도 최우선적으로 지원 육성하여야 할 것이다

위기가 곧 기회다. 'FTA'라는 절체절명의 위기상황을 새로운 농촌으로 환골탈태(換骨奪胎)할 절호의 기회로 전환해야만 한다. 국내 마필 산업이 정상화된다면, 연간 약 4~5조원 규모의 시장을 형성할 수 있으며, 이는 국내 한우 시장 전체 규모와 맞먹는 농촌의 새로운 산업이다. 승마는 FTA 시대 농촌의 가장 현실적인 대안인 것이다.

현재 서울의 청량초등학교, 분당 정자 초등학교에서는 '찾아가는 승마교실'이 열리고 있다. 국내 최초로 마필을 초등학교로 운반

하여 학교 운동장에서 승마교육을 하는 것이다. 이는 방과 후 학교, 특기적성교육의 일환으로, 많은 어린이들이 참여하여 이미 상당한 승마 실력을 연마하고 있다. 전국의 초등학교는 약 8,000여 개. 이 중 단 3개 학교만이 정식 승마교육을 하고 있는 것이다. 그러므로 '찾아가는 승마교실'의 시장성과 새로운 직업으로서의 승마교관과 마필 육성, 이와 연계된 승마장과 지역 특성화 승마장의 발전 가능성과 시장 잠재성은 폭발적이라 할 것이다. 또한 미사리 경정장에서는 매주 금요일마다 재활승마교실이 열리고 있다.

머지않아, 공원이나 숲길을 말을 타고 여유로운 미소를 나누며 데이트하는 연인을 볼 수 있도록, 어린이부터 말을 돌보고 동물과 인간의 진정한 상관관계를 깨달을 수 있도록, 나이든 노년이 되어서도 어린이들에게 뭔가 가르칠 수 있는 지혜로운 노인으로 늙어갈 수 있도록, 더 늦기 전에 지금이라도 국가에서 서둘러 승마가 국민의 레저 스포츠로 자리매김할 수 있는 조건을 만들어 주어야 한다.

농촌의 들녘에는 언제나 생명이 가득하다. 그들이 새순을 밀어내고, 잎을 피우고 가을을 기다리고 겨울을 이겨내는 생명의 순환이 손에 잡힐 듯 눈에 보인다. 비 오고, 눈 오고, 안개가 피어오르고, 신의 섭리와 인간의 땀방울에 대한 고귀한 내용을 일 년 내내 조용히 강의하는 침묵의 교실이다. 사람은 대자연의 일부라는 너무 평범하고 변함없는 진실을 곧 깨닫게 되는 것이다. 도시에도 동식물은 있다고? 물론이다. 다만 어지러운 도시의 삶이 그것들을 보지 못하게 하는 것일 뿐이다. 우리는 승마를 통해 도농 간의 파이프라인을 구축해야만 한다.

조급하지 않고, 욕심내지 않고, 자연의 가르침을 가슴속에 새기며 평생을 사는 농부의 거룩함을 잊지 않는 진정한 미래를 교육해야만 한다. 그래야만 현재의 대한민국은 점점 더 나락으로 떨어지는 어설픈 희망, 타락하는 선진국의 미래를 벗어 던지고, 인간 내부로부터의 진정한 발전을 이루는 세계사의 주역이 될 것이다.

참고문헌

■정기간행물

한국마사회, 『월간 굽소리』, 1985년 1월호
________, 『월간 굽소리』, 1985년 5월호
마장사, 『월간 마장(馬場)』, 1987년 9월호
_____, 『월간 마장(馬場)』, 1987년 12월호
_____, 『월간 마장(馬場)』, 1988년 1월호
_____, 『월간 마장(馬場)』, 1988년 5~6월호
_____, 『월간 마장(馬場)』, 1989년 1~11월호
_____, 『월간 마장(馬場)』, 1990년 8~12월호
_____, 『월간 마장(馬場)』, 1991년 2~12월호
21세기문화사, 『월간 마사춘추』, 1992년 1~12월호
한국마사회, 『경마세계』, 1998년 1~2월호

■단행본

강응천, 『북유럽 신화』, 현대지성사, 2002.
김문철, 『말과 여가 생활』, 제주대학교출판부, 2003.
권영필, 『중앙아시아의 역사와 문화』, 솔, 2007.
김 영, 『일본문화의 이해 』, 제이앤씨, 2006.
김용덕, 『日本近代史를 보는 눈』, 지식산업사, 2005.
김윤호, 『민속놀이와 명절』, 대산출판사, 2000.

김홍백, 『레저 스포츠 총론』, 형설, 2001.
김홍백 · 김진국 공저,『레저 스포츠 산업론』, 형설, 2007.
남도영, 『韓國馬政史』, 한국마사회 마사박물관, 1996.
류병호, 『웰빙 생활방식』, 예림미디어, 2004.
박원길, 『유라시아 초원제국의 역사와 민속』, 민속원, 2001.
박현우 · 김부찬, 『스포츠의 인문학적 탐색』, 전남대학교출판부, 2005.
박정화, 『일본의 원뿌리를 찾아서』, 삼애사, 2006.
이원복, 『다정한 벗, 든든한 수호신』, 보림출판사, 2007.
이인식, 『신화상상동물 백과사전 1』, 생각의 나무, 2002.
이희수, 『터키사』, 대한교과서, 2005.
임동권, 『한국에서 본 일본의 민속문화』, 민속원, 2004.
임동권 · 정정호 공저, 『한국의 마상무예』, 한국마사회 마사박물관, 1997.
장장식, 『몽골 유목민의 삶과 민속』, 민속원, 2005.
천진기, 『한국 말 민속론』,한국마사회 마사박물관, 2006.
하선미, 『세계의 신화 전설』, 혜원출판사, 1998.
한경희, 『웰빙 스포츠&댄스』, 교학연구소, 2008.
한국마사회 , 『한국경마 발전방법』, 1993.
한명규, 『웰빙을 누리는 삶』, 신정, 2004.
홍선균, 『고대 동아시아의 말그림』, 한국마사회 마사박물관, 2001.

구사노 다쿠미, 『환상동물사전』, 들녁, 2002.
앨런 파머, 이은정 역, 『오스만 제국은 왜 몰락했는가』, 에디터, 2004.
베스타 S. 커티스, 임 웅 역, 『페르시아 신화』, 범우사, 2003.
체렝소드놈, 이평래 역, 『몽골민간신화』, 대원사, 2001.
E. M. 번즈 · R. 러너 · S. 미첨, 박상익 역, 『서양 문명의 역사』(상), 소나무, 1987.
RDA-Samsung, 『Riding for the disabled』, 2002.

■학술 논문

김갑수, 「승마치료에서의 말의 특이한 역할 및 작용기전」, 한국재활승마협회 교육 자료집, 2002.

김광배, 「승마운동이 기승자의 에너지 기질 및 호르몬의 변화에 관한 분석」, 단국대학교, 2005.

김운영, 「한국 승마의 발전방향에 관한 연구」, 경희대학교, 2006.

백진호 외, 「승마 시뮬레이터 운동시 근전도 분석」, 한국사회체육학회, 2005.

이동옥 · 김원중 · 이창진, 『웰빙을 위한 생활 건강』, 건국대학교, 2005.

이은정, 「승마선수의 경기력 향상을 위한 프로그램 개발연구」, 한국체육과학연구원, 1996.

이상기, 「실내 승마운동이 여대생의 건강관련 체력요소, 혈중지질농도 및 배변만족도에 미치는 효과」, 충남대학교, 2000.

이하윤, 「승마운동이 비만 여고생의 체지방 및 체력에 미치는 영향」, 전주대학교, 2004.

전종한 · 서민철 · 장의선 · 박승규, 「인문지리학의 시선」, 논형학술, 2005.

정우영, 「승마운동에 관한 연구」, 전주대학교 교육대학원, 2007.

한상철 외, 「승마운동이 뇌성마비 아동의 평형성 향상에 미치는 효과」, 한국체육학회, 2004.

■웹 사이트

http://www.jangsu.go.kr

http://gptour.go.kr

http://www.danyang.chungbuk.kr

http://www.wikipedia.org
http://www.ko.wikipedia.org